舟山航空产业发展的
探索与实践

刘永艺　主编

北　京

冶 金 工 业 出 版 社

2019

内 容 提 要

本书是针对现阶段舟山航空产业发展态势开展研究的一部著作。由长期从事航空产业链研究和产业经济研究的专家学者、实际工作者合作完成。本书基于"理论分析—现状分析—现状评价—发展策略"的思路展开，理论与实践相结合，全面、多维度地分析了舟山航空产业发展的现状，提出了前瞻性的发展思路与策略。首先对航空产业与航空产业园的基本概念以及相关理论做了介绍，从发展经验、发展成就、条件审视、市场分析四个维度对舟山航空产业发展现状作了深入分析，然后对航空产业园、机场运营、空港经济三个方面作了现状评价与策略选择，最后从宏观上对舟山发展航空产业提出了发展思路与保障措施。

本书适合航空产业、民航运输、高端装备制造等领域的专业人员以及高校相关专业的师生阅读，也可供各级地方政府推进产业升级的工作人员参考。

图书在版编目 (CIP) 数据

舟山航空产业发展的探索与实践/刘永艺主编. —北京：冶金工业出版社，2019.7

ISBN 978-7-5024-8152-0

Ⅰ.①舟…　Ⅱ.①刘…　Ⅲ.①航空航天工业—工业发展—研究—舟山　Ⅳ.①F562.855.3

中国版本图书馆 CIP 数据核字 (2019) 第 125830 号

出 版 人　谭学余

地　　　址　北京市东城区嵩祝院北巷 39 号　邮编　100009　电话　(010)64027926
网　　　址　www.cnmip.com.cn　电子信箱　yjcbs@cnmip.com.cn
责任编辑　夏小雪　美术编辑　吕欣童　版式设计　禹　蕊
责任校对　石　静　责任印制　李玉山
ISBN 978-7-5024-8152-0

冶金工业出版社出版发行；各地新华书店经销；三河市双峰印刷装订有限公司印刷
2019 年 7 月第 1 版，2019 年 7 月第 1 次印刷
169mm×239mm；20 印张；323 千字；304 页
68.00 元

冶金工业出版社　投稿电话　(010)64027932　投稿信箱　tougao@cnmip.com.cn
冶金工业出版社营销中心　电话　(010)64044283　传真　(010)64027893
冶金工业出版社天猫旗舰店　yjgycbs.tmall.com
（本书如有印装质量问题，本社营销中心负责退换）

前　言

党的十九大报告提出，贯彻新发展理念，建设现代化经济体系。当前，我国正处于从"民航大国"向"民航强国"的伟大转型时期，经济不断增长，国民对出行的便捷需求孕育出中国民用航空工业的战略机遇。与此同时，随着我国经济发展步入新常态以及"中国制造2025"驱动，中国制造业面临着全新的内外部形势，特别是全球航空产业分工格局出现大调整和大转移，航空工业发展拥有很大的发展空间。《浙江省航空产业"十三五"发展规划》提出要加快浙江航空产业发展步伐，尤其是要以建设舟山航空产业园为契机，培育壮大航空产业，将舟山打造成全国领先的航空高端研发制造基地。因此，加快发展航空产业，是落实党的十九大精神，深化供给侧结构性改革，加快建设创新型国家的战略举措，是舟山群岛新区深化承担国家战略内涵，转变发展方式、优化经济结构、转换增长动力，培育国际经济合作和竞争新优势的重要抓手，也是推进"五大会战"，建设"四个舟山"的具体措施。

当前，波音737飞机完工与交付中心已正式运营，第一架波音飞机交付、首单飞机保税租赁业务也于2018年12月完成，舟山航空产业进入新的发展期。面对新形势、新任务、新机遇和新挑战，如何完善航空产业链，促进航空产业向根植型发展是当前舟山航空产业发展的重要课题。与省内外的航空产业强市和落实国家赋予舟山的使命相比，舟山市航空产业发展还存在一定的差距，面临着一些现实困难，如产业基础薄弱、航空人才缺乏、环境承载能力有限、国内发展竞争激烈、嵌入式产业的高风险等。对此，舟山市委市政府高度重视，加大了发展力度，针对问题积极寻求应对措施，通过延长产业链、做足内功等方式来提升舟山航空产业发展水平。在新的发展期，舟山航空产业如何实现高质量发展，是当前面临的重要课题。因此，需要通过自身"体检"和比较借鉴来寻找发展方向，以明确舟山航空产业发展定位、制度安排。这也是本书的写作目的所在。

本书是舟山市政府年度重点研究课题。课题基于"理论分析—现状分析—现状评价—发展策略"的思路展开，理论与实践相结合，全面、多维度地分析了舟山航空产业发展的现状，提出了前瞻性的发展思路与策略。全书共分为12章。第1章为绪论，主要是航空产业发展的研究综述，包括研究背景、国内外研究现状、研究思路与方法、创新与不足。第2章为基本理论，主要介绍了航空产业与航空产业园的基本概念，以及有关航空产业发展的相关理论。第3章为航空产业链分析，主要是对航空产业链做全面介绍，同时对民用与通用航空产业链做具体介绍。第4章为发展经验，主要从国外、国内、浙江省三个维度介绍了航空产业发展的基本经验。第5章为发展成就，主要介绍了舟山航空产业发展历程与主要成就，同时对未来做了初步展望。第6章为条件审视，主要分析了舟山发展航空产业的优势与机遇，以及发展条件，并指出了与国内外的现实差距以及自身存在的差距和困境。第7章为市场分析，主要从航空供给市场、航空需求市场、航空运输市场三个角度对舟山发展航空产业的影响、对波音项目的影响、对舟山航空运输市场的影响进行了分析。第8章为航空产业发展，主要对航空产业与区域经济的协同发展、航空产业园发展、波音产业发展进行了全面分析，并提出了发展策略。第9章为机场运营评价，主要对浙江6个机场与普陀山机场进行了比较评价，对普陀山机场航空运输与地区经济的关系进行了分析，指出机场对区域经济的贡献度，提出了提升普陀山机场运营水平的策略。第 10 章为空港经济发展，主要对国外、国内、长三角空港经济现状与模式进行了分析，提出了空港保税区的产业选择、政策创新和发展策略。第 11 章为发展思路，主要从宏观上把握了舟山航空产业发展的基本思路，提出了舟山航空产业发展目标以及发展内容和产业体系、空间布局，提出了下一步发展的任务和方向。第 12 章为政策保障，主要对国内外航空产业发展的政策进行了科学梳理，提出了舟山航空产业的支持政策和专项扶持政策。

本书是集体智慧的结晶，由浙江海洋大学、新区发展研究院、山东滨州学院和航空产业园管委会等专家学者和实际工作者组成课题组，历时一年，多方调研，多次研讨，数易其稿，方成此成果。本书由刘永艺统稿、审定完成，具体由叶芳博士组成课题组分工开展，具体分工如下：第 1 章叶芳，第 2 章韩春艳、王朋，第 3 章叶芳，第 4 章叶芳、贾玉莲、程晶晶，第 5 章胡细华，第 6 章徐玮蔚，第 7 章王朋、叶芳，第 8 章、第 9 章叶芳，第 10 章李春林，第 11 章叶芳、张俊杨，第 12 章王芬。

本书参考了国内外已有的成果，并听取了许多专家的意见，在此深表感谢。本书所反映的观点，仅代表课题组的认识和看法，虽数易其稿，并力求全面和准确，但由于我们水平的局限性，加之航空产业发展日新月异，书中的缺点和不足在所难免，敬请广大读者批评指正。

课题组

2019 年 2 月于舟山

目　录

1　绪　　论

1.1　研究背景与意义

当前，我国正处于从"民航大国"向"民航强国"的伟大转型时期，经济不断增长，人均年乘机次数不断上升，机队规模不断增加，旅客周转率增速不断加快，巨大的市场需求孕育出中国民用航空工业的战略机遇。航空产业已成为经济高质量发展的重要标志之一。与此同时，随着我国经济发展步入新常态以及"中国制造 2025"的驱动，中国制造业面临着全新的内外部形势，特别是全球航空产业分工格局出现大调整和大转移，航空工业发展拥有很大的发展空间，航空产业有很多的选择路径，不单是制造价值相对较低的组装，还涉及运营服务以及其他高价值服务业，这些都与制造业发展趋势及"中国制造 2025"提出的发展路径相吻合。

2017 年颁布的《浙江省航空产业"十三五"发展规划》，对浙江省"十三五"期间航空产业的发展提出了明确思路，提出以构建航空全产业链为出发点，以市场培育为着力点，重点实施"12105"战略，其中"1"即指舟山航空产业园。该规划提出舟山航空产业园以大飞机为核心，依托波音 737 飞机完工和交付中心在舟山落户，谋划、引进、落地一批航空产业高端制造项目，通过整合资源，夯实基础，力争将舟山打造成全国领先的航空高端研发制造基地。

舟山群岛位于浙江省东部，历史悠久，文化遗产丰富，是我国重要的旅游度假胜地，因其独特的区位及群岛地理特性，历来是重要的贸易门户。在航空制造产业国际转移的背景下，波音亚太交付中心项目正式落户舟山群岛朱家尖岛，龙头带动作用逐步显现，舟山航空产业园将建设成为浙江航空产业的核心、全国领先的航空制造高地。发展航空产业，舟山正当其时。

1.1.1　航空产业面临大机遇

未来一段时间将是全球航空产业大发展的重要战略机遇期。全球航空产业链配置格局面临大调整，国际大型航空制造企业纷纷向新兴市场国家转移生产基地，并表现出高端化趋势，这为发展中国家发展本国航空工业并嵌入全球价值链提供了难得机遇。与此同时，我国航空产业也将呈现快速发展态势。一是旅客运输量将大幅增长，据预测，未来5年，中国国内民航市场的客流量年均增速将达8.3%，在未来10年将取代美国成为全球最大的国内市场。二是对干线客机及支线客机的需求量将达5000架以上，总价值近万亿美元。三是国产飞机的市场占有率将逐步达5%以上，支线飞机和通用飞机国内市场占有率将大幅度提高。四是随着我国低空空域的开放，制约通用航空发展的政策瓶颈逐步突破，通用航空将进入黄金发展阶段。在这样的大背景下，舟山要顺势而为，充分抓住国家航空工业布局向东部沿海地区转移的大机遇，依托波音飞机交付完工项目，不断完善航空全产业链，把握市场与政策双重机遇，不断完善航空产业配套政策、提高要素保障能力、提升航空工业创新能力、健全航空基础设施、培育通航服务体系，将舟山打造为国际性的航空产业基地。

1.1.2　服务国家发展大战略

新时代，我国经济发展进入新常态，新常态的一个显著特征是：中高速增长，中高端发展。舟山是"一带一路"上的支点城市、长江经济带的"龙眼"。发展航空产业是舟山服务多重国家战略的重要体现。舟山应着力发展包括通用航空在内的综合交通体系，才能更好地承担起贯通东西南北、联系世界的重任。通用航空是多种行业发展不可或缺的辅助手段，尤其是海上作业时刻离不开直升机，舟山面临东海又有国家绿色石化基地，建设通航作业基地具有重大的战略意义。航空研制处于制造业的顶端，目前高端的公务机均为国外垄断，不打破这种局面，国家就无法实现中高端发展，通用航空快捷、简便、用途广泛，具有独特的交通优势，缺失通用航空，就难以建成交通强国。舟山承担建设浙江舟山群岛新区、中国（浙江）自由贸易试验区、舟山江海联运服务中心、国家绿色石化基地等国家发展战略，应该有能力和勇气挑起这一历史重担，必须抓住难得的战略机遇，着力发展通用航空在内的航空产业链，推进航空产业基地建设。根据全省航空产业规划，依托航空产业园，加大精准招商力度，引进成熟的航空运营商，积极培育本土航空企业，进一步提升航空产业配套能力和航空基地发展水平，扩大航空产业集群规模和产业聚集带动效应，促进舟山经济社会快速发展，同时为提升浙江经济总量作出贡献。

1.1.3 新区开放空间大拓展

航空产业具有全球化分布的特征，全球的航空制造业里，客机制造商普遍采取了"主制造商+供应商"的运作模式，即主机厂负责设计，供应商则按图加工，主机厂再组装整机，没有任何一款有竞争力的大型客机是一个企业完全"单打独斗"独立完成的，波音、空客等整机制造商逐步将重点放在了关键技术研究、飞机设计、总装试飞和销售服务等核心能力建设，而将大量的部件和零件生产转移到全球供应商分包。波音民机作为航空制造业的跨国巨头，其在全球上百个国家和地区拥有超过5400家供应商，约50万人为其配套服务。加快发展航空产业，有助于舟山引入国际性航空制造和服务企业，增强舟山与世界各国的经济联系和合作交流，提高产业开放度和城市国际化水平，有助于舟山从自由贸易试验区向自由贸易港升级。

1.1.4 产业转型升级大抓手

实现"四个舟山"、建功"五大会战"是舟山"十三五"期间的重要目标，实现这一目标，必须全面提高城市综合竞争力。大飞机制造的发展，对舟山的经济建设意义极其重大，不仅可以调结构促增长，而且可以吸纳更多的社会资本和民间资本，为他们提供更多的新的投资空间。航空产业属于高技术产业，航空器被称作"现代工业之花"，是众多先进科学技术的集成。航空制造业产业链长，对经济的带动作用必然就大，特别是对机械、材料、电子、精密仪器，都有直接的拉动作用。根据国际经验，航空项目发展10年后给当地带来的效益，投入产出比达1∶80。更为重要的是，航空制造业科技含量高，高度集成了大量尖端科技。这一产业的快速发展将为相关领域的科技创新提供广阔的空间。航空产业具备了"战略性、风险性、增值性、渗透性、带动性"等高技术产业的所有特性。航空制造业除了飞机制造企业外，还有动力系统（发动机和螺旋桨）、航电系统、机载设备和系统、工夹具和设备装备、结构和系统零部件、原材料等制造企业，为飞机企业配套服务，构成庞大的上游产业。在下游还有维修、培训、销售服务等金融、保险和其他延伸企业。所有这一切都构成了对经济全面拉动。凭借舟山民航和通航产业优势，加上浙江自贸区和航空产业园区软硬环境的建设逐步完善，必将吸引更多的上下游产业进入产业园区。培育发展航空产业，有利于改善舟山的产业结构，现有的不少制造业将得以整合和提升，服务业将有更大的发挥空间，新的业态有望汇聚舟山；有利于生态环境改善，航空产业有可能在环境友好的状态下为舟山再铸辉煌作贡献；有利于形成新的投资和消费热点，舟山经济需要有新的产业来支撑，航空产业投资点多面广量大，带动消费力强，一旦形成产业链，完全有可能造就新的千百亿产业，成为舟山新的经济增长极。

1.2　国内外研究现状

1.2.1　国外研究综述

鉴于航空航天产业对政治、经济、军事、民用等各个领域的重大影响，国外关于这一产业的研究除了早期的理论研究，更重要的是将理论研究应用于实践，并且以军用航空航天产业为主，如出台国家性的政策法规、组建航空航天产业基地等；第二次世界大战结束后，由于航空技术的高速发展以及民众出行的需要，军工企业进入了规模空前的调整改革时期，大量军用飞机转为民用，各国也纷纷把关注点转向民用航空制造业。各航天大国为了巩固自己的地位，积极投身科技研发，并迅速向生产力转化，以期在激烈的竞争中占据有利地位；各国政府也以各种形式加强政策对航天产业的引导，几十年来，世界各国在航天科技领域均取得了突飞猛进的发展与进步。从运载火箭、人造卫星到卫星应用，从载人航天技术到行星际的探测与研究，都获得了辉煌的成就。基于这些现实的实践，国外理论界在航空产业领域的研究主要集中在以下几个方面：

航空产业生命周期研究。国外航空产业的相关研究主要关注在行业产业结构和产业生命周期。Ian Jackson 认为航空工业的发展趋势是很难把握的，军工企业的治理结构一定适当变化来体现超出在企业与此同时发生的行业纵向整合。Ryuzo Sato 的研究得出，"在美国占比重最多的研发费用是投放在国防与航空航天有关的领域，大概在总研发费用中的比例是 60%；但是日本把研发费用的 60%投放在化学、电子、通讯和汽车等相关的领域，表明日本人更偏向于应用技术，"美国看重基础研究，两国在不同技术领域的生产力差异进行竞争；还有一部分的学者涉及了航空工业生命周期和网络化，如 Andrea Bonaccorsi 和 Paola Giuri 探讨工业生命周期模型的有效性问题，这个模型已经运用在分析航空产业的长时间演化，体现了市场震荡的典型模式。

航空产业与区域发展研究。近年来，随着航空产业的发展，尤其是航空产业对区域的发展影响越来越大。Jan Vespermanna、Andreas Wald 作了欧盟排放交易计划对航空业的经济影响和生态影响分析。西方也出现了一些研究航空产业网络的成果，如 Tom Broekel、Ron Boschma（2011）得出，地理近邻对荷兰航空业网络架构的影响。

航空产业管理研究。Paul Blyton、Miguel Martinez Lucio、John McGurk 和 Peter Turnbull 在 "Globalization and trade union strategy：industrial restructuring and human resource management in the international civil aviation industry" 一文中研究了全球化对民航业人力资源管理的影响，以及有组织劳工制定的国家和国际战略的航空产业管理政策。T. A. Heppenheimer 在著作《Turbulent Skies：The History of Commercial Aviation》中介绍了早期商业服务飞机的历史，以及当时政府放松管制是如何帮助航空运输业的等。Mohammed Arif 等人在 "Perceptions of safety management and safety culture in the aviation industry in New Zealand"（2004）一文中利用全行业的调查数据，评估员工对航空行业安全管理和安全文化的认知。还有一些研究学者关注大飞机产业的全球供应链管理问题，主要涉及波音和空客以及其他主要航空制造企业的全球供应链管理的具体措施。

1.2.2　国内研究综述

国内对航空产业的研究主要集中在航空产业基本理论、航空产业集群发展、国外航空产业发展、民用航空产业、通用航空产业和航空经济区等方面的研究。

航空产业基本理论研究。王章留的著作《航空经济理论与实践》（2013）分理论篇、案例篇和政策篇三部分，分别研究了航空经济的运行机理、当前世界各国航空经济发展案例和推进我国航空经济发展的对策。张先起、陈松辉等人（2018）以航空产业为例，通过探讨创新生态系统理论的由来与基本概念，对航空产业进行抽象的扫描，构建了航空产业创新生态系统。张勇军（2017）在其博士论文中界定和解析了航空航天制造业竞争力的内涵和特征，同时通过航空航天制造业的产业数据，采用数理统计的方法对我国航空航天制造业竞争力发展现状进行了可视化分析，找出了我国航空航天制造业竞争力存在的问题。朱煜明、闫文琪、郭鹏（2018）的论文主要基于实证方法，构建了航空产业升级效果评价指标体系框架。宋玮（2012）的研究基于产业内贸易理论的视角对海关在促进航空服务产业中的作用做了分析。

航空产业集群发展研究。李微微、曹允春（2009）研究了嵌入性航空产业集群的内容和适用性，指出嵌入性航空产业集群发展到一定阶段，有必要向根植性航空产业集群转变，并以天津航空城为例，提出了天津航空产业集群的总体发展思路和阶段发展思路，对由嵌入性向根植性转变的航空产业集群进行了实践探索。周琪（2017）分析了镇江航空产业的发展现状，认为地方政府在产业集群发展中起到支持作用，并对地方政府推动产业集群发展提出了对策建议。朱厚望（2018）运用 SWOT 分析法，结合产业经济地图，分析了湖南省航空产业发展的优势、劣势、机会及威胁因素，并提出了湖南省航空产业发展的战略选择。马佳、陈志新（2018）在客观审视宁夏航空物流业发展现状、面临困境的基础上，科学测算"十三五"时期宁夏航空物流的吞吐量，分析了宁夏航空物流业的货物种类和货源开发，提出发展宁夏航空物流产业发展措施。孙蔚、苏立、席小虹（2008）重点探讨了加快发展航空租赁公司的必要性和可行性，对公司的业务定位、业务模式及融资渠道提出了初步的设想，以市场化运作的方式，形成"飞机制造公司→航空租赁公司→航空公司"的系统化流程，促进整个中国航空业的健康、全面发展。陈阳等人主编的著作《青岛航空产业中长期发展研究》（2016）从青岛发展条件、航空战略诉求、中长期发展思路、产业选择、空间格局、政策体系等多个维度着手，阐述了地方选择航空经济发展的策略。

国外航空产业发展研究。刘维林（2009）对世界航空制造产业的国际分工体系与协作方式做了简要介绍。吴怡雯（2017）就美国、欧盟、日本等世界主要国家和地区航空产业扶持政策做了分析，提出了对我国航空产业的启示。杨拓（2018）对美国航空产业政策的发展轨迹与实践做了分析与介绍，指出对加快我国航空产业发展的启示。黄懿明、李艳华（2018）通过对巴西航空工业发展现状、技术创新模式及政策研究，为中国航空制造业的技术创新提供了有利的启示。黄强等人（2006）对俄罗斯民用航空产业发展战略做了分析，指出对我国民机产业发展的参考意义。赵清华（2013）对 2013 年 1 月联邦德国政府内阁会议审议的《联邦政府航空战略》进行简要综述，使我们更好地了解德国提升航空产业竞争力措施。燕福民（2018）在文章中从立法背景、立法历史、主要内容及其适用对美国通用航空立法史上极其重要的一部法律《通用航空振兴法》进行了全面研究。

民用航空产业研究。郑建华（2018）在文章中介绍了民用航空产业的四大特点，以及民用航空产业链基本构成，分析了欧美民用航空产业链特点与我国大型客机产业链模式。曹蔚萌、白会哲（2018）基于2007~2016年统计数据对我国民用航空市场做了预测分析，并提出发展民用航空产业的建议。许帅、杜雯慧（2018）统计了辽宁省2012~2016年民航机场吞吐量、民用航空企业概况及民用机场分布情况，通过对统计数据进行对比分析与挖掘研究，获得了具有参考意义的辽宁省民用航空产业现状情况，并找到了航空产业发展中所面临的突出问题。米默（2016）通过分析西部民用航空制造业全球价值链分布和运营模式，指出了西部民用航空制造业存在的问题，并提出全球价值链下我国西部民用航空制造业产业升级战略选择。胡红安等人（2013）建立了民用航空产业评价体系，分析并分类民用航空产业竞争力指标，运用主成分分析法，对各影响因素进行实证分析，对17省市的产业规模竞争力、产业绩效竞争力、产业市场影响竞争力、产业创新竞争力和综合竞争力进行排名，找出各个省竞争力提升的方法，并提出政策建议。宋伟、杨卡（2006）以民航机场特别是大型航空枢纽对所在城市和区域发展的影响为主题，从原生效益（Primary Effects）、次生效益（Secondary Effects）、衍生效益（Tertiary Effects）和永久性效益（Perpetuity Effects）四个层次，详细分析了接近航空枢纽的人口与产业所获得的经济利益与区位优势。肖刚、王科等人在其著作《上海民用航空产业发展研究》中指出回顾了上海民用航空产业的发展历史，总结了民用航空产业的发展特点，运用PEST/SWOT分析方法和实证研究手段详细地分析了上海民用航空产业的优劣势、机遇和挑战，研究了上海民用航空产业发展的目标、重点和产业布局，并在健全推进机制、完善规划布局、支持企业创新、推动产业集聚、政产学研结合、财政金融等6个方面提出了政策性的建议。

通用航空产业研究。刘国巍、张婷婷（2018）基于灰色系统理论和最优分割理论构建通用航空产业演进阶段识别的灰色生成序列最优分割模型（Grey Sequence Generation-Fisher Model，GFM），并运用VAR模型分析通航产业政策强度的有效性。韩春艳（2018）根据山东省通用航空发展现状及存在问题，借鉴国内外通用航空产业发展的经验，提出了优化通用航空产业发展的对策。术守喜、马文来（2018）利用钻石模型理论分析了山东省通用航空产业发展要素，提出了加强山东省通用航空产业发展的相关对策和建议。陈蓓蓓（2013）以钻石模型和产业链的基本理论为出发点和支撑点，构建了通用航空产业链，基于改进的层次分析法分析了我国通用航空产业链各环节的重要度，从通用航空制造、研发相关产业和通用航空运营相关产业两个重要度最大的环节提出发展建议。高启明、金乾生（2013）针对我国通用航空产业问题，以西安阎良国家航空高技术产业基地为例，分析了我国通用航空产业发展现状及特征，提出了我国通用航空产业应选择"政府主导，市场运作，服务先行，制造跟随"的发展模式。高启明（2018）指出我国通用航空产业发展面临的困境，指出推进供给侧结构性改革成为摆脱困境的关键需要解决三个关键问题。陈阳、郭璟珅、常秀娟在其著作《通用航空产业规划与实施》（2017）简要论述了通用航空产业的基本概念与趋势判断，从通用航空产业发展与实施过程的角度，对产业发展的规划、决策、设计、建设中产生的咨询设计服务进行了系统分析。

航空功能经济区研究。于一（2018）基于新常态下通用航空产业园区的转型发展进行了研究，提出通用航空产业园发展应从政策导向、产业集群、体制创新等方面入手来推动。姚兰、刘海琴（2018）分析临空经济与河南省区域经济发展的关系，强调郑州航空港建设对于河南区域经济发展的重要意义，同时也指出了当前郑州航空港建设面临的挑战，提出郑州临空经济发展策略。周柯、王亚坤（2018）指出地方大学只有不断完善专业设置，及时调整学科方向，不断探索新的人才培养模式，才能与郑州航空港经济综合实验区产业创新需求相匹配。王玉茹（2017）就郑州航空港实验区产业结构问题做了详细分析，提出产业结构优化措施。曾光、许自豪、吴颖（2017）对国内航空小镇规划建设经验做了分析与比较，指出这些经验对江西的启示。占梅君、刘金利（2018）对现有的航空运动小镇进行研究，基于"波特五力分析模型"这一工具分析现阶段建德航空小镇的发展现状，并根据旅游营销和旅游管理等相关内容提出发展对策建议。霍连才、严方、杨超（2018）分析青岛机场临空经济区现状的基础上，提出切实的发展策略。王宏坤（2018）以郑州航空港经济综合实验区航空金融创新为基点，结合区块链技术、航空金融特点，重点对区块链主要技术在航空金融中的应用场景进行研究，从而为未来政府区块链政策制定提供依据。赵冰、曹允春（2018）通过研究上海、东京、纽约、新加坡等国内外区域多机场模式下不同临空经济区之间的差异化发展案例，证明了一座城市的多个临空经济区是能够做到良性互动、共同发展的。李国梁（2018）运用数据包络分析方法，对郑州航空港经济综合实验区产业发展效率进行测算与分析。李阳（2018）通过阐述郑州航空港经济综合试验区内凝聚各种经济要素产生的流入、流出效应和乘数效应的相互作用和发展特点研究，并从实际出发，结合试验区发展近况，提出航空经济驱动腹地经济发展的几个着力点。

1.2.3　对国内外研究的评述

通过对国内外的研究动态分析可以看出，国内外学者通过定性或定量的方法对航空产业进行研究，成果颇为丰硕。学者们主要从航空产业基本理论、航空产业集群发展、国外航空产业发展、民用航空产业发展、通用航空产业发展、航空经济区等进行研究，涵盖了产业发展的各个方面。现有的研究文献为本研究奠定了坚实的理论基础，但研究仍存在以下特点及需要补充之处：

（1）研究成果范围宽泛且缺乏针对性。目前，国内外关于航空产业的研究大多仅是对某一地区民用航空或通用航空产业的一个方面进行研究，没有从历史维度、时空维度以及与区域经济发展的协同度上进行航空产业的发展评价。航空产业属于我国高技术产业，是我国战略性新兴产业的重要组成部分，对某一个地区的航空产业采用多维度、广视野、多学科研究具有很强的代表性与针对性，然而目前相关的研究成果十分有限，因此对于航空产业全产业链以及与区域经济关联性或协同度的研究亟须开展。

（2）研究内容不够系统。通过对现有相关文献的整理发现，关于航空产业的研究涉及航空产业的内涵、发展因素、与区域经济的协调以及航空产业园发展评价等方面的内容，而现有的研究文献往往只侧重于其中一个或某几个方面的内容，没有系统全面对航空产业进行研究，难以综合把握航空产业链内在规律。

（3）研究方法单一。现有研究文献中更多侧重于从理论层面对航空产业及航空产业园影响因素、构成要素进行分析，特别是航空产业与区域经济的市场预测往往停留在理论层面，鲜有运用定量方法对其进行实证研究。

（4）航空产业园研究偏少且单一。由于航空产业园的特殊性，关于航空产业园的研究文献较少，对已有的航空产业园的管理体制、发展模式进行普遍与典型、静态与动态、整体与局部的角度进行系统评价的研究成果更为鲜见。学者们往往只是对某一个地区或某一个区域的航空产业园进行评价。

1.3　研究思路与方法

1.3.1　研究思路

本研究基于"理论分析—现状分析—现状评价—发展策略"的思路展开，理论与实践相结合，全面、多维度地分析了舟山航空产业发展的现状，提出了前瞻性的发展思路与策略。首先对航空产业与航空产业园的基本概念以及相关理论做了介绍，基于这些理论与概念，本研究从发展经验、发展成就、条件审视、市场分析四个维度对现状做了分析；然后对航空产业园、机场运营、空港经济三个方面做了现状评价与策略选择；最后从宏观上对舟山发展航空产业提出了发展思路与保障措施。

具体而言，有如下几部分。

第1章绪论：本章主要介绍了研究背景与意义、国内外研究现状以及本研究的基本思路与方法、创新点。通过本章介绍研究的基本思路，使我们能够全面了解本研究的脉络。

第2章基本理论：本章主要介绍航空产业与航空产业园的基本概念，以及有关航空产业发展的相关理论。通过本章介绍，奠定了舟山航空产业研究的理论依据。

第3章航空产业链分析：本章对航空产业链做了基本介绍，同时对民用与通用航空产业链做了具体介绍。通过本章研究，为舟山航空产业链（包括民用航空产业链和通用航空产业链）延展和产业拓展奠定理论基础。

第4章发展经验：本章分别从国外、国内、浙江省三个维度介绍了航空产业发展的基本经验与主要成就。通过本章研究，为舟山航空产业园发展、航空产业技术、航空产业运营服务等提供了可资借鉴的经验，并对浙江航空产业发展成就做了经验借鉴。

第5章发展成就：本章主要介绍了舟山航空产业发展历程与主要成就，同时对未来做了初步展望。通过本章介绍，使我们对舟山航空产业的发展历史与未来方向有了前瞻的认识。

第6章条件审视：本章主要分析了舟山发展航空产业的优势与机遇，以及软件基础、硬件基础和旅游基础等发展基础条件，并指出了舟山发展航空产业与国内外的现实差距以及自身存在的差距和困境。通过本章研究，使我们对舟山航空产业发展基础有了全面认识，便于下一步的政策突破。

第7章市场分析：本章主要从航空供给市场、航空需求市场、航空运输市场三个角度对舟山发展航空产业的影响、对波音项目的影响、对舟山航空运输市场的影响进行了分析。通过本章研究，使我们对航空市场有了更为深入的了解，为政府决策提供参考。

第8章航空产业发展：本章主要对航空产业与区域经济的协同发展、航空产业园发展、波音产业发展进行了全面分析，并提出了发展策略。通过本章研究，对我们如何实现航空产业与区域的协调发展和提升贡献度有了科学的认识；如何运营好、管理好航空产业园有了科学的理论和实践依据；对波音项目的全面分析特别是天津空客的经验介绍为我们运营好波音完工与交付中心提供借鉴。

第9章机场运营评价：本章运用熵值法对浙江7个机场进行了全面评价，并指出了舟山普陀山机场的优劣势；运用格兰杰因果检验对航空运输与区域经济的关系进行了分析，指出运输量与经济量的关系，指出机场对区域经济的贡献度；基于上述研究，提出了提升普陀山机场运营水平的策略。通过本章介绍，使我们对普陀山机场有了深入认识，为建设好、管理好普陀山机场提供了更为科学的理论依据。

第10章空港经济发展：本章对空港经济区的概念进行了界定，并指出了国外、国内、长三角空港经济区的发展现状与模式，采用SWOT分析法对舟山保税区空港分区建设进行了分析，提出了空港保税区的产业选择、政策创新和发展策略。通过本章研究，为我们建设好空港保税区提供了经验和政策突破点。

第11章发展思路：本章从宏观上把握了舟山航空产业发展的基本思路，提出了舟山航空产业发展的总体目标、定性目标和定量目标，以及发展内容和产业体系、空间布局，提出了下一步发展的任务和方向。通过本章研究，为我们从宏观上把握航空产业发展方向提供了理论依据。

第12章政策保障：本章对高新技术产业政策创新做了全面阐述，并对国外航空产业发展的政策进行了科学梳理，提出了舟山航空产业的支持政策和专项扶持政策。通过本章研究，为我们创新政策，科学发展舟山航空产业提供了思路和方向。

1.3.2　技术路线

研究的技术路线如图 1-1 所示。

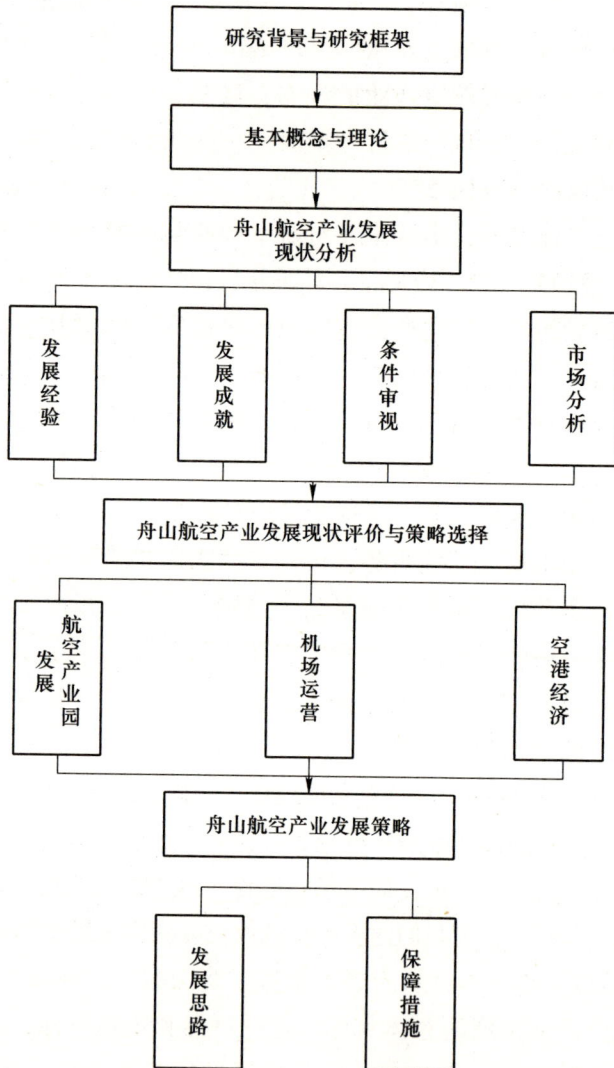

图 1-1　技术路线

1.3.3　研究方法

具体的研究方法有：

（1）文献梳理和归纳演绎法。运用文献梳理和归纳演绎法，对本研究领域的国内外研究现状进行归纳和总结，结合航空产业和航空产业园的特征，界定和解析了航空产业与航空产业园的内涵及特征，并介绍了五种基本分析理论。

（2）比较分析法。通过收集国外主要航空产业发展政策和我国170多个国内航空产业园的相关信息，对航空产业发展现状进行分析，找出舟山航空产业园发展存在的问题并对其成因进行分析。

（3）熵值法。根据现有文献的梳理提出理论假设，构筑机场运营竞争力评价模型，运用熵值法对浙江7个机场竞争力进行评价，发现舟山机场的差距与不足。

（4）格兰杰因果检验。根据机场与区域关联发展的理论分析，运用1998～2017年统计数据，采用格兰杰因果检验方法，对航空运输发展与区域经济增长的关系进行分析。

（5）弹性系数分析。根据航空运输需求影响因素研究，通过分析两个经济指标增长速度比率的弹性系数（即变量 X 对变量 Y 的弹性系数）来预测未来的舟山航空运输量。

1.3.4　研究创新点

（1）对我国航空产业园状况进行了系统的调查、梳理和发展评价分析。

（2）首次对国外、国内、浙江航空产业的发展作了全面、详细分析，为舟山、浙江乃至我国航空产业发展提供了系统经验。

（3）首次从航空供给市场、需求市场、运输市场三个角度对航空产业发展进行了全面分析，科学预测了上述三个层面的未来市场。

（4）首次从理论和实践结合的视角对舟山航空产业与自贸区融合发展、海关监管政策创新进行了系统论证，为各地航空产业园、空港经济的政策创新提供了理论借鉴。

（5）勾画了舟山航空产业产业体系以及未来发展路线图。

2　基本理论

2.1　航空产业概述

2.1.1　航空产业的定义

航空产业是对航空器自研发设计、生产制造、市场营销及投入使用后的运营和维修给予支持与服务的一种产业，它是一系列产业的集合。从横向来看，涵盖了飞行器制造、民航运输、航空器维修等主干行业；从纵向来看，包涵了航空公司、机场、空中交通管理部门等一线运维行业；从其支撑来看，又包括了航空材料、航空基础设施建设、航空电子设备、航空旅客服务、航空物流、航空保险、航空金融等多个产业。

根据相关研究成果，结合舟山市航空产业实际情况，本书对航空产业定义如下：航空产业是指与航空活动相关的航空器设计研发、制造、运营提供产品和服务的、具有明确分工的、由多个行业关联而成的业态总称。更为广义的航空产业还包括为上述产业提供产品支撑和服务的衍生产业，主要包括航空培训、配套设施与配套服务，以及由航空产业直接或间接带动的工业、农业和服务业。从内容上看，航空产业主要有航空工业、航空运输和航空服务三大核心部分，以其主要产品——航空器的主要活动为逻辑，形成了研发、制造、运维和配套服务四大环节的产业生态链。

2.1.2　航空产业的特征

航空产业是技术密集型产业，在军事与经济上具有重要作用和特殊地位。由于其涵盖产业的多样性，具有不同于其他产业的特征，主要包括以下几点：

（1）高投入与高风险性。航空产业的研发费用高昂，包括其生产费用都远超其他工业，航空产品从航空器整机到发动机与电子配件，都需要长期巨大的资金投入。特别是近年来，航空器相关技术革新周期加快，新技术不断涌现，航空器的复杂性及其生产的综合性越来越高，这也大大增加了航空产业的研发投入，加剧了经营风险。航空器一个机型从研发设计、测试、制造工装到最后的试飞论证，至少要投入20亿美元，一个机型需300架以上的销量才能保证盈利。另外，航空产品研发周期和产品生命周期较之其他工业产品要长，波音公司单机型平均研制周期为5年，空客为6.5年，其他航空公司为5～10年不等。❶ 飞机交付公司使用后产品生命周期一般为20年左右。因此，如此长的周期使航空产品的经营风险和财务风险剧增。航空市场同经济周期休戚相关，亦极易受到世界政治形势影响，据统计，自喷气飞机时代以来已量产使用的民用客机机型有75%未收回资金。

由于航空产业的高投入与高风险性，基于航空产业的重要战略地位和巨大的正外部性，多数国家都会给予航空产业重点的扶持。空客公司1970年成立，一直到20年后才开始盈利，期间欧洲政府向其注资高达260亿美元。

（2）高附加值与高关联性。航空产业作为一个新兴产业，是典型的资本、技术和人才"三密集"的高附加值产业。据波音公司测算，民航飞机销售额每增长1%，对美国国民经济的拉动率高达0.714%，航空产业对周边产业的带动也远高于其他产业，可提供12倍于从业人数的就业岗位。同时，航空产业同国民经济中的其他产业，特别是高新技术产业具有极高的关联度，航空产品的研发与生产涵盖了航空、机械、材料、电子、力学等多种基础学科，涉及了制造业、管理、金融业、物流与教育培训等多个社会领域。因此，航空产业的高关联度对于技术的扩散作用明显，能有效带动相关技术突破，拉动产业涵盖的基础学科研究，从而提升航空工业，甚至一个国家和地区的工业水平。

航空产业的高附加值与高关联度特性使得其对上下游产业具有决定性作用，航空产品的研发和生产将极大促进材料、电子、机械及化工等产业的技术革新和工业化水平，从而推动当地国民经济发展，产生良好的正外部性。

（3）高技术密集与高专用性。航空产业涉及高新技术众多，如喷气推进技术、计算机集成技术、信息化技术、建模仿真技术、自动控制技术，此外还须上千种专有技术和制造工艺进行支撑，是非常典型的技术密集型产业。航空产品研发和制造工艺复杂，产品的过程监控要求高，对于实践验证与生

❶ 李小宁. 大型客机的市场竞争与发展战略 [M]. 北京：北京航空航天大学出版社，2009.

产过程的记录有极高的水准要求，再加之研发周期较之其他产业较长，前期投入高成本的先行性，造成了航空产业具有明显的累积效应，也即产业具有高专用性的特点。投入于航空产业的资本、技术以及人力成本，一旦进入产业便产生了高聚集效应，会随之产生高额回报，但如若将这些投入移作他用，便会大大降低其价值，造成回报率的大幅下降。特别是航空产业的人力资本，航空产业的高技术密集性使其专业人才的地位和作用凸显，且需要持续投入以保证人力资本的持续回报性，而航空产业的专业技术人才一旦移作他用，便会大幅贬值，造成人才和先前投资的浪费。

（4）高国际化与专业化程度。随着经济全球化程度的加深，航空产业的国际协作和专业分工程度越来越明显。由于航空产业的高投入与高风险性，使得航空产业参与国不得不在全球航空产业链中找到自己的定位，参与到全球化的航空产品大生产中。航空产品通过在全球范围的资源配置，可以更有效地利用不同国家和企业的比较优势，分摊风险、优化资源配置，最终提高生产效率，提高产品竞争力。各航空产业参与国也可以通过国际协作和全球专业分工寻求更多发展机会，拓宽自己的国际市场。如巴西航空工业公司的技术，一半以上来自其他国家，其核心部件发动机是美国生产的，机翼则产自西班牙。波音公司的供应商有 3000 余家，其范围遍布全球，大型客机波音787 近 90% 的部件和零部件生产任务由各供应商提供。

2.1.3　发展航空产业的重要意义

航空工业是现代工业的典型代表，其发展水平往往代表了一个国家的工业化水平、科技水平和国民素质等综合国力指标。航空产业涉及行业众多，涵盖机械、电子、材料、冶炼、化工、仪表和交通等，因此对于社会经济水平的拉动作用极为显著。具体而言，发展航空产业的意义可概括为以下几个方面：

（1）对国民经济的直接拉动。航空产业在其产业链中的决定性地位使其对产业链上下游需求很大，可以带动当地国民经济的快速发展。据波音公司测算，民航飞机销售额每增长 1%，对美国国民经济的拉动率高达 0.714%。美国航空航天产业委员会在 2002 年的报告中曾指出，航空产业是美国国民经济中的强大动力，是其在全球最具竞争力的部门之一，航空产业工业产值在美国国民生产总值中占比 15% 以上，提供了超过 1500 万高质量就业岗位。可见，航空产业对于国民经济发展的直接拉动作用是明显的，其良好发展可直接提升国家的经济和综合实力。

（2）相关产业的快速带动。航空产业产业链较之其他产业较长，所涉及产业较多，因此对于相关联产业的带动作用非常显著。波音公司曾进行过测算，航空产业每增加1亿元产出，就会对其相关联产业产生1.558亿元的需求拉动。欧洲空客公司供应商多达1500家，波音公司更是达到了3000余家，其生产对于其他公司和产业的带动力是巨大的，特别是对于材料加工、电子电器、机械加工、自动化控制、冶金等配套产业。而近年来航空服务、航空保险与金融等行业的不断发展也得益于航空产业的快速带动。

（3）促进科技发展和人才培养。航空产业是高技术密集产业，所涉及的高新技术几乎都是前沿科学，是当代工业技术的制高点。航空产业的发展可以推动系统工程控制、计算机及软件、动力、通信、遥感、测试、导航、制导、仿真、微电子、光电子、新能源、新材料、新工艺等技术以及近代力学、天文学、地球科学、航天医学、空间科学等多方面的科技水平。同时这些学科的发展必然会培养大量的专业人才，从而促进一个国家的人才知识和素质水平的提升。

2.1.4 我国航空产业发展现状及主要问题

我国航空产业始于20世纪50年代，从仿制前苏联飞机开始，历时近70年发展，已初步形成了门类齐全，研发、生产、配套支撑都具有相当规模的工业体系，不但能为国防提供各类军事用途飞机与设备，也能向民用航空和其相关部门提供各类飞机与航空设备。

我国航空产业从无到有，从仿制到自主开发，目前同欧美等航空发达国家相比，在产业科技含量和国际市场竞争力上仍有一定差距。但进入21世纪以来，随着我国国力的不断提升，我国航空产业发展迅速，已经在技术和经营上完成了一系列改革，取得了非常大的进步，逐步与国际现代航空产业接轨。当前，主要存在以下几个问题：

（1）航空产业技术水平不足。经过多年的持续发展，我国航空产业技术能力发展迅速，但较之于欧洲和美国，依然有不小的差距。航空技术的研发，一般优先考虑军用产品，民用航空技术多数需通过军用技术转化，这也在一定程度上限制了我国航空产品结构，造成现在通用航空产品为主，大飞机整机生产技术欠缺的现实局面，特别是发动机等核心技术，存在较为严重的技术水平不足。从价值链角度来看，我国航空产品在全球产业链中处于中下游，多为国外航空企业零部件的生产和组装。但由于国外航企的技术保密把控，我国航空产业很难获得技术外溢。因此，我国航空产业技术水平的发展，只有坚持独立创新，才能增强自身竞争力，进入全球航空产业链上游。

（2）航空企业经营运营体制不够灵活。我国航空企业所有制形式多为国有企业，由于在计划经济时代的按需生产，形成了企业生产以满足上级主管部门指标为目标的运营机制，对于企业的技术创新和产品的生产积极性上有较大欠缺。此外，我国航空企业运营机制不够灵活，企业自主权有限，决策下达迟缓，难以满足快速变化的市场要求。

（3）航空产业规模较小，无法形成产业辐射。航空产业的一个显著特点就是其具有极高附加值，因此在国家层面被确立为建设创新型国家和促进国民经济新增长的重要产业，航空产业一个项目的投资建设就可以带动周围区域数十个相关产业快速发展。然而，由于我国航空企业分布不够集中，各企业间的资源优化配置受到地域限制，各地区航空产业的发展水平差异较大，难以形成互补，合作成本较高。我国航空产业整体水平不高，无法形成产业群，致使辐射能力不足。

2.2　航空产业园概述

2.2.1　航空产业园的定义及特征

产业园是指政府或企业为实现某一特定产业发展而创立的特殊区位环境，它的类型非常丰富，包括高新技术开发区、经济技术开发区、科技园、工业区、金融区、文化创意产业园区、物流产业园区等以及近来各地陆续提出的产业新城、科技新城等，是区域经济发展，产业结构调整和升级的重要方式，承担着促进产业发展、完成产业聚集建设等重要使命。

航空产业园是指地方政府为促进航空产业有序发展升级，在所辖地划拨出一块行政区域，并配之以对应的土地和税收等优惠政策，吸引大量航空产业企业聚集而成的区域经济体。❶由于航空产业高投资带来的资本先行性，近年来我国各地航空产业园不断兴起并持续发展，已经成为我国区域经济增

---

❶ 胡挺，夏冰，任盈盈. 航空产业园发展现状及对策［J］. 高科技与产业化，2016（8）：62~67.

长的强有力拉动。实践证明，航空产业园的建设为带动周边高新技术产业，拉动地方甚至全国国民经济的发展，起到了良好的作用。

同国外的航空产业园相比，我国航空产业园地方行政色彩较为浓厚，从园区的规划、设立到招商引资，都是由各级地方政府主导并推动。政府的政策扶持使得我国航空产业园的形成和发展成型较快，园区规模在短期内即可实现聚集，规模膨胀迅速，从而带动当地经济快速增长。但随着经济全球化程度的加深，地方政府由政策构筑的区位优势正在逐步弱化。一些航空产业园在创立初期形成的粗放式管理模式，也在当前全球化竞争的背景下将问题逐步放大。如地方政府在园区招商过程中一味求大求全，偏重规模和数量，忽视结构和质量，使园区聚集的企业关联度不足，导致企业交易成本过高，无法产生良好协作；抑或是在园区规划时，未对园区做好统一规划和合理分工，造成产业重叠、过度竞争，无法形成区域和产业的竞争优势。

2.2.2　航空产业园发展的影响因素

航空产业园发展的影响因素可以分为外部因素和内部因素两部分，除去通用的产业发展的内、外部影响因素，还有一些特殊的因素。

2.2.2.1　外部因素

（1）金融环境。任何企业和产业的生产经营过程，都离不开资金的支持，航空产业亦是如此。尤其是在航空产业园形成期，无论是航空企业，还是支持类企业，都还处于相对弱小的"创业"阶段，资金不足、融资成本高是常见问题，航空产业迫切需要一个低成本、低风险的金融环境。到了航空产业园成熟期，随着更多项目的开发与建设，同样大量需要资金。同时，有实力的航空企业还有对外投资的需求，这些都需要稳定、安全、便捷的金融环境来支持。

（2）生产要素环境。进行社会生产经营活动时所需要的各类社会资源即是生产要素，生产要素是维系国民经济运行及市场主体生产经营过程中的基本因素。生产要素包含两个因素：一方面，基础设施（固定资产投资）、能源消耗、生产和土地市场等是航空产业园发展的基础；另一方面，人力资源的数量、素质等水平也直接决定了产业园发展的动力。

（3）需求环境。对于需求环境，航空产业园主要体现为对固定投资的极化作用和所处地区区域经济的支撑作用。而这两种作用通常在航空产业园的发展中，亦会呈现不同的特点。

首先，航空产业园的形成本质原因是由于机场等固定投资的先行性，带动了周围相关产业的发展，也就是固定投资的极化作用。在航空产业园初期形成阶段，随着航空产业园基础设施的不断完善，其极化作用主要作用在服务需求，如机务维修、配餐、行李托运等；在产业园成长阶段，随着园区设施快速增长，其客货运能力大幅提高，极化作用则开始表现为对航空相关产业的吸附能力，开始对劳动、资本、技术等生产要素产生吸附作用，快速形成产业集聚，从而带动周边区域经济增长；在产业园成熟阶段，随着基础设施的最终完善，园区内产业同区域经济完成融合，航空产业园区的极化作用开始作用在房地产、休闲娱乐等产业，航空产业园也开始成为新的城市区。

其次，航空产业园发展需要机场所在城市和区域的经济、社会等条件支持，经济规模和相应空间规模为航空产业园发展提供更多总量支持与更大发展空间。航空产业园区形成阶段，进驻企业与区域经济的结合相对较弱，航空产业园区对区域经济的贡献也相对较弱。航空产业园成长阶段，各航空产业的关联程度增强，一方面要求园区所在区域提供必要的土地、资金、人力、原料方面的支持，另一方面也需要对园区产业布局进行科学规划，确保航空指向性强的产业进入航空产业园区，实现资源的优化配置和有效利用。航空产业园区成熟阶段，航空产业园区与区域经济发展耦合效应更加显著，以航空兴城、航空为城用衰荣共济，区域经济作为产业园的腹地，对临空经济产生十分重要的影响，腹地经济越是发达，越能促进航空产业园发展壮大。❶

（4）政策环境。我国目前采用的经济市场政策是以市场为主导，国家宏观进行调控，即所谓"看得见的手"和"看不见的手"。国家的政策扶持、政策环境对航空产业园的发展都是至关重要的，但是由于宏观的政策因素很难进行量化处理，并且政策的作用结果是间接表现的，是渗透在其他环境因素中的。

2.2.2.2 内部因素

根据产业经济学理论，产业系统一般包括四部分要素：产业组织、产业结构、产业布局与产业政策，四部分之间存在着相互作用关系。

---

❶ 刘雪丽. 我国临空产业布局安全形成机理与评价研究［D］. 北京：北京交通大学，2017：47.

（1）产业组织。产业组织是企业之间的市场关系总和，一般以市场集中度来反映产业各组织程度。一般而言，产业集中度越高，其适应力与竞争力越强，实现规模经济与集约发展的能力也越强，产业发展速度越快。在航空产业园发展过程中，园区也更多希望引进大型企业或大型项目入驻。保持航空产业园较高的市场集中度，总体上是有益于航空产业发展的。

（2）产业结构。产业结构是各产业之间的相互关联关系。航空产业园发展过程，本身就是借助初始投资的极化作用，对园区所在城市产业结构进行调整，引进先进产业、升级传统产业、淘汰落后产业。而且，国内外航空产业园从形成期到成熟期的发展经验，也体现出航空产业结构不断从第二产业向第三产业升级发展的高级化过程。因此，产业结构优化是航空产业园发展的应有之意义。

（3）产业政策。产业政策及制度安排，尤其是错误的产业政策，会对航空产业园产生不利影响，主要表现在：第一，如果产业政策无法规范盲目的投资行为，可能在航空产业园内造成一定的产能过剩；第二，如果外商投资导向政策无法规制外资的进入行为，可能会增加国内相近产业的竞争压力；第三，地方政府过度追求政绩，干扰正常的产业园培育过程，违背经济规律，过于超前规划航空产业园，有可能对当地的财政造成压力；第四，产业制度安排的不合理，引起产业结构调整刚性，会造成产业竞争力下降，国内外市场份额减少，产业利益流失。

2.3 航空产业发展相关理论

2.3.1 产业链理论

17世纪中期，西方古典经济学大师亚当·斯密（Adam Smith）关于分工的论断就是经济学中对产业链功能的最早论述。20世纪初，新古典经济学代表人物马歇尔又将分工扩展到企业之间，强调企业之间分工协作的必要性，这也是产业链理论的理论来源。1958年，德国经济学家赫尔曼从产业前向与后向的关联角度对产业链的概念进行了阐述。但随着价值链、供应链等理论的兴起，产业链理论逐步被边缘化。

20世纪90年代，随着经济全球化初见端倪，产业链理论重新得到人们的关注并得到了广泛研究。我国学者对于产业链的研究起步较早，20世纪90

年代我国学者傅国华就在研究海南热带农业发展的过程中提出了"产业链"一词。之后，诸多学者分别从各自角度和视角对产业链的内涵和外延进行了界定。第一种定义是基于价值链和供应链角度，认为价值链是一种或几种资源通过若干产业层次不断向下游产业转移至消费者的路径，这种描述是厂商内部和厂商之间为使商品增值而采取的活动，其涵盖了商品或服务在创造过程中自原材料到商品并最终被消费的全过程；第二种是基于商业联盟角度，认为产业链是指在一定的产业聚集区内，由在某个产业中具有较强竞争力和议价能力的企业，与其相关产业中的企业结合而成的一种商业联盟关系链；第三种是基于产业关联视角，认为国民经济活动中的各产业依据前向和后向关联组成了产业链，这三种定义视角分别从宏观、微观和宏观层面对产业链的内涵进行了阐述，不但明确了产业链企业之间的分工协作等技术经济关联，也明确了产业链同价值链、供应链等概念的关联。

　　总体而言，尽管诸学者对于产业链的定义释义不同，但均包含以下共识：一是产业链应包含诸多相关产业；二是产业链要包含多个相关联企业；三是产业链中的企业存在上游、下游关系；四是产业链需围绕用户需求的某一最终产品进行生产与交易；五是产业链是一条产品增值链。

2.3.2　产业关联理论

　　产业关联理论即投入产出理论，其最早由美国经济学家 Wassily W. Leontief 提出。Leontief 自 20 世纪 30 年代开始研究投入产出分析，他在经济活动相互依赖理论基础上，完成了产出理论领域的开山之作《投入产出经济学》。Leontief 指出，投入产出分析是经济学中理论和事实之间的桥梁。

　　投入产出分析结合数学与宏观经济学，运用线性代数等方法对经济系统中各组成部分之间的数量关系进行求解，能够较好地反映出国民经济系统中各产业之间的投入与产出关系，主要应用于宏观经济的分析预测中。

　　投入产出分析主要的分析工具是投入产出表，也被称为产业联系平衡表，该表能够很好地反映出参与宏观经济各产业之间的投入产出数量依存关系。投入产出表也可以用于分析各产业间的关联度与产业波效应。投入产出理论有非常好的应用广度，被应用于宏微观经济的各个领域，从应用深度来看，投入产出表最初用于解释产品的经济技术联系，当前已被用于深入研究各类产业相关问题。

　　在航空产业分析中，产业关联理论可以分析航空各相关产业的关联关系（包括前向关联和后向关联等），以及各产业的波及效果（包括产业感应度和影响力、生产的最终依赖度以及就业和资本需求量）等。

2.3.3　产业布局理论

2.3.3.1　增长极理论

　　增长极理论最初由法国经济学家佩鲁提出，他认为，经济的增长是不均衡的，在某一阶段，一些创新或者高价值产业会以较快的速度快速发展，形成一个"增长极"，这些"增长极"产业也被称之为推进型产业。这些产业通过自身规模的扩张对所在地区产生影响，进而带动该区域内其他产业的发展，而被带动发展的产业，称之为被推进型产业。

　　在航空产业中，按照增长极三要素理论，一个区域内的机场，由于其高投资价值，就会成为机场所在地的增长极。而机场本身的极化作用，将成为带动区域内航空产业发展的重要动力。因此，可以说在一定意义上，机场的极化作用发挥得越好，航空产业同周边布局的产业关联程度越紧密，对当地区域经济的带动效应越显著，也说明该区域内的航空产业发展是健康有序的。

2.3.3.2　核心-边缘理论

　　核心-边缘理论由美国区域经济规划专家弗里德曼（J. R. Fridmann）于1966 年提出。该理论认为，任何国家或经济地区都分为核心区域和边缘区域，核心区往往处于城市中心，工业发达，资本和劳动力密集，使其经济能够快速发展。而边缘地区则发展相对滞后，核心区利用这些优势进一步强化这些资源从边缘区向核心区，使边缘区逐步依附于核心区。

　　核心-边缘理论对于探讨航空产业发展具有特殊意义，由于规划原因，我国各大城市的机场一般位于所在地城市传统意义的边缘区。而随着机场周边航空产业的发展，机场极化作用带动高新技术产业集聚，使得机场周边区域快速成长为城市的核心区，促使城市空间结构逐渐转换为"双核心区"，从而改变所在地原来的相对落后的局面。

2.3.4　产业转移理论

　　产业转移是指由于资源供给或产品需求条件的变化，某些产业自一个地区或国家转移至另一国家或地区的过程。它是生产力发展和社会化分工的必然结果，也可以认为是市场逐步成熟的一种表现形式。

2.3.4.1　产业转移理论综述

对于产业转移的研究始于20世纪30年代，不同学者从各个角度和领域对产业转移机制进行了分析，形成了一系列有价值的产业转移理论。

（1）全球价值链理论。全球价值链理论由美国的迈克尔·波特提出。经济全球化进程中产品内的再分工，使世界价值创造体系出现了重新的分离和重构，产业活动的分离和重新整合在全球范围内进行，导致了价值链环节的转移。

全球价值链理论认为，产业按照生产环节进行区域分工，具有不同资源优势的区域凭借其比较优势进行不同零部件的生产，而在区域分工中生产综述集聚在特定区域内进行。因此，承接产业转移应与培育产业集聚区进行结合。一方面，由于某地域的资源优势，分散于附近的同类企业，为了追求外部规模经济，从而逐步向该地激进型聚集；另一方面，依据本地域的比较优势，引进外商投资（FDI），使地区外产业向本地转移，从而完成产业聚集。产业集聚完成后，其吸纳效应又会带动其他外地企业进行转移。全球价值链理论对于承接地如何培育产业集群，以及园区、集中区的开发与建设，具有一定的理论价值。

（2）劳动密集型产业转移理论。美国经济学家刘易斯于1978年在其著作《国际经济秩序的演变》中对20世纪的劳动密集型产业跨国转移进行研究后提出了该理论，当时，国际产业转移主要集中在劳动密型产业，因此对于产业转移的主要影响因素是两国之间非熟练劳动力富裕程度的差距。劳动密集型产业转移理论揭示了产业由发达国家向欠发达国家转移的必然性。

该理论证实，发达国家向欠发达国家进行产业转移的对象主要集中于劳动密集型产业，其内在原因是由于欠发达地区劳动力富裕程度不足，因此劳动成本低廉。因此，欠发达国家在承接转移产业时，应明确自己的优势和未来产业的发展方向，避免盲目引进，造成区域产业结构趋同。

（3）产业跨国梯度转移的雁行发展理论。20世纪30年代初，日本经济学家赤松要提出了产业雁行形态发展理论。该理论认为，在工业化初期，一些技术和经济较为落后的发展中国家，需要向发达国家开放本国某些工业产品的市场，以得到该产品的市场和技术溢出。当该产品在国内的需求达到一定数量后，就为国内生产该产品提供了市场条件和一定的技术手段，并因资源和劳动力的成本优势构建国际竞争优势，实现本产品的出口，最终实现该产品生产产业结构的升级。这一行业就完成了从进口—国内生产—出口三个阶段，将这三个阶段用时间轴画出，就像三只大雁空中飞翔，因此这一产业升级的过程被称之为"雁行形态"。

产业跨国梯度转移雁行形态理论揭示了后起国某一特定产业产生和发展的过程，表明产业具有从发达国家转换到欠发达国家的形态特征，其转移方式均为整个产业合盘移出。在国家分工新格局下，价值链环节的转移在国家产业转移中的作用越来越重要，落后的低梯度地区可以直接引进高新技术，推动自己产业发展升级，最终实现反推移。

该理论对于航空产业具有重要参考价值：航空产业的发展既要进行相关联产业的整体转移，又要承接价值链环节的转移，并融入全球价值链体系中；既要承接制造业的转移，也要承接配套服务的转移，不仅要对传统制造业进行产业转移，更要利用后发优势积极吸纳高新技术产业。

（4）边际产业扩张的产业转移理论。边际产业扩张理论由日本经济学家小岛清于1977年在其著作《对外直接投资论》中首先提出。小岛清在对日本对外直接投资分析研究后发现，按照比较成本理论，一国应该生产并出口具有比较优势的产品，并以具有比较优势的产业为起点进行对外投资；而被投资国则通过吸纳先进生产技术，发挥并不断增强自身比较优势，巩固产业竞争优势。相较于技术密集型产业，劳动密集型产业应首先进入产业转移序列，投资国与被投资国之间应由"技术差距最小的产业"进行移植和转移。随着被投资国技术水平的不断提高，依次对其他产业进行移植转移。

该理论认为，如果两国技术差异较大，承接国技术水平跟不上，缺乏配套产品和服务，那么移植产业将难以为继。但是该理论有其局限性，即当移植产业同承接国原有产业技术差异过小，那么承接地很难从产业移植转移中获益。

因此，在选择移植航空产业时，应选择技术差异适度的产业，一不可过分追求高新技术、忽略配套设置和服务；二不可盲目追求产值，过度引进技术差异小的项目。

（5）产业转移的区位理论。区位理论由德国经济学家韦伯和廖什提出并发展。韦伯得出区位理论的三条法则，即运输区位法则、劳动区位法则和集聚或分散发展。他认为运输费用成本决定着工业区位的基本位置，理想的工业区位是运量和运距的最低点，在随后的研究中，韦伯又引进了劳动力费用和集聚因素，认为这两个因素在区位因素影响的基础上，对产业分布产生着影响。

区位理论表明，地理位置对于经济活动的分布具有重要影响，企业在选择区位时考虑的主要因素包括运输费用和交易成本。距离发达地区越近，则越容易获得技术和信息服务，交易成本就越低。因此，产业转移一般趋向临近发达地区。对于航空产业来说，区位理论对如何进行区位交通和劳动力资源比较优势的宣传提供了理论依据。

（6）产品生命周期理论。20世纪60年代，美国经济学家弗农在其著作《产品周期中的国际投资与国际贸易》中首次提出了著名的产品生命周期理论。弗农指出，一个产品的生命周期分为新创阶段、成熟阶段和标准化阶段，在不同的产品阶段产业的生产地也存在差异。产品生命周期理论之于产品转移，是从产品生命周期的角度，对一个有创新产品的企业如何从国内生产转移到国际化生产进行分析。间接解释了产业在国家之间的转移。

产品生命周期理论表明，欠发达地区在进行产业承接过程中，要分析判断该产业在国内、国际上的生命周期所处的阶段。这对于航空产业如何在发展过程中承接处于成长期的产业，吸纳新兴战略性产业等都具有重要的启示作用。

2.3.4.2　产业转移对于承接地的影响

对于国际产业转移对承接地的影响，近年来我国学者进行了大量研究工作，做出了深入的分析和探讨。

郑燕伟（2000）在讨论产业转移与技术转移之间的关系时认为，二者之间联系密切，产业的转移一般来说必定会带动技术的转移。曾璐（2007）则认为国际产业转移不但可对产业承接地的经济有直接的促进作用，也在其正外部性扩散时推动了承接地的产业升级。刘健通（2010）在其研究中认为产业转移对于产业承接地的影响主要有以下两个方面：一是产业承接地在承接外来先进产业的过程中，实现了本地产业在全球价值链中的融合，进而改变了其在价值链中的地位，完成了产业结构的升级；二是产业转移促进了产业转移国和承接国之间的生产要素流动，包括资本、技术、人力等，为产业的集聚创造了环境和条件，加强了产业集聚群同外部的关联，增强了产业的抗风险能力。孙兆平（2011）在其学位论文中指出，产业转移对于承接地的有利影响主要包括资源转移效应、就业增加效应与产业结构调整带来的效应等；负面影响主要有外来产业对当地企业安全的冲击影响，外资撤离时造成的资本流失风险等。

综合以上研究，产业转移对于承接地的影响有利有弊，正面影响包括技术外溢、产业集聚、资金流入、价值链升级、产业结构调整与就业岗位创造；负面影响主要包括对当地产业的冲击、存在产业撤离风险与环境保护压力等。

2.3.4.3 产业转移与当地产业的融合

产业转移与承接地产业的融合是产业转移理论的重要部分，转移产业的本地化可以视作完成转移的企业通过当地产业网络与承接地发生经济和社会联系的过程。

（1）产业转移的融合方式。对于产业转移的承接地而言，要想实现地区经济发展的可持续，应准确找到经济依托要素的转化节点，利用产业转移的外部网络进行当地网络的培育，增强其根植性，减少产业集聚的阻力。而对于外来产业，其首要问题是要将外来要素转化为地方要素，其主要方式有两种：一种是在本地培育一批精英产业，由这些本地精英产业来承接外来要素的本地化，并可以利用他们提升产业集群的竞争力；另一种是通过一定手段和途径将外来要素（如人力要素）进行永久黏性的本地化，能够将承接地当作固定居所，这也是工业区或产业园可以由一个工业区逐步演化为社区甚至城镇的关键所在。

（2）产业转移的融合行为。转移产业在承接地的融合行为包括两个方面：一是产业转移中转入承接地的企业出于共同的利益诉求，与承接地的产业网络在社会化生产和交易中自然形成经济关联和社会关联的行为；二是产业转移中移入承接地的网络融合到当地经济和社会网络中的行为，经济关系网络一般指移入企业与当地企业在商业往来中形成的网络关系，社会关系网络是指移入企业对当地社会、文化和政治制度进行融入时形成的网络关系。

2.3.5 临空经济理论

2.3.5.1 临空经济概念综述

临空经济（Airport Economy），也被称为空港经济，是近三十年兴起的新型经济形态，因此国内外对于临空经济理论的研究仍未形成完整的系统，处于探索阶段。

"临空"的概念最早是由美国航空专家 Mckinley Conway 于 1965 年提出，Conway 认为未来临空经济的发展将会对产业园设计甚至大都市规划等方面产生深刻影响。从 20 世纪 60 年代开始，Conway 出版了一系列关于机场对于周边地区产业发展影响的著作，并首次提出了机场综合体的概念。1970 年，他在其著作《航空城》里对临空经济的理念做出了系统的阐述。

美国经济学家卡萨达在其著名的"第五波"理论中，明确了人类社会发展是由海港、河流、铁路、公路和空港五波依次兴替，经济全球化进一步催生了空港产业区的发展，免税折扣店、酒店、娱乐场、会议中心等航空指向的商业设施和形态集聚于机场周围，逐步演化成空港。奥马尔（2003）指出，机场作为区域经济的增长极，已经在全球范围内对经济产生了影响，由于机场巨大的正外部性，在其周边和辐射范围内创造了大量就业岗位，人员的集聚也催生了众多商业活动，甚至在演化中逐步成为城市的中心。

2.3.5.2　临空经济的阶段性

对于临空经济发展的过程，很多学者都进行了分析和探讨。曹允春（2013）将临空经济的发展过程划分为形成期、成长期和成熟期三个阶段，在其形成阶段，机场的驱动力占有主导地位；在其成长阶段，机场极化作用凸显，机场周边航空指向型企业增多，逐步开始产生集聚；在临空经济的成熟阶段，机场周边已经形成了完整的产业链和价值链，在此阶段，创新机制和创新系统成为临空经济继续发展的主要影响因素。赵文（2011）将临空经济的发展分为起步阶段、快速发展阶段和成熟阶段，在起步阶段，临空经济产业主要为航空服务业与航空产品加工；在快速发展阶段具有高附加值的航空制造产业迅速增长；临空经济成熟阶段，现代服务业以及文化产业将成为主导产业。

实际中，临空经济发展的阶段性，同临空经济区空间布局具有对应关系，也是机场极化作用的具体体现。在临空经济形成初期，临空经济区辐射范围较小，一般认为仅在机场功能区周围 1 千米内，在此阶段，临空经济区内航空运输服务业与航空制造业受到机场刚需带动，得到快速发展；在临空经济成长期，临空经济表现为专业化的产业园区，如物流园或工业园等，空间范围进一步扩大，可延伸至机场周边范围5~10千米；临空经济的成熟期，临空经济区范围可达到10千米以上，甚至覆盖到整个城市，冲破机场与城市的边界，产生耦合效应，临空经济也为整个城市的居住人口和企业提供各类服务。

2.3.5.3　临空经济的形成条件

临空经济是生产力发展至一定阶段产生的新经济形态，宏观上来讲，临空经济区的形成是由于交通运输成本的变化促进企业进行区位选择，从而带动了城市经济发展。微观层面上，地方政府对于空港的定位、区域经济的现状、综合交通可达性等都会对临空经济的发展产生深刻的影响。

临空经济发展的充分条件是：大型机场、综合交通体系。由临空经济的定义可以看出，临空经济的发展需要依托机场，而综合交通运输体系，能够保证企业和人员的可达性，降低企业交通费用。临空经济发展的必要条件有聚集的航空产业群、有活力的城市经济和宽广的经济腹地，临空经济的发展潜力规模决定了其吸引力的强弱，而航空指向性产业的聚集是临空经济区产业的风向标，此外机场所在城市的经济活力和周边腹地的经济发展状况，都决定了临空经济是否能够发展壮大。因此，在建设机场时不能盲目，需因地制宜，制定适合当地经济现状的规划。

2.3.6　跨国公司技术外溢理论

跨国公司技术外溢一般指外商直接投资（FDI）对东道国经济发展起到的间接作用，这个作用通常是无意识的，可以发生在一个或几个产业之间。

对于跨国公司技术外溢途径的研究，Kokko（1994）在其研究中指出，外商直接投资（FDI）是向发展中国家转移技术和技术无意识外溢的最佳途径，他将外商直接投资带来的技术外溢分为模仿效应、竞争效应、劳动力流动效应和直接帮助效应，提出了在"干中学"模式中实现技术进步。

但跨国公司技术外溢制约因素较多，首先是投资国与东道国之间的技术差异，造成技术外溢的学习壁垒，其次是跨国公司对于自身核心技术的保密性较高，造成技术外溢的人为壁垒。Kokko 在其著作中曾对乌拉圭的 FDI 进行实证分析，在分析中发现进口替代的外资企业技术溢出较之出口导向产业更大。Findlay（1978）对印度尼西亚的研究则表明，内资方与外资方的技术差距与 FDI 溢出效应存在正向关联。一般而言，技术溢出方对于技术外溢的制约主要存在两个方面：一是外资在企业股权中的比例，二是企业的市场导向。而对于技术吸收方，其吸收能力是决定技术外溢效果的关键因素，吸收能力主要体现在以下几个方面：贸易开发程度、人力资本质量、金融市场效率、政府政策法律等。

上述产业链理论、产业关联理论、产业布局理论、产业转移理论、临空经济理论、跨国公司技术外溢理论对于本书后续进行航空产业链分析，探讨舟山航空产业发展条件、竞争力提高途径、机场运营与空港发展思路等，都具有重要的理论指导意义，同时也是本书研究的理论基础。

3 航空产业链分析

3.1 航空产业链总体分析

3.1.1 航空产业链的概念

航空产业链是指围绕着以航空飞行活动为核心，涵盖了航空器在生产研制过程、销售、运行保障、相关运营以及延伸服务等全产业链的战略性新兴产业体系。见证了从最初的资源变成最终飞机产品然后销售到用户手中以及后续的服务所包含的各个环节构成的整个链条，具有产业链长、服务领域广、投资乘数效应大，对经济发展的辐射带动作用强等特点。航空产业是一个巨大的航空产业链立体空间体系，可分为航空研发、飞机制造、航空运营、航空服务等环节以及由此产生的关联行业，如图 3-1 所示。

"飞机研发"环节是航空产业链的核心环节，研发阶段是飞机全寿命管理的重要基础。从产业全寿命费用的角度看，飞机研制、生产、使用和维护各阶段的费用，并不是由研制、生产、使用和维护等部门各自决定的，这是由于装备到后期，对性能、结构、使用条件等固有因素进行改变的可能性很小，主要取决于前面的研发阶段。因此，航空研发环节是航空产业链最尖端、最核心的技术，体现了一个国家独立自主发展本国航空产业的核心能力。具体而言，"飞机研发"主要指飞机研发设计部门根据客户对航空运营的相关性能需求，拟定项目计划，提出设计概念，完成航空设计图，通过分析计算、仿真完成飞机空气动力布局、子系统方案、参数选择等一系列精密设计，使飞机性能与客户的需求相符合，与运营安全、生产相匹配的一个大环节。这一环节包含了各子系统的设计研发，包括发动机研发、航电系统研发、航空材料研发以及相应的检测技术、数字技术等。❶

---

❶ 肖刚，王科，敬忠良. 上海民用航空产业发展研究 ［M］. 上海：上海交通大学出版社，2013.

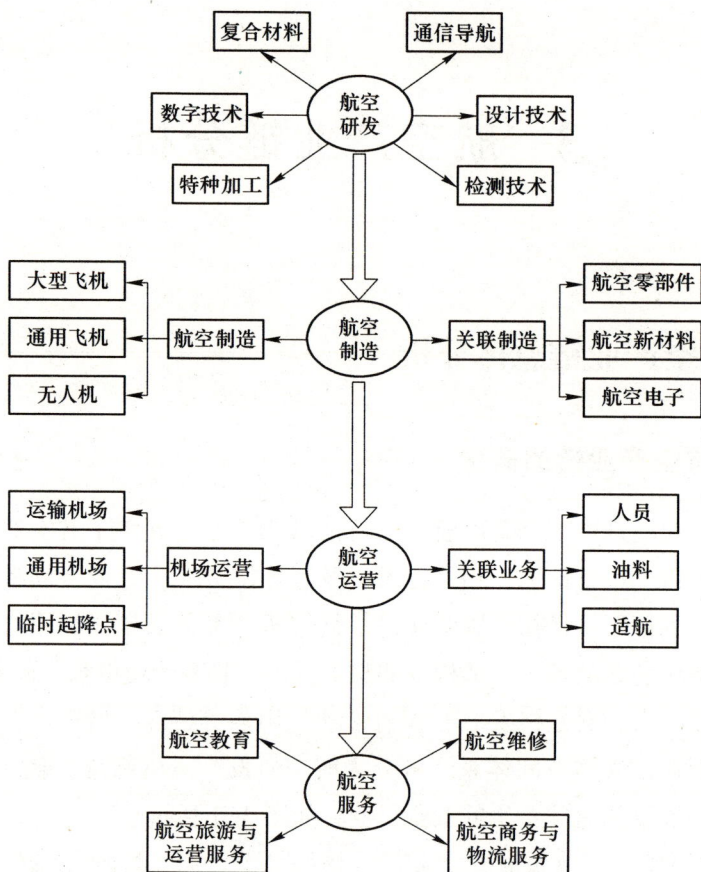

图 3-1　航空产业链构成图

　　"飞机制造"环节是整个产业链的关键环节，它是根据设计要求进行原材料供应、零部件生产、子系统装配、总装集成等一系列生产制造过程。其中原材料供应和零部件生产属于飞机制造的供应链环节，由多级供应商组成。一般而言，供应商层级越高，其生产的零部件技术含量也越高。子系统装配、系统总装集成使飞机产品最终成型，是价值增值最高的一环，是整个飞机制造的核心环节，❶ 也是一个飞机性能的主要体现。目前，一个国家是否具有系统总装集成制造很人程度体现了一个国家的航空产业竞争力，尤其是飞机的发动机制造，更是飞机制造核心中的核心。

---

　　❶ 肖刚，王科，敬忠良. 上海民用航空产业发展研究 ［M］. 上海：上海交通大学出版社，2013.

"航空运营"环节是制造商将飞机产品全力推向市场，是实现飞机产品自身价值的环节。飞机交付给航空公司后，由航空公司负责飞机的日常运营和旅客服务，机场提供地面保障设施和人员，空管部门负责协调各航空公司航班的正常调度和空域管理。这一环节直接面向消费者，是产业链价值的最终体现，是关系到飞机产品能否在市场站稳脚跟的重要环节。这个环节包括机场运营以及飞机使用后的相关运营服务工作。航空运营主要包括机场运营以及相关关联业务，其中，机场运营涉及运输机场、通用机场和飞机临时起降点等；飞机关联业务包括航空运营人员和技术人员的管理、空域管理、航空油料、航空公司等。

"航空现代服务"环节是飞机运营后期所延伸的相关产业链条，包括航空商务、教育培训、航空维修、通航旅游与运营、航空运输物流等。其中，"航空维修"对飞机及其系统部件进行日常维护和修理，是产业链的终端，也是价值链延伸的重要环节，该部分包括飞机及相关设施的日常检修与维护、保养与保修，以及整修等。发展航空现代服务产业，有助于推动航空产业向服务型和创新型转型升级，提升全产业链服务。

3.1.2　航空产业链的内在结构

航空产业是一个有着较长的产业链，包括上游的研发阶段，中游的制造阶段，以及下游的运营和服务阶段，同时，航空产业对相关产业的带动作用也十分明显，因此，航空产业链的结构面较宽、衍生面较广、带动面较大，尤其是航空制造、航空服务的产业链尤其广泛。

3.1.2.1　航空制造产业链

航空制造业是研制和生产航空器的工业部门，涵盖飞行器机体结构、动力装置、机载设备、地面保障设备等产品门类，包括研发设计、制造加工、试验验证及维修服务等产业环节。航空制造业是典型的先进装备制造业，其产品研制、产业发展涉及力学、工程热力学、材料科学、机械加工、电子信息、计算机科学、通信导航、管理科学等众多学科的新技术、新成果和新进展，是技术密集、多学科交叉、系统集成度很高的高技术产业。

航空制造业一般分为三个层面：飞机整机和零部件、航空发动机以及机载系统。飞机整机制造根据不同机型也可以分为不同类型，飞机零部件制造业可以分为不同的原材料产业、不同的产业分工等。航空发动机、机载系统也有不同型号和不同的生产商和销售商。因此，航空制造业是一个精细产业，随着技术的进步，相关机型所涉及的技术价值在不断升级，促进了航空产业的整体进步。

随着经济、技术发展，航空制造业的全球化趋势日益明显，国际合作已经成为商用飞机项目普遍采用的制造模式。目前，世界航空工业呈现主机企业、分包商和设备供应商、零部件/原材料供应商三个产业层次，其产业结构呈金字塔形状，顶层是飞机整机及销售，这是主机企业涉及的产业；中间是系统承包商，涉及机载电子系统、动力系统和飞机结构子组建和子系统；下面是转包及零部件供应商，涉及电子及电子零部件、电子系统和子系统、发动机零部件、发动机附件、启动系统及电源、机身及结构、座舱系统及零部件、坐落架及零部件、传动系统、标准件、小零部件等。

3.1.2.2　航空服务产业链

航空服务产业是一个在飞机研发、制造以及后续交易、衍生过程中产生的一系列服务的产业形态。航空服务产业链也可分上、中、下产业。上游服务产业主要包括技术人员培训、科技服务业、原材料交易；中游服务产业主要包括维修保障、空中导航与信息服务以及派生出来的保险、融资和相关中介服务机构；航空下游服务产业相对较广，包括航空教育培训、私用公务飞行、体育运动与娱乐产业、计算机软件与硬件开发、航空物流等。

3.2　民用航空产业链分析

民用航空产业链是民用航空器在生产研制过程中，从最初的自然资源到最终产品交付用户的过程中所包括的用户需求性分析、设计研发、原材料供应、零部件生产、子系统研制、总装集成、销售服务等各个环节构成的整个链条，如图 3-2 所示。

3.2.1　民用航空产业链结构

3.2.1.1　民航维修业

2017 年，全球民航维修业的总市值将从 2016 年的 632 亿美元增长至 743

航空研发环节	飞机制造环节	航空运营环节	航空服务环节
创新研发	零部件生产	运营	高端服务
设计	组装制造	销售	维修

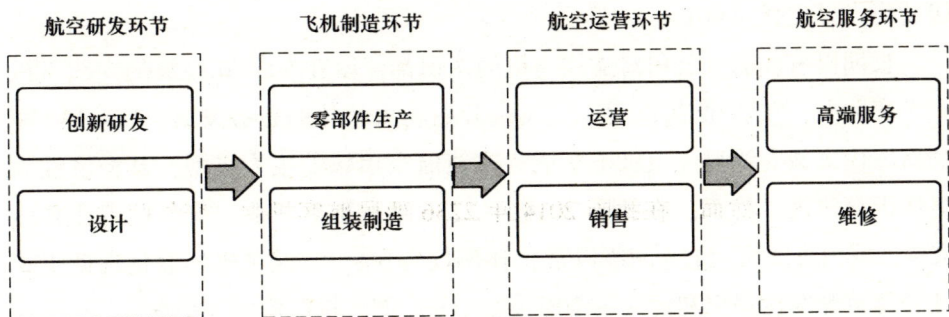

图 3-2 民用航空产业链

亿美元；全球民航维修业的复合年增长率（CAGR）将有望达到 3.9%，略高于全球机队数量 3.7% 的复合年增长率。全球地区分布来看，各地区的维修需求各有侧重，其中亚太市场占比 18%，中国市场占比 7%。

国内维修单位在满足国内维修市场需求的前提下，已开始初步涉足国际维修市场。国内具备机体维修能力的 124 家维修单位基本能够满足国内维修市场需求，同时还吸引部分国外航空器的机体维修业务。截至 2016 年年底，中国内地共有维修单位 830 多家，建立起了由航空器机体定检、发动机翻修以及相关部件维修组成的较为完整的维修产业链，各类维修项目基本齐全，成为保障中国民航安全运行、健康发展的基础。

当前，国内主要城市正积极发展航空维修及服务产业，推动航空维修项目实施。积极争取国际知名航空发动机生产厂商与国内航空公司或飞机维修公司合作在天津等地设立子公司，引进规模较大、具备综合维修能力的企业，弥补国内对部分机型和型号产品维修能力的不足。推动"客改货"及维修业务发展，积极引进制造商完成中心或第三方完成中心，发展公务机装饰业务，逐步开展运输飞机翻新业务。鼓励通用飞机维修企业开展航线维修、定检和大修资质升级，提升整机改装、翻新、大修和关键零部件的维修能力。

3.2.1.2 民航产业支线业务

通常来讲，干线飞机座级在 100 以上，飞行距离较长，适于执飞一级机场之间、一级机场和二级机场之间的或较长距离的航线。支线飞机座级在 20~100 座，适于执飞单班旅客人次较少，二级机场和三级机场之间或短距离的航线。支线飞机按照座级分类，20~60 座级的为小型支线飞机，60~100 座级的为大型支线飞机。

　　长期以来，航空公司对支线飞机的认识都停留在 50~70 座级的支线飞机上。实际上，在 2000 年以后支线飞机开始朝大型化的趋势发展，70~130 座的新一代大型支线喷气飞机正在成为支线航空市场的主力机型，其经济性明显优于窄体机。然而，在我国 2014 年 2236 架民航客机中，窄体机占比高达82%，国内支线机（110 座级以下）比例仅为 6%，支线飞机的数量远低于欧洲和北美等发达国家和地区的 20%~35% 的比例，机队构成不平衡。

　　由于我国一二线航空市场资源饱和，导致窄体机的经营范围从一二线城市或省会城市之间运营逐步转变为三四线城市之间运营，支线客机生存空间进一步被压缩。中国机队结构倚重窄体机是因为航空公司在选型过程中对支线细分市场的需求和运力供给认识有误差，民航局公布的数据显示中国 62%的定期航班实际上并不适合由窄体飞机执飞，而采用 70~130 座的支线飞机效果会更佳。

　　为了更好地参与市场竞争，对于支线航空公司而言，必须采用差异化的手段避开与大型骨干航空公司的直接竞争才可以找到市场的着力点。中国民航管理干部学院邹建军教授认为，干线航空市场的饱和以及高铁对航空市场的冲击，航空公司的网络将延伸到更多的三四线城市，其中低流量的旅客输送正好和70~130 座的新一代支线飞机相匹配。航空公司可以通过差异化战略，提供点对点的直航服务，减少中转，提高准点率，吸引旅客来到支线航空市场。

3.2.1.3　民航高端服务

　　高端服务业通常指智力化、资本化、专业化、效率化的服务业。民航业作为高端服务的一个重要分支，其具有个性化、差异化、高附加值、高开放度的特征。一般意义上，民航高端服务往往指民航旅客高端运输服务。民航旅客运输的快捷、舒适、优质、安全和高科技等特性，使其从诞生之日起就拥有了高端服务的声誉。民航高端服务是指乘坐旅客享受经济舱所没有的特殊服务，包括座位舒适度、服务个性化、乘坐便利度等，因此，民航高端服务业被称为民航"私人订制"。然而随着航空公司的改革推进，高端服务开始走平民化道路，特别是根据《民航局、国家发展改革委关于民航国内航线头等舱、公务舱票价有关问题的通知》规定，民航国内航线头等舱、公务舱票价实行市场调节价，包括头等舱、公务舱在内的机票价格，都可根据市场情况进行调节。各大航空公司纷纷出台措施，对高端舱的销售进行了研究。2010年10月之后，随着旺季客流高峰的逐渐远去，各大航空公司纷纷在国内航线的高端舱打折促销，借此吸引更多人乘坐本公司的航班，这让更多的人体验到民航的高端服务。当前争夺高端舱的客源无疑是各大航空公司利润的有力增长点，南航、东航、海航、深航等国内航空公司纷纷推出不同名目的超值头等舱促销政策，使得乘客以经济舱的全价享受头等舱的服务。

3.2.2 民用航空产业链面临的形势

经过70年的艰苦创业，我国已经基本建立独立自主的航空工业体系，取得了举世瞩目的成就。进入21世纪，我国民用航空工业进入快速发展时期，科研生产水平跃上了一个新台阶。一是民用飞机发展取得重要进展。新舟60涡桨支线飞机、H425直升机、运十二通用飞机等开始批量进入国内外市场，C919大型客机、ARJ21涡扇支线飞机、直十五中型直升机等重点产品研制稳步推进。二是技术水平明显提升。民用飞机关键技术攻关取得重要进展。三是产业体系不断健全和完善。航空基础能力建设进一步加强，航空科研不断取得新成果，科技和产业国际合作不断深化，军民结合、寓军于民的产业格局正在逐步形成。

当前，我国正处于加快推进中国特色社会主义现代化建设的关键时期，国家正在大力推动航空产业深度发展，目前是航空产业实现跨越发展的攻坚时期，既面临难得的机遇，也存在不小的挑战。我们应该看到我国航空航天产业研发创新能力有待进一步提高，产业链部分关键环节缺失（核心元器件、关键原材料等）、产业规模小、集群升级存在短板。我国已将航空装备列入战略性新兴产业的重点方向，航空产业的发展受到国家的高度重视和社会的广泛关注，成功首飞的C919单通道干线客机，是具备完全自主产权的，给了我国坚定不移走自主研发生产的道路打了一剂强心针，将推动我国民用航空工业实现快速发展。

下一步，我们应以党的十九大报告提出的制造强国建设战略目标为引领，深入贯彻落实习近平新时代中国特色社会主义思想，紧紧抓好全球航空产业布局大调整的战略机遇和"中国制造2025"的攻坚机遇，着力提升自主创新能力，加大科研经费投入力度，推进科技创新，攻克和掌握一批关键核心技术，提升科技创新能力和水平；营造良好发展环境，优化产业布局，延伸拓展产业链条，推动产业链上下游协同发展，凝聚实现航天梦强国梦的强大力量，依托快速发展的国民经济和国防现代化建设为民用航空工业发展提供广阔的市场空间，为民用飞机的发展带来了新的市场机遇。利用市场资源，引导和鼓励多种形式的社会资本投资和发展航空产业。积极开展多种形式的国际合作，扩大合作规模，提升合作层次和水平，不断增强航空产业核心竞争力和可持续发展能力，促进工业转型升级、提高创新能力和国际竞争力，增强航空设备的综合化水平，进一步完善航空机载系统集成体系能力建设，加快民用航空工业发展，提供良好的科技和工业基础。

3.2.3　民用航空产业链的短板

然而，在完善民用航空产业链过程中，与国外航空强国相比，我国民用航空产业发展还存在一定的短板。

民航业发展高度依赖外国技术装备。随着我国经济社会的快速发展，民用飞机尤其是客机的需求量急剧上升，但民航业发展高度依赖外国飞机和相关技术装备。中国航空工业集团公司发布的《2017～2036年民用飞机中国市场预测年报》预测，未来20年中国需要补充民用客机6103架，其中大型喷气客机5120架，支线客机983架。民用航空飞机的高度依赖进口，不仅大大加大了民航业运营和发展的成本，加大了民航业发展的脆弱性，还严重制约了我国航空工业的发展。

产业融合度不高。民用航空产业是国家战略性新兴产业，也是军民结合高技术产业。中国的民用航空产业脱胎于军用航空，出于国家战略利益的考虑，加之国外技术的封锁，长期以来民用航空产业发展缓慢。当前我国正在大力推进民用航空产业发展，建设航天强国，融合发展是必然趋势。目前航空产业领域还存在很多融合不足之处，表现为军民融合不够、与民间资本的融合不够和航空制造业与服务业融合不够。由于民用航空制造与社会化服务之间融合程度不高，导致航空产业链顶端的研发、设计，生产过程中的融资租赁、信息服务、物流运输等都没有实现与航空制造企业的有效融合，导致航空产业发展缺乏与实际需求的对接。

航空运输业效能有待提升。航空运输是高效、安全的一种运输方式，当其合理布局、科学运营、有序竞争时对经济社会的贡献率会逐步增强。中国民航运输业经过长期发展，无论是机队规模、航线网路、企业竞争力都在逐年上升，但是也存在航线布局不合理、运力资源相对集中、干支线网路有效衔接不足、运输企业竞争力不强等问题。

3.3 通用航空产业链分析

通用航空业是以通用航空飞行活动为核心，涵盖通用航空器研发制造与销售、运行保障、相关运营以及延伸服务等全产业链的战略性新兴产业体系，具有产业链长、服务领域广、投资乘数效应大、对经济发展的辐射带动作用强等特点。❶

通用航空产业链如图 3-3 所示。

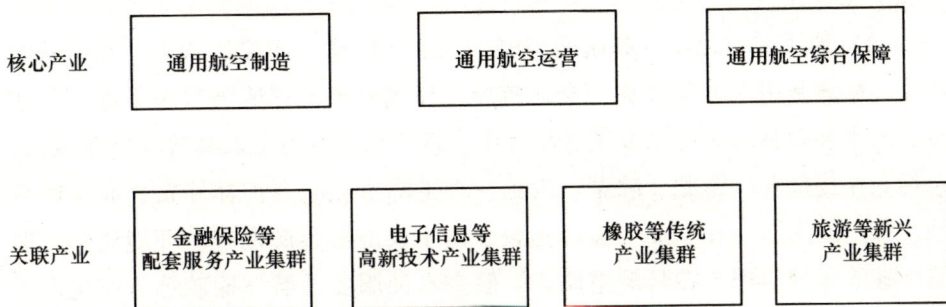

图 3-3 通用航空产业链

3.3.1 通用航空产业链结构

2003 年 5 月我国开始实施的《通用航空飞行管理条例》规定，"所谓通用航空，是指除军事、警务、海关缉私飞行和公共航空运输飞行以外的航空活动，包括从事农业、渔业、林业、工业、建筑业、矿业的作业飞行及抢险救灾、医疗卫生、海洋监测、气象探测、遥感测绘、科学试验、文化体育、教育训练、旅游观光等方面的飞行活动。"因此，我们认为，通用航空产业链是由各类通用航空产业上下游逻辑关系构成的。由于通用航空的服务领域非常广泛，因而通用航空产业涉及国民经济领域十分繁复，通用航空产业链条长、带动的产业多、服务面广，形成以航空飞行活动为核心的，主要包括通用航空制造、通用航空运营、通用航空服务保障、通用航空现代服务业等

---

❶ 通用航空全产业链投资价值分析，中国企业报，2018-10-23.

四大方面，涵盖了通用飞行器生产、零部件制造、材料研发、公务航空、医疗救护、工农林业作业、抢险救灾、气象飞行、飞行培训、遥感测绘、旅游观光、航空维修、航油航材供应、航空器租赁、航空保险、会展贸易等众多业务。

（1）通用航空制造。通用航空制造包括通用飞机的整机研发、设计、制造和组装，以及零部件、动力系统、起飞着陆系统、机载电子设备、新材料等的研制和生产，是通用航空产业的基础。零部件制造包括仪表设备、通信设备、动力装置、辅助动力装置、氧气系统、增压座舱、空调系统、航电系统、飞机操作系统、起落装置、机翼、机身、尾翼、机舱座椅、盥洗室等。飞机组装是将零部件等设备按照设计要求完成整机的组装，并完成最终的测试和试飞验证。❶

（2）通用航空运营。利用通用航空灵活、快速、便捷的特点，开展航空医疗、应急救援、抢险救灾、交通疏导、环境监测、灾情监测等服务，在地震、洪水和森林火灾等突发紧急事件中发挥作用。开展工农林牧渔作业飞行，包括农作物播种、施肥、除草、灭虫、人工降水、航空护林等农林业生产活动。推广通用航空在工业与能源建设、国土及地质资源勘查、环境监测、通信中继等领域应用。参与航空调查、航空石油服务、航空探矿等工业生产活动。引导消费型通用航空发展，开展公务航空、低空旅游、私人飞行、航空运动、航空教育等消费类飞行。开展通用航空短途运输业务，为偏远地区、地面交通不便地区人员提供出行服务。

（3）通用航空综合保障。通用航空服务保障就是为通用航空器和通用航空飞行活动提供保障业务，如飞机维修、航油供应、机场服务、固定运营基地（为公务机和私人飞机，提供停场、检修、加油、休息等服务）、航空情报、航空气象支持等，服务保障是通用航空健康发展的基石。

（4）通用航空关联产业。通用航空关联产业如航空器租赁融资、通用航空保险、通用航空会展贸易、中介代理服务、通航旅游等，一般是指由通用航空产业链衍生出的产业。金融机构和社会资本可以通过多种方式支持通用航空产业的发展，如直接投资、股权投入、金融租赁等。租赁融资方式能够以较低的年使用费来获取飞机的使用权，租赁合同结束后还可以优惠价直接购买飞机的剩余价值，是我国航空公司主要的租机方式。其他通航产业也是

❶ 李文丽，赵长辉．通用航空制造业及其发展［J］．企业技术开发，2016（18）：56~59．

由通航运营和发展所产生的。随着我国经济社会的发展，通航旅游、通航公务飞机、通航会展等产业也正在快速发展。

3.3.2　通用航空产业链面临的形势

近年来，通用航空产业在我国经济发展过程中，一直处于高速增长的时期，企业数量、机队规模、飞行小时数、从业人数等均稳步增加，这从侧面说明，通用航空市场需求强劲，动力持续释放，是我们经济增长的新动力。通用航空作为我国的"战略性新兴产业体系"，对促进地区经济结构转型、扩大内需、保障民生将起到非常重要的作用，也是在经济新常态和供给侧结构性改革大背景下，国家经济转型升级的重要选项。

通用航空发展将带动机场建设、机务维修、空中交通管制系统、民航服务业以及民航教育培训等新的投资需求，创造出新的战略性主导产业对投资的引领，全面提升我国投资需求的质量和品质，成为经济投资新的国民经济增长点。就消费需求而言：通用航空产业的发展，将会形成新的商业生态，催生新的消费领域，观光旅游、通勤飞行、个人娱乐、培训飞行等的航空消费需求会日益增长，必然会对提升全民消费结构升级和品质提升带来重要的影响。

纵观国际新兴产业发展历程，一个新兴出现的产业随着消费总量上升、消费层次提高、消费结构变化，新兴产业的发展和产业结构必将产生显著变化。国家必定从战略角度对新兴产业结构进行优化，包括附加产业的复制政策。因此，为了适应我国通用航空产业消费趋势的变化，我国必将会进一步从战略层面扶持通用航空产业，提升通用航空产业增加值，提高通用航空产业竞争力，通用航空产业的服务性特点将得到更好的发展，进而通用航空产业不断创新消费内涵和消费模式以满足消费者的需求。

3.3.3　通用航空产业链的短板

通用航空是我国战略性新兴产业，是国家航空产业基石，其发展程度标志着国家经济实力和民航业发展水平。自2010年以来，我国通用航空产业快速发展，产品和服务能力有了很大提升，形成了较为完善的供给体系，但我国通用航空是在中华人民共和国成立初期起步的，受国民经济下行压力的影响，发展一直较慢、遇到了重重困难，造成了民航业发展不平衡的局面，通用航空制造业企业规模小、竞争力弱，水平远远落后于发达国家。

通航制造业结构不合理，产品供给难以对接用户需求。产业链结构不合理，涉及整机生产和组装的关键核心技术、核心零部件缺乏，产品结构不合理，难以适应消费需求变化，研发制造体系封闭，产业链构成扭曲。通航运营业跨界融合发展不够，规模经济和资源效率偏低，制约通航运营业健康发展，企业成本高是最为突出的问题。关键原因在于通航运营业与其他服务业融合发展不够，导致通用航空服务始终局限于传统用户和高端客户，难以开拓大众消费市场。

低空空域开放不到位。低空难以充分开放一直是制约中国通用航空产业发展的瓶颈之一。目前，我国通航低空空域十分有限，且开放的试飞空间主要局限于单个机场的周边空域或偏远地区，开放空域不能连接成片，跨域低空飞行仍然瓶颈，通航业务受到很大影响，资源效率偏低，现行空域资源管理制度难以满足现实需求，与人们不断增长的低空空域飞行需求之间的矛盾日益凸显，亟待进一步扩大、深化低空空域管理改革。

服务保障业尚未构建起完善的产业链体系，无法满足通航飞行需要。通航运营水平高低很大程度上取决于服务保障业环节，包括航材保障、航油保障和专业设施保障等。目前，我国通航服务保障业市场机制僵化，供给体系不全，存在许多短板。

4 发展经验

4.1 国外经验

1903 年 12 月 17 日，莱特兄弟首次试飞了完全受控、依靠自身动力、机身比空气重、持续滞空不落地的飞机，也就是世界上第一架飞机"飞行者一号"。此后，航空飞机迎来了大发展，在过去的 100 多年发展时间里，西方工业强国在航空产业发展上走过了曲折而富有创新的历程，给予我们发展航空产业带来很多经验与启示。本节主要介绍了美国、日本和巴西的航空产业发展经验，以期对舟山航空产业发展的建设乃至我国航空经济的发展起到借鉴和指导作用。

4.1.1 美国航空产业发展经验

美国是世界第一大航空航天工业强国，拥有波音公司（世界第一大航空航天企业）、洛克希德·马丁公司（世界第三大航空航天企业）、通用动力公司（世界第四大航空航天企业）、美国联合技术公司（世界第六大航空航天企业）、诺斯罗普·格鲁曼公司（世界第七大航空航天企业）、雷神公司（世界第八大航空航天企业）、GE 航空集团、L-3 通信公司、霍尼韦尔航空航天集团、美国科学应用国际公司（SAIC）、德事隆集团（Textron）、古德里奇（Goodrich）等世界著名的航空产业企业。回顾历史，美国政府对航空产业有足够的重视，持续不断的干预和支持本国航空产业的发展，引导其走向如今的世界领先地位。美国政府对航空产业的支持不仅体现在民用航空产业的支持上，还对航空制造、航空运输业也给予了高度重视，此外还出台了一系列支持政策。

4.1.1.1 航空业管理政策

20 世纪 30 年代，美国航空产业处于管制型的寡头竞争状态，由此诞生了美国航空业。这一时期美国航空运输市场和航空制造市场处于多元化发展状态，除了寡头竞争外，航空运输市场也与水路、公路等运输方式形成竞争态势。为规范运输市场，1938 年美国出台了《民用航空法》，设立了美国航空运输委员会，对航空公司的成立、航线申请以及运价进行管制，促进航空公司盈利与发展。1938～1978 年申请进入航空业的 80 家航空公司，没有一家干线执照获得批准。美国航空业处于有管制的寡头竞争状态。然而，在日益迅速发展的航空运输市场下，寡头市场越来越遭到质疑，为了通过适当竞争，提高民航业服务效率，美国航空业颁布了一系列法律法规放松管制。1958 年，出于航空安全考虑，颁布《联邦航空法》，给予联邦航空署安全规章的制定权，同时废除《民用航空法》；1978 年，美国颁布《民航放松管制法》，逐渐强调政府减少对航空业的控制；1981 年，美国航空运输委员会航线管制权利取消；1983 年，终止美国航空运输委员会对航空运价的管制；1985 年，美国航空运输委员会解散；1989 年，美国民航公司进出与兼并收购实行自由化。美国民航业逐渐进入自由竞争状态。在通用航空产业发展上，1994 年美国总统克林顿签署了《通用航空振兴法》，大大促进了美国通用飞机制造业的发展。

4.1.1.2　民用航空产业支持政策

美国政府通过加大研发投入、创新政策、扩大政府采购、放松反垄断等政策支持本国航空业的发展。

扩大研发投入。 早在 20 世纪 50 年代，美国政府就意识到研发对高新技术的重要性。因此，美国联邦政府将航空产业纳入优先支持的产业行列。为此，政府持续对国防关键性技术计划的航空技术加大研发投入，提升军用飞机的实力，进而，提高民用飞机产业竞争力。美国政府通过直接的资金支持，加大了大飞机制造的核心技术研发，以提高飞机的可靠性、灵敏性以及其他性能，研制新型材料以减轻飞机自身重量、降低易损性和事故率。军用飞机技术的进步，有效推进民用飞机技术的开发和进步，美国飞机制造业的市场竞争力与日俱增。

加大扶持力度。 50 年代初期，美国政府加大了国防采购支出来支持本国航空制造业的发展。该举措有效支持了航空产业链的正常运转，提高航空制造业市场份额的很大比例。同时，贷款担保、优惠贷款或贷款减免也是美国政府支持航空制造业发展的重要手段。航空运输补贴也是美国政府扶持航空产业的有效政策，1938 年《民用航空法》明确规定通过补贴航空邮件运输发展航空旅客运输。从 1939~1953 年，航空公司获得航空邮件补贴总计超过3.1 亿美元。针对大型航空公司的直接补贴一直持续到 20 世纪 50 年代末。

飞机销售支持。销售支持是美国政府帮助航空企业夺取全球市场的主要方式。为此，美国政府通过提供信贷担保、保护本国航空企业、加强售后服务、政府力量影响海外谈判等方式支持本国航空企业的国际销售。一是极力鼓舞本国企业的飞机出口，通过提供信贷担保的方法，以解决本国出口商资金周转的困难，大大提升了美国航空企业的国际竞争能力；二是利用进口关税、配额、规制等手段压缩国外企业在本国市场的生存空间，维持美国飞机制造商的市场份额；三是提高售后服务的质量，在竞争本国市场的同时，全力抢占海外市场，通过降低国外购买者的购机风险来促进飞机出口；四是通过其他多种途径影响商用飞机的销售谈判过程，保护本国企业的根本利益。

4.1.1.3 其他领域政策

航空制造业的发展除了政府对航空技术研发的支持、多举措政策和法制保障外，在与航空产业发展相关的政策上也给予了积极的支持，主要包括加大技术创新的保护、对技术转移的限制和对产业基础的建设。

加大技术创新的保护。技术创新是一个国家的产业命脉，也是全球竞争的核心力量。美国政府一直致力于加强企业的技术创新保护。1980 年《技术创新法案》对技术创新的法律保护方式做出了规定。1987 年 4 月，里根总统发布了《促进有权使用科学与技术》的 12591 号总统行政命令，这一行政命令寻求确保联邦实验室执行技术保护。

对技术转移的限制。由于航空科技军民两用的特性，航空科技历来是美国政府限制技术转让的领域。对技术转移的限制也保证了美国航空制造业的技术领先和垄断地位。1986 年，美国国会通过了《联邦技术转移法》，鼓励国家实验室与工业界合作建立联盟，促进技术内部转移，但是对技术转移到国外作出一定的限制。与此同时，美国政府还成立了国家技术转移中心，对涉及国家的核心技术给予了明确的限制，其中就包括航空技术。

产业基础建设。任何产业的发展都需要包括人才培养、基础设施建设、市场环境塑造等在内的基础条件，航空产业的发展也离不开这些基础条件的支撑。奥巴马政府在 2009 年颁布的《制造业振兴的框架计划》中提出，要从以下几个方面着手重振美国制造业：人才培养与员工技能提升计划，推动技术和商业实践创新计划，培育稳定高效的资本市场以促进商业投资，帮助制造业密集区和产业工人转型、交通通讯基础设施投资计划，这些基础性政策有效促进了航空产业的发展，为航空产业发展创造了公平的国际与国内市场环境。

4.1.2　日本航空产业发展经验

日本是航空航天工业强国，航空产业是其国民经济结构的重要组成部分。1970 年，日本政府将航空工业列为三大战略产业（航空、核能、信息）之一，视为能推动经济大面积发展的"知识密集型"支柱产业。20 世纪 80 年代，日本航空工业被定为新兴产业之一。目前，航空航天领域被确定为 14 个"新经济增长领域"之一，也是确定的 16 个"高速增长的技术领域"之一。在实践中，日本坚持边规则、边发展的原则，坚持适度超前避免重复的发展方式。❶

4.1.2.1　建立了一整套航空产业管理制度

二战后，日本积极发展航空产业，将其作为振兴日本经济的主要举措之一，并制定了一系列支持和扶持航空产业发展的管理政策。1952 年 7 月颁布了《日本航空工业企业法》，1958 年 10 月颁布了《日本航空工业振兴法》，1986 年又重新修改了《航空工业振兴法》，这些法律的制定与实施，为日本航空工业成长为支柱产业奠定了坚实的基础。日本政府将航空产业作为幼稚产业加以政策扶持；同时将日本航空公司从民营企业改组为政府参股的特殊法人。1985 年，日本运输政策审议会增设航空小委会，具体讨论航空产业的规制改革问题，提出了推进日本航空公司的民营化改革及促进国内航线竞争与国际航线专营。

4.1.2.2　加大资金投入和扶持力度

日本政府通过税收优惠、信贷和政府补贴等政策，加大对航空产业的扶持力度。在研制支线飞机时，日本政府拥有项目主体——制造公司 55% 的股

---

❶　高峰.日本航空产业发展［J］.航空技术研究，2015，6：76.

份，日本政府在开发阶段出资 42 亿日元，占资本金的 4%。在生产和销售阶段，除在公司融资、债券发行时给予政府担保外，没有直接资金资助。项目失败后，政府承担损失达 71 亿日元。同时，日本政府也加大了对基础研究、应用研究和开发研究的投入力度，加强科技投入和战略性技术研究开发，以保障航空产业的持续发展和增强国际竞争力。鼓励企业加大研究开发投资力度；鼓励企业广泛应用高新技术，鼓励国家研究机关、民间企业、大学积极合作，共同进行研究开发工作；引导和鼓励企业开发利用外国科技成果。

4.1.2.3 加强航空技术产业化的宏观调控

日本政府通过制定政策法规引导推动技术产业化。2004 年，制定了"产业科学技术研究开发方针要点"，将航空作为 13 个技术领域重点开发方向之一；2006 年 6 月，又制定了《科学技术基本计划》，将航空航天产业作为 14 个"新经济增长领域"之一；日本政府推出的《新业务创新促进法》《产业活力再造特别措施法》重点发展航空航天等 16 个高速增长的技术领域；日本政府将航空产业确定为 21 世纪主导产业，在《科学技术基本计划》中，航空产业是社会基础领域和前沿技术领域之一。这些重点领域的技术研究和储备为日本航空技术的发展奠定了坚实的基础。

4.1.3 巴西航空产业发展经验

巴西是发展中国家，发展航空工业较晚。但是其走过了一条符合自身国情的航空产业发展道路，并一跃崛起，成为航空大国。

4.1.3.1 政府支持航空技术发展

在巴西飞机制造业的成长过程中，巴西政府采取了一系列的产业促进措施来扶持本国飞机制造业发展：在通航制造业发展初期提高外国同类飞机的进口关税，以保护本国产品成长空间，将与国产飞机相竞争的飞机进口关税由普遍的 7% 提高到 50%；实行优惠价格和补贴，鼓励本国企业购买国产飞机，并通过国有银行向购买本国飞机的外国用户提供低息贷款。另外，巴西非常重视通过与外国公司合作引进大量有价值的设计和生产技术。例如，巴西政府与美国通用电气成立合资公司——塞尔玛公司，大大提升了巴西的飞机发动机维修能力；巴航工业通过仿制、补偿贸易和合作研制等多种国际合作方式学到了金属胶接、复合材料、计算机辅助设计等先进航空研制技术。

4.1.3.2 支持航空企业不断壮大

1969 年 7 月，为发展航空工业，巴西航空部出面组建了巴西航空工业公司，即安博威公司，当时公司是一家公私混合所有制的企业，政府持有该公司 51% 的普通股。组建当初，公司仅有员工 500 人，计划每月生产 2 架 "先锋" 飞机。到了 1975 年，"先锋" 飞机开始出口，在市场上大获成功，约有 500 架销售到 36 个国家。20 世纪 70 年代末，安博威开始发展一种 30~40 座的支线飞机 EMB-120 "巴西利亚"。该机于 1983 年首飞，1985 年取得型号合格证，并很快进入国际市场。20 世纪 90 年代，世界飞机市场陷入萧条，在政府的推动下，1994 年 12 月 7 日，安博威公司实现了私有化。目前，安博威已向全球 45 个国家交付了 6000 多架各类飞机，按交付数量来说位居世界第三，仅次于空客和波音。

4.1.3.3 多举措支持航空产业进步

一是优化人才培训和认证体系。巴西建立起了 "民航局—培训学校—飞行俱乐部" 三位一体的培训和认证体系。巴西民航局通过与 100 多家飞行培训学校合作，建立严格的培训体系。民航局下属的运营安全办公室负责监督飞行员培训及飞行员职业认证，该部门按驾驶执照的类别制定培训要求和认证指标，并颁发不同类型的驾驶执照。巴西飞行员数量众多，通航飞行员约占飞行员总数的三分之二，巴西有约 160 家飞行俱乐部，能够提供飞行员入门培训。二是加快研发机构建设。20 世纪 40 年代，巴西政府才开始筹划建立航空工业及航空科研机构，包括航空技术中心（CTA）及其附属的航空技术学院和一家飞机制造厂。1953 年，CTA 创建了发展研究院（IPD），这是一所真正的飞机设计研发机构。巴西充分发挥这些研发机构，相继研发了一种涡桨运输机、EMB-110 "先锋" 19 座支线飞机等。

4.1.4 国外航空产业发展经验及其启示

（1）创新航空制造业能力提升方式。加大对通用航空制造业的支持和投入，鼓励技术自主创新，为国产通用飞机的研制和市场开拓提供政策和资金支持，国内航空制造企业要积极与国外领先企业开展通用飞机研制合作，加大新技术引进力度，促进技术水平和能力提升。以市场为导向，采用灵活的方式开展通航运营，鼓励运营模式创新，充分利用通航资源改善通航运营成本与服务质量，激发通用航空市场潜力，推动我国通用航空产业规模化发展。

（2）制定适合航空指向性产业发展的优惠政策。航空指向性产业发展迅猛，因此，航空经济成长阶段政府应加大对其的支持力度。国际上除了通过税收优惠和财政补贴等手段营造良好的投资环境外，还要在做好核心产业的同时，鼓励高新技术产业的发展以及科研机构的建立，不断吸收跨国公司的进驻和基地公司的建立，增强区域竞争力和实现品牌效应。在产业链上，我国政府应从横向、纵向两个方面不断丰富企业数量，促进上下游产业间的和谐联系。同时，要注重产业有空间上的合理布局，根据产业的不同类型，初步划分航空经济园区，以实现土地利益效率的最大化。❶

（3）突出发展主导产业，促进产业升级。以市场机制方式促进产业升级，是航空经济进入成熟阶段的重要特征。随着航空经济区产业集群和规模经济的相继出现，政府前期投资和跨国公司引入工作也基本完成，产业的空间分布和产业结构也逐步趋于合理，此时，政府需要适当放开，积极利用市场机制完善资源配置。在引入市场机制时，政府应把工作的重点放到限制恶性竞争方面，为了把航空经济做大做强，要协调各利益主体的关系以充分发挥其形成的合力作用。充分发挥航空经济对周边地区的带动作用，是最需要政府关注的。例如，政府可通过加大对本地区原材料供应企业的支持力度，解决剩余劳动力的就业问题，支持服务业和创新型产业发展，完善周边地区产业结构，促使就业结构合理转变等。❷

（4）加快航空产业人才培养与储备。从国外航空产业发展的经验中可知，人才培养对于航空产业发展尤为重要。一方面，要注重科研机构的建设和投入，不断建立健全航空产业的研究机构，不断加强基础研究、应用研究和开发研究的协调发展；加强科技投入和航空技术研究开发，增强自主研发能力和水平，掌握航空产业发展主动权。另一方面，要建立市场化和计划性航空人才培养体系，制定规范的航空人才考评制度，提高航空人才整体素质，积极引进海外优秀航空人才，营造浓厚的航空人才发展氛围，吸引更多的人才进入航空发展中，充实我国航空产业人才储备。

---

❶ 杨友孝，程程. 临空经济发展阶段划分与政府职能探讨——以国际成功空港为例［J］. 国际经贸探索，2008（10）：69~73.

❷ 郝爱民，薛贺香，金真. 航空经济区形成机理与发展演化［J］. 科技管理研究，2014（24）：173~177.

4.2　国内经验

4.2.1　国内主要航空产业功能区的发展经验

　　航空产业园是以飞机生产制造为主轴，带动零部件加工、改装维修、机载设备、航空新材料、航空旅游和航空教育培训等产业，重点构建由主干产业、分支产业和配套产业构成的产业发展结构。在产业结构上以各航空产业板块形成各自较为完善的航空生产体系，且相对比较集中，自主配套率较高。与国外的航空产业园的明显区别是，我国的航空产业园带有很浓厚的行政色彩，从园区成立到招商引资，基本上都是由各地政府主导、规划并促成。政府的支持在园区形成和发展初期成效显著，短期内会促成园区规模迅速膨胀，带动地方经济快速增长。

4.2.1.1　国内航空产业园的发展

A　天津滨海航空城

　　天津滨海航空城（天津临空产业区）是天津临空经济发展的核心载体，是滨海新区重要的功能区之一，是国家级航空高技术产业基地。在其发展过程中，一直坚持"市场牵引、政策导向、开放合作、重点突破、配套跟进"的方针，着重发展航空制造、航空维修、航空物流、航空教育培训和航空商业服务业五大板块，朝着努力建设成为亚洲规模最大、配套完善、国际化的新兴航空产业基地前进。

　　（1）大力引进航空产业项目。近十年来，中国航空工业集团、中国航天科技集团、中国航空科工集团三家航空航天产业领军企业已相继落户天津滨海新区。借助国家政策支持，空客 A320 总装线、空客 A330 完成和交付中心、中航直升机和新一代大推力运载火箭等项目也已在新区安家落户。目前，滨海新区下属有三大经济功能区航空航天产业结构形成规模。截至目前，天津航空产业城已聚集了空客、长征系列运载火箭、庞巴迪、古德里奇、西飞机翼等多个航空航天项目，呈现出企业数量多、技术高、规模大、经济效益显著等特点，形成了以大飞机、直升机、无人机、大火箭、卫星等为代表的全国航空航天产业创新和成果转化示范基地。

　　（2）形成大航空产业集群。天津通过加强与首都军工集团合作，依托滨海新区航空城，引进龙头，带动配套，整合资源，共同打造国家级航空航天产业基地，形成集总装、研发、维修、零部件制造、租赁、物流和服务于一体的全产业链和价值链。天津航空航天产业形成了以大飞机、直升机、无人机、火箭、卫星、太空站为代表的"三机一箭一星一站"产业集群。

（3）积极推进航空产业城建设。《滨海新区工业布局规划（2010～2020年）》中，提出了打造一个世界级的航空航天产业基地。2009年天津航天城项目正式完工，是中国航天科工集团三院在天津滨海新区投资建设的航天高科技研发和产业化基地，"航空城"内划分六个功能区，包括机场运营及保障区、航空教学培训与科研区、中国民航科技产业化基地、空港加工区、空港物流区、飞机维修区。除了机场和飞机制造业外，中国唯一的一所综合性民航大学——中国民航大学也为"航空城"提供了技术支持。

B　西安阎良国家航空高技术产业基地

西安阎良国家航空高技术产业基地是国家发改委2004年8月批复设立，2005年3月正式启动建设的国内首家国家级航空高技术产业基地。2010年6月，经国务院批准，西安阎良航空基地升级为国家级陕西航空经济技术开发区，跻身国家级开发区行列，成为全国唯一以航空为特色的经济技术开发区。自2004年启动建设以来，阎良围绕"市场导向、国际合作、体制创新、军民互动"总体思路，坚持走"产业立区、特色发展"，历经"工人镇""飞机城"，最后发展成我国唯一、亚洲最大的集飞机设计、研究、生产制造、试飞鉴定和科研教学五位一体的"航空城"，被誉为"中国的西雅图"。

（1）构建航空"全产业链"。阎良航空产业基地积极对标国际最高标准，大力发展以大型飞机、支线飞机、通用飞机整机制造等为重点的航空制造业，打造从航空发动机叶片的制造到超大型精密航空模锻件的生产，从航空新材料的研制到航空电子系统的开发，从飞机维修培训到航空旅游博览，西安航空基地逐步构建起完整的航空产业链，主要经济指标增速连年保持在30%以上。

（2）加快产业学研政合作。阎良区内有各类航空工业科研机构100多个，航空科技人才2.6万人，中高级科技人才8400多人，有突出贡献的科技专家200多人。区内拥有航空工业试飞中心、第一飞机设计研究院、西飞公司、中国飞机强度研究所等多家国家级航空企事业单位，聚集了陕西三分之一以上的航空资源。同时，建立了一批以快速制造国家工程研究中心为代表的技术研发中心和以西安航空科技企业孵化器、西安航空科技企业人才培训平台为代表的公共服务平台，形成了以企业为主体、市场为导向，产学研相结合的技术创新体系。现已在多项飞机设计、制造、试验、试飞及材料研制等新技术领域取得突破，部分达到国际领先水平。

（3）设立本土航空投融资主体平台。设立西安航空产业投资有限公司，通过全资设立、控股、并购重组等方式介入航空产业链及交叉领域投资，不断扩大融资规模。该公司拥有 1 家全资公司、2 家控股公司、2 家相对控股公司和 11 家子公司，发起成立并管理的国家航空产业基金是国内第一支国家级航空产业专业化基金，总规模 300 亿元人民币，突破了我国航空产业发展单纯依靠国家专项资金的境况，开创了引入民间资本进入我国民用航空产业市场的时代。❶

（4）积极打造航空特色小镇。近年来，西安市政府积极推进西安航空基地建设航空小镇，重点构建以飞机研发制造为核心，航空高端制造、航空现代服务、航空文化旅游 3 大产业板块为重点的"1+3"的航空特色产业链，打造航空众创新高地、文化旅游新样板、区域人居新典范。同时，积极发展通航作业运营、低空旅游会展、通用飞机研制等为一体的通航产业集群，创新升级通航西安模式的 2.0 版。

C　珠海航空产业园

2007 年 12 月，广东省发改委正式复函批准创设珠海航空产业园，其定位为"将珠海航空产业园建设成为在国内外航空领域具有较大影响力、较强竞争力、集产学研于一体的航空制造业基地。"产业园发展重点方向包括：通用航空制造，通用航空及公务机运营与配套服务，以通航维修为核心的维修，通航零部件、航材销售配送，航空航天博览娱乐，航空科研教育，配套航空产品制造、保税仓储物流等。

珠海航空产业园的发展目标是建设"四个基地，一座新城"，即广东省的民用航空产业基地，国内一流的通用航空（公务机）制造和服务基地，亚太地区综合性的航空维修基地，世界著名的航空展览基地，最终把产业园建设成为不仅具有以航空为特征的经济功能，而且具有以航空为特征的社会功能和城区形态，成为拥有相当一部分从事航空产业人口的、现代化的、宜居

的珠海航空新城区。航空产业园始终坚持"科学发展、改革创新、政府主导、市场运作、专业管理、龙头带动、国际合作"等原则，10年以来（截止到2017年）航空产业园规模以上工业总产值425.26亿元，较创建之初增长127.84%，新增固定资产投资87.37亿元，增长353.87%；金湾机场旅客吞吐量921.68万人次，增长722.93%；货邮吞吐量3.74万吨，增长236.94%，货邮增速位于中南地区主要机场首位。

（1）坚持创新驱动发展。珠海航空产业园一直致力于贯彻落实创新驱动核心发展战略，积极搭建创新平台，支持创新要素向市场主体聚集，鼓励龙头企业吸纳全球创新资源。通过搭建平台，航空产业园形成了创新与共享体系。根据珠海及我国通用航空发展的需求，如今的航空产业园依托中航通飞的试验试飞条件，构建了企企合作的验证试飞平台。而落地珠海的航展则为航空产业园搭建起了交流贸易、政策创新和军民融合平台。凭借着这一系列的平台，航空产业园形成了开放共享的通用航空创新创业发展支撑体系。

在众多创新成果之中，最令人瞩目的莫过于中航通飞公司研发试制的国家重点型号——AG600。这款机型为我国具有完全自主知识产权、目前世界在研最大的水陆两栖通用飞机，成为与C919大型客机、运20大型运输机并列的"国家三个大飞机工程"之一。AG600填补了我国在大型水陆两栖飞机的研制空白，为我国大飞机家族再添一名强有力的"重量级选手"。

（2）产业集聚构建通用航空产业链。10年间珠海航空产业园从一片荒土中成长、腾飞，一批龙头企业的进驻起到了关键的引领作用。以中航通用飞机有限责任公司为代表，航空产业园正通过龙头引领航空制造业，初步形成通用航空产业链。中航通飞是我国通用航空产业的龙头企业，入驻园区后，中航通飞建设了"一总部、两中心、三基地"，形成了集市场营销、研发、制造、试飞交付、运营服务为一体的通用航空全产业发展体系平台。发挥龙头企业引领作用，有利于促使整个园区甚至珠海形成有规模的产业集群，做大航空航天产业体量。事实上，10年间的点滴积累，聚焦效应已初步显现。当前，航空产业园引进培育了不少整机制造企业，如珠海雁洲轻型飞机制造有限公司研制的"王子"2座轻型运动型教练机已获得FAA的适航证。如今，珠海航空产业园已经逐步形成以滨海商务区、机场核心运营区和高端产业集聚区为主体的三大项目承载片区。

（3）无人机产业新突破。珠海航空产业园不仅在通用航空方面发展成绩喜人，无人机产业也是产业园近年来顺应产业发展趋势，着力打造差异化招商的一个重点成果。航空产业园企业珠海佰家科技公司研发生产的军警用无人机、水炮等军民融合产品，已成功实现交付。该公司生产的无人机能在海风6、7级的恶劣天气下，实现定点降落着舰船，具备200公里的飞行半径、海拔7000米以上的飞行高度。此外，珠海隆华直升机公司为隆鑫通用和清华大学的产学研项目，研制生产的工业级无人直升机——XV-2型植保无人直升机最大起飞重量可到达230公斤，最大载药量近70公斤，是目前全球载药量最大的植保无人直升机之一。通过超视距的自主航迹飞行，每小时作业约200亩，可实现大田作业模式下的精确喷洒。

4.2.1.2　航空产业园发展经验

（1）结合扶持政策建设园区关键基础设施。航空产业是关系国家安全和国民经济命脉的战略性产业，是衡量一个国家国防实力的资金密集型和高投入、高风险、高附加值的技术密集型产业。近年来，为促进航空产业园的发展，我国民航局、交通部、工信部等出台了多项政策与规划，鼓励、扶持航空产业园产业的发展。

同时，加快基础设施建设，确保航空产业园园区的顺利运营。一方面，政府作为航空产业园的投资者和管理者，要加强管理体制的理顺和创新，尤其是要加强对机场和园区的有效管理，确保能够集中多方资源；另一方面，政府也要加强对航空产业园的配套设施建设，如低空领域的争取，油料、维修保障等基础设施的配套完善，加大招商引进力度，以特殊优惠政策吸引相关企业入驻。

（2）明确产业园定位，因地制宜形成产业链。国内部分航空产业园产业定位同质化严重、园区盈利模式单一，只注重企业数量，忽视了产业连接，致使引进的企业大同小异，同一产业分散在各个园区，难以形成有效的产业链条。同时，结合国内四大航空产业园的发展，不难看出产业园定位明确的重要性，天津滨海着重发展航空制造、航空维修、航空物流、航空教育培训和航空商业服务业五大板块，朝着努力建设成为亚洲规模最大、配套完善、国际化的新兴航空产业基地前进。西安阎良在发展航空高技术的基础上坚持区域联动，最终发展成我国唯一、亚洲最大的集飞机设计、研究、生产制造、试飞鉴定和科研教学五位一体的"航空城"，被誉为"中国的西雅图"。珠海坚持特色化发展，以珠海航空展览会为起点，不断壮大航空产业发展，加快综合性航空城建设，覆盖航空服务和研发制造的全产业链。因此，珠海航空产业发展也成为了我国航空产业特色化发展的典型。

（3）发挥核心产业对关联产业带动作用。航空全产业链发展必须包含对上下游产业的带动。一方面，园区的管理部门和政府需要更新观念，充分认识到航空产业投资周期长，盈利水平不高的意识，但是其带来的相关社会经济效益远远高于其投资；另一方面，需要促进地方经济与航空核心产业对接，通过形成完整的航空产业链，创造航空拉动上下游产业的条件，如：以娱乐运动类飞行为核心发展俱乐部、旅游、餐饮、住宿、通航会展等行业，以公务航空为核心发展高端接待、商贸洽谈、酒店会所、高端运动、大型展会等。

（4）加快人才建设与技术创新。"十三五"期间，中国航空产业的发展重点放在人才培训、教育建设和科技创新以及加快技术成果转化上。通过打造民航基础技术研究基地、应用技术开发基地、核心技术产业基地、成果转化效益基地和创新人才发展基地的方式来促进中国航空业发展。天津滨海就是依托民航科技产业化基地、中国民航大学、天津大学"三大平台"，通过高等教育所提供重要的科技和人才支撑，加速推进民航科技成果转化。此外，西安阎良也是注重产学研合作，形成了以企业为主体、市场为导向、产学研相结合的技术创新体系，推进重大科技创新。

4.2.2 国内航空产业技术的发展成果

党的十九大提出的两个百年奋斗目标的实现，离不开民航强国的引领和支撑。伴随着中国商飞 C919 干线民用飞机的研制成功，表明中国的智能制造技术已经迈向世界的中高端水平。作为国民经济重要组成部分的民用航空产业主要从事民用航空器的研发和生产，航空公司、机场的运营及配套产业生产，具体包括：民用飞行器、通用航空器的设计研发、整机及零部件制造、运输航空和通用航空的生产运营、机务维修、机场建设、机载设备的生产、空中管理系统设备的研发、生产等。民用航空产业作为国家战略性支柱产业，是高端制造和智能制造技术的典型代表，属于高新技术产业板块，具有产业链长、技术含量大、配套产业多、资本聚集密、风险与收益同高等特点。民用航空产业的发展离不开政府的参与和主导，是关键技术、高端人才、规模资本的集大成者，产业集聚效益显著，体现着一个国家的经济实力和科技发展水平，对经济的拉动作用十分明显。

"十二五"期间，我国民用航空市场需求保持快速强劲增长态势，民航产业总值从 1550.4 亿元增长到 2640.2 亿元，年均增速超过 11%。但作为世界最大的航空市场之一，我国民用飞机市场基本上被国外厂商占领，迄今只有 ARJ21-700 等为数很少的几款拥有自主知识产权的飞机品牌。而作为民用航空两翼之一的通用航空，虽被多地作为战略性新兴产业重点扶植，且已取得一些进展，但实力相对较小，产值还不到美国的三百分之一，甚至不及巴西等发展中国家。

4.2.2.1 国产各种新机型的研发投产推动了机载设备的研发生产

中国自主研发和生产飞机的历史开始于 20 世纪 50 年代，经过 40 多年的技术积累和生产实践，1993 年在原运—7 飞机基础上研制的具有自主知识产权的新舟 60 支线客机实现了首飞成功，截至 2014 年底，新舟系列飞机累计实际交付国内外用户 100 多架。由中国商用飞机有限公司生产的具有独立知识产权的支线 ARJ21-700 型客机，截至 2016 年 7 月，经中国商飞确认的意向订单超过 300 架。代表中国民用飞机制造生产最高水平，完全按照最新国际适航标准研制的干线民用飞机 C919 已实现首飞。MA60 等涡桨支线飞机开始批量进入国内外市场；大型灭火和水上救援飞机、Z15 中型直升机、高端公务机、中等功率级涡轴发动机等重点产品完成研制并投放市场；此外，领士 300、新舟 700 机型也进入研制阶段中，国内飞机制造业的蓬勃发展为我国机载设备研制、配套带来了广阔的市场需求。

民用飞机的生产制造带动了新材料、新技术，尤其是智能高端制造和电子信息技术的发展。按照国际公认的航空工业投入产出比 1∶10，就业带动比 1∶12 估算，航空产业对延伸产业链条、促进产业升级、增加就业岗位、推动国民经济新增长点的形成都具有十分重要的意义。"十二五"期间，中国民用航空产业总值年均增速超过 11%，高于年均 7.8% 的 GDP 增长速度，实现产值 2640.2 亿元，显示出这一产业广阔的发展前景。

4.2.2.2 海外并购与国际合作成果丰硕

由于中国作为未来最大的飞机购买需求市场，当前国外飞机制造商纷纷布局中国，如空客公司在天津滨海新区建立 A320 总装线，瑞士皮拉图斯飞机公司将其 PC-6 机型的生产线和产能全部由瑞士转移至重庆两江新区。国外机载设备制造厂家与国内科研生产单位设立合资公司也为中国机载设备制造配套以及国产化设备提供了自我提升的机遇。

通用航空制造业具有全球化的产业链分工体系，必须以开放姿态面向全球寻找优秀技术、资本、服务，共同打造国内国际合作新模式。2010 年以来，我国通过全资收购、控股、合资、授权生产等形式，与 45 家世界知名通用航空制造企业展开合作，其中包括美国西锐、赛斯纳、恩斯特龙，德国 XtremeAir、奥地利钻石等著名品牌。合作领域涵盖研发、零部件委托加工、总装、品牌营销等。合作趋势从飞机整机组装制造逐步向品牌塑造和市场营销发展，从传统原材料、简单零部件加工向新兴领域和创新产品领域拓展，并在消化吸收的同时加速再创新步伐，推动先进直升机、小型航空发动机、机载系统设备及空管导航等核心装备研发应用。可见，海外并购和国际合作成果丰硕，通用航空制造业供应链正由国内合作向国际合作延伸。

4.2.2.3 通用航空制造业呈现多元化发展态势

一直以来，我国通用航空制造业规模弱小，发展步伐较慢，主要原因是我国航空制造业长期以军用产品为主，在民用航空尤其是通用航空制造领域投入的资源和力量十分有限，甚至很长时间没有独立的通用航空企业，与国际先进水平差距巨大。"十二五"期间，受国内市场需求增长驱动，我国通用航空制造业呈现多元化发展态势，一些国有企业开始发展通航制造项目，也涌现出一批民营通航企业，为我国通用航空制造业发展带来新气象和新思路。据统计，"十二五"期间，我国国有企事业单位和航空院校开展通用飞机研制项目 10 余项，在通用航空制造业中处于分支和主导地位。

数十年来，我国通用航空制造业研发制造出运 5、运 11、运 12、农 5 等自主品牌机型。近年来，随着空域开放的步伐加大，我国通用航空制造业内外环境发生重大变化，迎来了发展新机遇。中航工业陆续实施一批通用飞机研发制造项目，可批量生产"小鹰"500、AC500、"蛟龙"600、"领世"AG300、运 12F 等通用飞机机型。同时，我国 40 余家民营通航制造企业也异军突起；动力、机载及零部件配套企业取得较大发展。可见，我国相对完善的通用飞机制造体系已初步建立。另外，"十二五"期间，我国先后出现 30 余家民营通用飞机制造企业。这些企业大多采用引进国外机型在国内组装模式，如西安西捷飞机有限公司、山东滨澳飞机制造公司、哈工大八达集团公司等。采取自主研发模式的有湖南山河科技股份有限公司和上海昊翔科技公司，不到 3 年时间就研制出具有国际先进水平的安若拉轻型运动飞机和 E—430 电动飞机。这两家企业除整机开发外，还在航空动力系统和机载设备领域取得进展。

4.2.3　国内航空产业运营服务的发展成果

4.2.3.1　通用航空运营业保持较快增长

近年来，我国通用航空运营业发展迅速。截止到 2017 年年底，我国拥有通用航空企业 365 家、通用航空器 2297 架。通用航空飞行时间保持较快增长，从 2010 的 36.76 万小时增加到 2017 年的 83.75 万小时，年均增速为 16%。机队规模从 2010 的 1010 架增加到 2017 年的 2984 架，年均增速为 24.4%，飞机引进的数量从每年几十架增加到 300 多架，年交付量占全球总量的比例从不足 2% 提高到目前的 10%。企业数量从 2010 年的 111 家增加到 2017 年的 365 家，年均增速为 28.6%，运营企业数量增加说明通航产业蕴藏巨大的发展潜力。

在运营时间（飞行小时）、通用航空飞机注册数、通航运营企业数等关键指标上，都高于 GDP 增长速度和民航运输产业增长速度。从运营时间看，"十二五"年均复合增长率达 17%。其中，工业航空增长约占 15%，农林牧业增长约占 6%，其余 80% 增长集中在地质勘探、海洋飞行、飞行培训等传统行业。通用航空主要服务于社会公益领域，包括农林飞行、人工降雨、航空摄影、航空探矿等。这些运营项目中，增长速度最快的是海上石油服务、航空摄影、公务航空、航空旅游、飞行培训等业务。市场增长的动力源主要在于公务机、城市直升机和应急救援等方面需求增加。我国经济发展和富裕群体增多为公务机带来了大批新兴客户；城市旅游、城市工业、城市救援、城市治安等增加了直升机需求；航空应急救援的快速反应优势，也为通用飞机运营业保持较高增速带来机遇。截至 2017 年底，获得通用航空经营许可证的通用航空企业 365 家，通用航空在册航空器总数达到 2297 架，其中教学训练用飞机 680 架。据估算，30 年后我国通用飞机数量将达 5 万架左右，加上飞机维护、保养等，市场容量将高达 3 万亿人民币。

我国原有通航运营商主要进行工业、农业作业服务，随着通航发展，私人消费的需求将会大大增加。短途飞行、货物运输、空中观光、体育娱乐等环节本身盈利性较强，且空间较大，预测通航运营商未来的主要发展方向将转为运输服务。对于新晋的通航运营商，需要尽快引进航空器，培养专业人员和机队规模，以承接未来的市场。对于较为成熟的通航运营商，由于具有一定的机队、人员规模，实现服务项目的转变较为容易，只需挖掘潜在客户群体，静待通航发展后运输类市场打开。

2009~2017年中国通用航空整体数据情况见表4-1。

表4-1　2009~2017年中国通用航空整体数据情况

年　份	通用航空器总量/架	飞行作业时间/万小时	通用航空运营企业数量/家
2009	907	32.99	103
2010	1010	36.76	111
2011	1154	50.27	123
2012	1342	51.7	146
2013	1654	59.1	189
2014	1975	67.5	239
2015	2235	77.9	281
2016	2595	76.47	320
2017	2984	83.75	365

数据来源：民航局官网。

4.2.3.2　支线飞机商业化运营不断取得新进展

涡桨支线飞机呈现多型并举、多用途发展的新格局。"新舟"系列飞机形成了客运型、货运型、公务型、海监型、增雨型，多型并举、多用途发展的新格局。"新舟"60人工增雨机取得补充型号合格证，"新舟"60海监机完成合格审定试飞。"新舟"600完成适航取证并交付用户，"新舟"600F民用货机已取得中国民航总局颁发的TC证；新一代涡桨支线飞机"新舟"700项目研制稳步推进，与奥凯航空、幸福航空、巴戎航空等11家客户共签订185架订单。"十二五"期间交付新舟飞机49架，截止到"十二五"末，"新舟"飞机，运营在非洲、拉美、东南亚、独联体与南太平洋18个国家的300余条航线上，飞行起落和飞行小时数双双超过30万，已具备了一定的品牌形象和市场影响力。

4.2.3.3　民航业实现持续快速发展

中国的商业民用航空起步于20世纪80年代，先后经历了政企分离、规制放松，重组整合与价格放开等市场化改革。改革开放 40 年来，中国民航业实现了举世瞩目的快速发展，为国民经济建设和社会发展做出了积极贡献。

民航市场化程度不断提高。截至 2017 年底，我国共有颁证运输机场 229 个，比上年底增加 11 个；共有运输航空公司 58 家，比上年底净减 1 家；按不同所有制类别划分：国有控股公司 43 家，民营和民营控股公司 15 家；全部运输航空公司中：全货运航空公司 8 家，中外合资航空公司 10 家，上市公司 7 家。

航空运输持续快速增长。2017 年，民航全行业完成运输总周转量 1083.1 亿吨公里，比上年增长 12.6%（如图 4-1 所示）。国内航线完成运输总周转量 694.60 亿吨/公里，比上年增长 11.7%。其中港澳台航线完成 16.10 亿吨/公里，比上年增长 4.3%；国际航线完成运输总周转量 388.48 亿吨/公里，比上年增长 14.3%。过去五年，全行业运输总周转量年均增长 12.2%。2017 年，全行业完成旅客周转量 9513.04 亿人/公里，比上年增长 13.5%（如图 4-2 所示）。国内航线完成旅客周转量 7036.53 亿人/公里，比上年增长 13.2%，其中港澳台航线完成 148.25 亿人/公里，比上年增长 2.9%；国际航线完成旅客周转量 2476.51 亿人/公里，比上年增长 14.6%。过去五年，全行业旅客周转量年均增长 13.6%。在旅客运输方面，2017 年全行业完成旅客运输量 55156 万人/次，比上年增长 13.0%（如图 4-3 所示）。国内航线完成旅客运输量 49611 万人/次，比上年增长 13.7%，其中港澳台航线完成 1027 万人/次，比上年增长 4.3%；国际航线完成旅客运输量 5545 万人/次，比上年增长 7.4%。过去五年，全行业旅客运输量年均增长 11.5%。机场业务方面，2017 年，全国民航运输机场完成旅客吞吐量 11.48 亿人/次，比上年增长 12.9%。

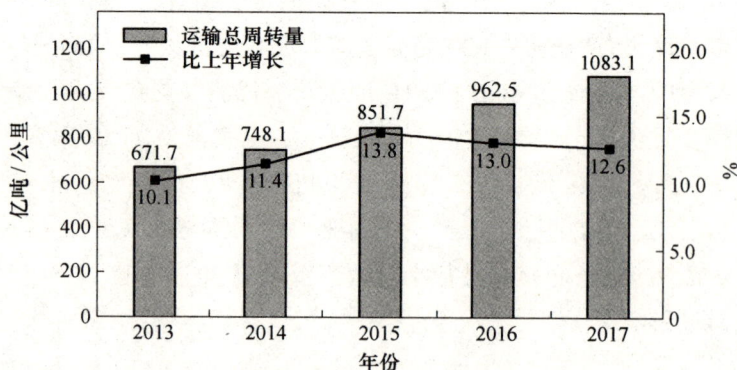

图 4-1　2013~2017 年民航运输总周转量

（资料来源：2017 年民航行业发展统计公报）

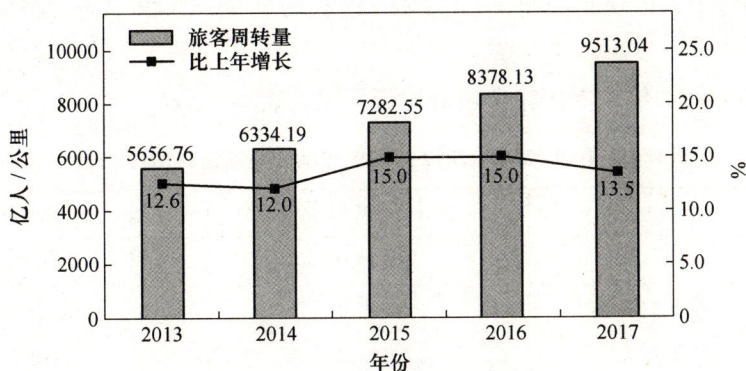

图 4-2 2013~2017 年民航旅客周转量

（资料来源：2017 年民航行业发展统计公报）

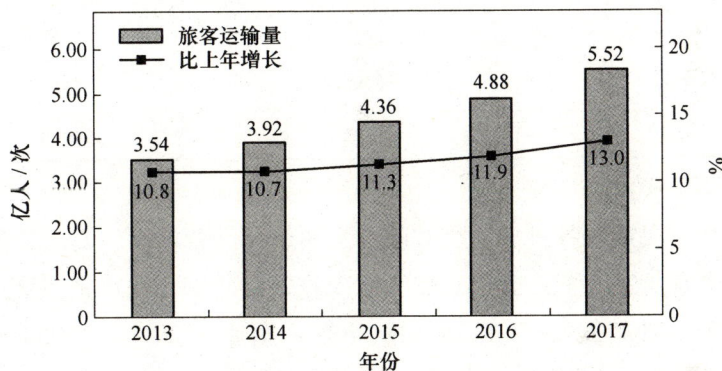

图 4-3 2013~2017 年民航旅客运输量

（资料来源：2017 年民航行业发展统计公报）

航线网络逐步完善。截止到 2017 年年底，我国共有定期航班航线 4418 条，按重复距离计算的航线里程为 1082.9 万公里，按不重复距离计算的航线里程为 748.3 万公里，大大便利居民的出行。尤其是国内航线的快速增加。1978 年我国国内航线仅 150 条，经过 40 年的高速发展，2017 年我国国内航线数量已经达到 3519 条（不含港澳台航线），是 1978 年的 23.46 倍；全年共执行航班 389.3 万班，是 1978 年的 85.6 倍。

4.2.3.4 航空市场运营趋势

2010 年航空业盈利突围、价值增长站上高点，然而在七年后来看，在剔除油价和汇率的影响后，中国航空业的毛利率（剔油）自 2011 年起转头，并于 2013 年开始加速下行，这一趋势的转变同样来自于 2013 年的政策放松。

2009~2017 年航空运输公司的运行情况见表 4-2。

表 4-2　2009~2017 年航空运输公司的运行情况

年　份	航空公司营收/亿元	航空公司利润/亿元
2009	2120.0	74.0
2010	2999.0	351.0
2011	3532.0	278.0
2012	3889.8	211.0
2013	4049.9	162.4
2014	4215.6	174.5
2015	4363.7	320.3
2016	4694.7	364.8
2017	5333.8	408.2

数据来源：民航局官网。

2013 年，民航局推进放松公共航空运输企业经营许可，对新设航空公司及航空公司设立分（子）公司、航线准入等方面减少行政审批。准入规制放开再次引来一批新航空公司。全国航空客运企业从 2010 年的 32 家增加到 2016 年的 51 家。在此期间，非四大航的运力增量成为了近年来航空运力增长的主要力量。其次，在航线准入放松后，市场间相互渗透，市场竞争越来越强。近年来，四大航通过收购地方民营航司和地方政府成立新航司，在全国布局航线网和基地网，其各自的传统势力范围变得越来越模糊，以至于市场集中度有较为明显的下降。定价下限放开，支线票价落地，热线票价受限，航空票价的大幅下跌首先以 2013 年票价下限管制放开为前提，其次是内线供需的结构性失衡。

我国公务机起降架次在 2013 年之前有明显增长，2013 年后政府公务出行需求增量放缓，导致公务出行飞行时间增长降速，未来公务、私人出行将受到高收入人群的出行需求带动。根据国务院《关于促进我国通用航空发展的指导意见》，我国 2020 年目标通航飞行时间为 200 万小时，2015~2020 年年均复合增长率为 22.1%。考虑我国高铁网络极其发达，对航空运输和公务、私人出行的运营空间将带来一定冲击，我国公务与私人出行占比通航飞行的比例或难以达到美国等国家地区的 60% 左右，预计到 2020 年我国通航公务与私人出行比例达到 20%，则对应的飞行时间将达到 40 万小时。考虑单次飞行时间平均为 2 小时，则公务机总起降架次为 20 万次，作为公务机起降最频繁的北京、上海、深圳地区起降架次预计有明显增长。在 2020 年后，我国公务与私人出行消费将有进一步增长。

2017 年政策全面收紧，供给侧改革重塑供需关系。自"十三五"以来，民航业深入落实供给侧改革，加大了对民航市场竞争过度、结构性供给过剩、航班准点率低等问题的关注。一系列政策的出台反映了民航业供给侧改革的深化，预示着民航市场供需关系即将迎来新的拐点。

4.3 浙江经验

近年来，浙江航空产业发展势头迅猛，已成功引进波音 737 飞机完工和交付中心、台州无人机等重大项目，万丰航空、精功集团等积极推进航空产业领域的全球合作。航空服务业也得到快速发展，已经拥有联邦、顺丰、圆通等航空货运公司，长龙航空、宁波东海通航、东华航空等本土航空公司。航空产业平台正在加快谋划，杭州、宁波积极创建国家级临空经济示范区，全省在建和规划的航空特色小镇和航空产业园近 20 个。同时，浙江积极推进航空改革试点，是全国通用航空综合试点和低空空域管理改革试点省，宁波、绍兴入选国家首批通用航空产业综合示范区。浙江在航空产业发展得益于紧抓国内国外良好的发展机遇，以及发挥浙江体制机制优势，加快航空经济区、航空特色小镇、航空高端制造业、民用航空等发展，探索了一套特色航空产业发展的浙江经验。

4.3.1 浙江航空产业发展环境

航空产业是"中国制造 2025"国家战略性新兴产业之一，中央、省出台各项产业政策，支持航空产业成为经济发展的新动力。2015 年 5 月，国务院印发了《中国制造 2025》，专门提出要推动航空航天装备领域突破发展。2016 年 5 月，国务院印发了《关于促进通用航空业发展的指导意见》，对进一步促进通用航空业发展作出部署。2017 年 2 月，中国民用航空局、国家发改委、交通部发布了民航行业未来五年发展的纲领性文件——《中国民用航空发展第十三个五年规划》。近年来，浙江抓紧夯实航空产业基础，培育航空产业优势，《浙江省航空产业"十三五"发展规划》明确提出，到 2020年，全省将初步形成航空制造与航空服务相联动的产业格局，形成年交付大飞机 100 架，年产通用飞机 500 架、大中型无人机 1000 架以上的能力，实现航空制造业产值达到 1000 亿元，通航运营服务业营业收入突破 100 亿元，培育形成 2~3 家具有核心竞争力的龙头企业。

航空产业将保持持续增长态势，浙江发展航空产业正当其时。根据波音公司预测，到 2023 年全球民用客机机队将增加到 34770 架，潜在市场需求的 25000 架民用客机总价值约为 2 万亿美元。另据英国 Frost & Sullivan 公司 2019 年 1 月 14 日发布的报告指出，2017~2026 年全球军用飞机市场规模将保持稳健发展态势，从 2017 年 457.5 亿美元到 2026 年 472 亿美元，年均增速为 0.3%，市场总额将达 4931.4 亿美元。从增长潜力看，欧美发达国家航空工业依然实现持续增长，我国的中航工业集团在 2001~2011 年的 10 年间销售收入更是保持了年均 20% 以上的高速增长。在今后相当长的时期内，航空工业依然是名副其实的超级产业和朝阳产业。在浙江传统产业发展竞争优势削弱、转型步伐偏慢的背景下，大力发展航空工业，及早切入到全球航空工业市场，将催生工业经济的新增长点，有效破解工业转型中增长乏力的困境。

发展航空产业浙江具有很强的发展潜力。随着我国向航空大国的迈进，航空工业在国家经济社会发展中的地位越来越突出，国家从战略高度对发展航空工业做出了前瞻性部署，明确了航空工业发展的步骤和思路。近年来，工信部等部委相继出台了《民用航空工业中长期发展规划（2013~2020年）》，提出要以重大专项实施和重点型号研制为牵引，加快发展民用飞机产业，努力建设航空工业强国。在此背景下，浙江可依托上海大力发展民用飞机的战略契机，借助上海航空研发、总装和营运的经验，立足浙江自身基础，大力扶持与航空工业相关的企业，促进根植性发展，积极引进国外先进航空企业，促进本地企业与国外企业的深度合作，实现浙江航空产业的快速发展。同时，进一步发挥机制灵活、制造业基础发达等浙江优势，与国家相关部委合作，规划建设一批高质量的航空工业发展平台、基地，鼓励非公经济先行一步进入航空工业领域，尽快突破，形成对工业转型升级尤其是战略性新兴产业发展的强大牵引力。省内航空器应用市场广阔，航空工业发展已具备一定基础，有条件借势发展。以通用飞机为例，目前浙江已经成为国内拥有私人飞机数量最多的省份。❶ 另一方面，浙江民营经济充分发挥自身优势，积极投资航空产业。西子联合更是进入了 C919 大型客机项目的产业链配套，并组建了浙江西子航空工业有限公司、沈阳西子航空产业有限公司、浙江西子航空紧固件有限公司等三家航空工业关联企业。中欧国际集团、精功集团、浙江东华通用航空有限公司等企业也已经率先介入航空制造领域。❶

4.3.2 浙江航空产业综合示范区的发展成就

浙江省委、省政府早在"十一五"之初制定了打造杭州空港的战略思路，并在十余年来持续强化对杭州空港发展的政策支持，着力提升机场保障能力，促进临空经济发展。大力推进杭州临空经济示范区建设，有利于打造"21世纪数字丝绸之路"，推动"一带一路"国家战略实施；有利于进一步做强临空现代服务业和临空先进制造业，共建长三角区域临空产业集聚区；有利于集聚高端要素、创新发展模式，引领浙江省经济转型升级；有利于将杭州打造成陆空联结高效、开放水平领先、"三生"高度融合的国际化大都市，提升城市国际影响力。同时，杭州临空经济示范区以中国（杭州）跨境电子商务综合试验区、杭州萧山国家现代服务业产业化基地建设为契机，加快发展以跨境电商、临空物流、临空高端制造等为特色的临空产业。已入驻国航浙江分公司、厦门航空杭州分公司、浙江长龙航空公司、圆通货运航空等基地航空公司；建有中国（杭州）跨境电子商务综合试验区空港园区和保税物流中心（B 型），联邦快递、顺丰速运、圆通速递、申通快递等物流企业相继入驻；集聚了中车轨道、中车电气、先临三维科技等一批高端制造企业。

2017 年 5 月 23 日，在国家发改委、民航局《关于支持杭州临空经济示范区建设的复函》中，杭州国家临空经济示范区正式获批。国家发改委对"示范区"提出了"五个着力"的建设要求，即着力增强杭州萧山国际机场区域枢纽功能，着力构建综合交通体系，着力培育临空高端产业，着力推进

---

❶ 陈王进，徐烨放．顺势而为发展浙江航空工业［J］．浙江经济，2013（19）：42~43.

产城融合发展，着力强化对外开放和体制机制创新。"五个着力"的建设要求，也显示出这个示范区的重要战略使命——面向全球的区域性航空枢纽、全国高端临空产业集聚区、全国跨境电商发展先行区、全国生态智慧航空城，无疑将推动杭州建设成为国际性航空大都市，全面提升杭州城市国际化水平。2018 年 5 月 8 日，在《浙江省人民政府办公厅关于杭州临空经济示范区发展规划的复函》（浙政办函〔2018〕28 号）中，《杭州临空经济示范区发展规划》正式获浙江省政府批复，明确了杭州临空经济示范区战略定位是面向全球的跨境电商标杆、亚太国际航空枢纽、全国临空产业高地、生态智慧航空都市。

此外，宁波市"六争攻坚、三年攀高"行动重点项目临空经济示范区，已经获国家发改委、民航局正式批复。宁波临空经济示范区成为继郑州、青岛、成都、重庆、北京、上海、广州、长沙、贵阳、杭州之后，全国第 11 个国家级临空经济示范区。浙江省也成为全国唯一拥有两个国家级临空经济示范区的省份。

4.3.3　浙江航空产业高端制造的发展成就

随着航空产业的迅猛发展，全球航空制造龙头企业加快全球布局，浙江省有条件优先承接国际航空产业转移和上海航空产业发展外溢。同时，浙江的民营企业对于航空产业的布局热情高，加上国家航空管理政策调整、军民融合上升为国家战略，发展航空产业对于带动浙江制造业向更高层次的发展非常有利。过去 40 年，浙江靠短期经济、民用产品来拉动经济；未来 40 年，浙江需要靠高端制造业来引领发展。

当下浙江正在发力的高端制造业，特别是航空航天产业，也吸引了全国乃至世界的目光。浙江已与波音公司、中国商飞公司、中航工业集团、中国航天科工集团等签订了战略合作协议，成功引进波音 737 飞机完工和交付中心、航天科技台州彩虹无人机、飞瑞航空华东通航产业基地等一批重大产业项目，引领推动着浙江航空产业跨越式发展。2017 年 1 月 13 日，北京蓝箭空间科技有限公司与丹麦 GomSpace 公司在杭州市举行火箭发射服务签约仪式。这是中国国内民营商业航天企业承接的第一笔国际市场商业火箭发射服务订单，标志着中国商业航天取得新进展。此外，作为"一核四区十镇一网"航空产业总体布局的核心,舟山航空产业园的重要性不言而喻。波音公司是目前世界上最大的民航飞机制造商之一,2016年10月,美国波音公司迈出海外生产业务第一步,其首个海外工厂落户浙江省舟山市,于2017年3月底正式开工建设,2018年12月第一架飞机正式交付。对于浙江而言,波音项目的到来,带给了舟山航空产业巨大的发展机遇,以此为依托的舟山航空产业园飞机制造园区即将成型。万丰航空、精功集团分别完成钻石飞机工业公司、美国第一飞机公司的股权收购。除万丰集团、精功集团外,浙江省还有日发集团、横店集团等传统领域龙头企业;有西子航空、天扬机械、宁波星箭、天润航空、华荣航空等航空制造类领军企业。这些企业一直致力于发挥综合竞争优势,通过产业链延伸、跨界融合、合资并购、科技创新等多种方式,将自己打造为航空产业细分领域的小巨人。

近年来,台州深耕无人机产业,以"天鹰"无人机、"彩虹"无人机两大项目为龙头,投资200亿元规划建设了无人机航空小镇。到2019年底,台州将实现无人机及航空制造业产值180亿元的目标。2017年11月13日,我国首个由科研院校与地方合作的大型无人机——"天鹰"无人机首架机在台州总装下线。7月22日"彩虹"无人机台州基地项目正式开工,昭示着台州乃至浙江的航空事业迈进了扎实的一步,更意味着"无人机"的时代潮流即将到来。

4.3.4 浙江民用航空机场的发展成就

机场建设成效显著。浙江现有民用机场7个,分别为杭州萧山机场、宁波栎社机场、温州龙湾机场、舟山普陀山机场、台州路桥机场、义务机场、衢州机场,"十三五"期间将新增新建嘉兴机场、丽水机场。舟山普陀山机场成功升级,新航站楼投入使用;衢州军民两用机场和丽水机场建设有序推进。东阳横店、建德千岛湖、绍兴滨海、宁海、德清等通用机场建设加速推进。

民航运输再上台阶。2018年,全省机场完成旅客吞吐量6538.7万人次,首次突破6500万人次大关,货邮吞吐量84.4万吨,分别比"十二五"末增长44.6%和43.7%,起降架次超过38万架次,有超过40余家国内外航空公司在7个运输机场提供客货运输服务,共开通国内外航线超过400条,运输生产指标保持在全国前6位的水平。

2015~2018 年全省运输机场业务量完成情况见表 4-3。

表 4-3　2015~2018 年全省运输机场业务量完成情况

机场名称	业务类别	2015 年	2016 年	2017 年	2018 年
全省总量		4520. 87	5050. 39	5758. 88	6538. 7
杭州机场		2835. 44	3159. 49	3557. 04	3824. 16
宁波机场		685. 51	779. 23	939. 05	1171. 84
温州机场	旅客吞吐量 /万人次	736. 05	818. 97	928. 56	1121. 87
舟山机场		64. 47	80. 08	102. 30	120. 96
台州机场		58. 47	69. 14	82. 19	111. 21
义乌机场		119. 66	122. 66	129. 48	163. 56
衢州机场		21. 27	20. 82	20. 26	25. 10
全省总量		58. 71	68. 61	79. 969	84. 361
杭州机场		42. 49	48. 79	58. 94	64. 08
宁波机场		7. 71	10. 70	12. 04	10. 56
温州机场	货邮吞吐量 /万吨	7. 26	7. 77	7. 55	8. 01
舟山机场		0. 03	0. 03	0. 019	0. 011
台州机场		0. 60	0. 67	0. 68	0. 75
义乌机场		0. 54	0. 59	0. 68	0. 88
衢州机场		0. 08	0. 06	0. 06	0. 07

机场名称	业务类别	2015 年	2016 年	2017 年	2018 年
全省总量	起降架次/万次	38.83	42.23	45.99	49.75
杭州机场		23.21	25.10	27.10	28.48
宁波机场		5.61	6.36	7.32	8.54
温州机场		6.18	6.79	7.45	8.01
舟山机场		2.05	2.13	2.23	2.45
台州机场		0.47	0.56	0.64	0.82
义乌机场		1.13	1.13	1.09	1.25
衢州机场		0.18	0.16	0.16	0.20

4.3.5　浙江航空产业市场的发展前景

通航产业将迎来新的发展。通用航空对经济社会发展具有现实的需要，符合当前区域化市场经济的发展需求。通用航空产业能够满足运输需求、播撒农药等特殊飞行任务，在休闲娱乐需求方面，能够满足观光旅游、空中表演、空中航拍、影视文化等众多需求。另外，在应急救援服务、消防、抗台等方面也发挥了重要的作用。作为全国通用航空综合试点和低空空域管理改革试点省，浙江省积极争取和大力推进了各类航空领域的改革试点，宁波、绍兴入选国家首批通用航空产业综合示范区，新昌县天姥山旅游区、千岛湖旅游区列入国家通用航空旅游示范工程创建，宁波奉化阳光海湾航空飞行营地、建德市寿昌镇航空飞行营地列入国家航空飞行营地示范工程创建。❶ 近年来，舟山依托自身独特的地缘优势和良好的空域条件，大力推进通用航空发展，引导航空企业开展综合业务，飞行量稳步增长，运营规模不断扩大，

---

❶　孙苗青.产业融合视角下的航空旅游发展研究——以浙江横店航空小镇为例［J］.现代商业，2017（29）：24～25.

空中救援、旅游观光、岛际交通、公务飞行都有一定规模。普陀山机场已呈现驻场公司多、飞行量大、业务范围广的发展格局，成为华东地区乃至全国民航通用航空繁忙机场和综合保障基地。

旅游业发展带来航空运输量的快速提升。浙江丰富的旅游资源带动了浙江交通运输业的发展。旅游产业总产出从 2013 年的 6277 亿元增加到 2017 年的 1 万亿元以上，旅游产业增加值占 GDP 比重从 6.38% 增加到 7.5% 左右，旅游产业对全省经济的综合贡献超 16%，旅游业已经成为浙江重要的产业。旅游业的快速发展能够为航空运输业的快速增长贡献客源市场，催生航空运输业的发展，近年来异军突起的低成本航空，很大程度上就是旅游业发展催生的产品。经济高速发展的长三角地区人民生活水平大幅提高，消费能力日益增长，航空旅游相关的配套产品能满足民众对旅游体验的更高要求，同时也将对浙江旅游经济起到极大的促进作用。

特色小镇前景光明。2015 年，浙江省委、省政府决定创建 100 个省级特色小镇。特色小镇迅速崛起，还得益于小镇特色发展创业创新生态系统的多样化。突出高端引领，紧扣七大万亿产业和历史经典产业，找准自身定位，彰显产业特色、生态特色和人文特色。有"特色"，才是"小镇"。依托特色小镇集聚创新资源，激活创新要素，转化创新成果，实现产业发展从资源要素驱动发展到创新驱动发展转变，这是特色小镇的发展之本。

《浙江航空产业"十三五"规划》提出，抓住全省创建特色小镇的机遇，依托通用机场与军民融合重大项目建设，围绕航空先进制造、航空运营服务、通航旅游休闲、飞行运动体验等领域，重点建设建德航空小镇、平湖九龙山航空运动小镇、萧山空港小镇、德清通航智造小镇、安吉通航小镇、台州无人机航空小镇、新昌万丰航空小镇、横店航空小镇、宁海滨海航空小镇、绍兴滨海航空小镇等十个左右的航空特色小镇。浙江省在未来航空小镇的建设发展中（如图 4-4 所示），将加大扶持力度：构筑创新创业生态系统。按照政府引导、企业主导、市场运作的理念，创新体制机制，激发小镇创业创新活力。以市场化配置为主要方式，围绕产业链、创新链聚集人才、项目和资源，催生一批项目，实现可持续发展。将通过引进第三方机构，为入驻企业提供专业的融资、培训辅导、市场推广、技术支持、供应链整合等服务，助推企业快速成长，使航空特色小镇成为众创空间的主要载体，成为大众创业、万众创新的乐园。

绍兴滨海航空小镇：规划面积1.73平方公里，计划投资50亿元。与中国民航大学合作办校，建设通航运营基地和通航FBO基地等

新昌万丰航空小镇：规划面积3.1平方公里，计划投资100亿元。重点发展轻型通用飞机制造、通航飞行服务、教育培训等

宁海滨海航空小镇：规划面积3.54平方公里，计划投资58亿元。以通航飞行运营服务和航空主题旅游为双核驱动，以休闲运动、科普博览、应急救援为特色

台州无人机航空小镇：规划面积3.9平方公里，计划投资64亿元。以"高端制造+技术研发"为核心，发展国际航展、航空主题公园、航空教育科普等

萧山空港小镇：规划面积3.2平方公里，计划投资总资58亿元。重点发展航空总部、空港物流和跨境电子商务等

平湖九龙山航空运动小镇：规划面积3.6平方公里，突出运动养生特色，开展空中旅游和航空拍等航空体验运动服务

安吉通航小镇：规划面积3平方公里，计划投资100亿元。重点发展机场飞行、航空工业制造、飞机展售、通航运营、青少年航空科普中心等领域

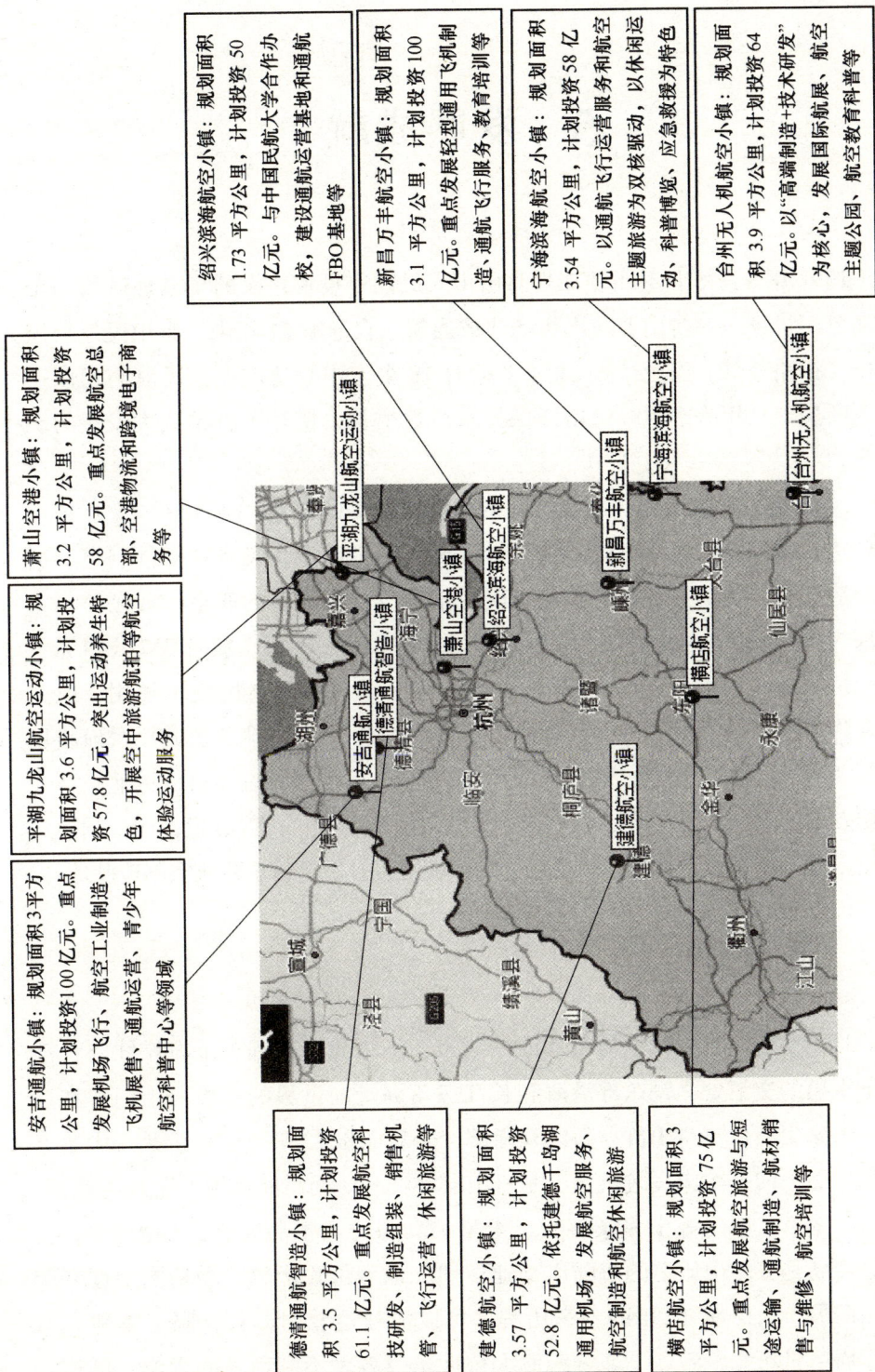

图4-4 浙江十大特色航空小镇区域图

德清通航智造小镇：规划面积3.5平方公里，计划投资61.1亿元。重点发展航空科技研发、制造组装、销售机管、飞行运营、休闲旅游服务

建德航空小镇：规划面积3.57平方公里，计划投资52.8亿元。依托建德千岛湖通用机场，发展航空制造和航空制造休闲旅游服务

横店航空小镇：规划面积3平方公里，计划投资75亿元。重点发展航空旅游与短途运输、通航制造、航材销售与维修、航空培训等

5 发展成就

　　1997 年 8 月 8 日，由浙江省舟山市人民政府投资建设的华东地区第一个海岛民用机场——舟山普陀山机场建成通航。自通航 21 年来，舟山民航栉风沐雨，拓路苍穹，安全运行 21 年，拥有 18 个空中直达航点，民航与通航产业不断集聚，年旅客吞吐量持续保持双位数增长，谱写了跨越式大发展的新篇章。

　　2013 年，舟山市委、市政府开始规划建设舟山航空产业园区，重点依托波音 737 飞机完工和交付中心项目，建设大飞机制造、飞机零部件制造、通航制造运营、航空金融贸易物流、航空培训等功能完备的航空产业园区，力争成为我国民用航空发展的新增长极。2017 年 5 月 11 日，波音 737 飞机完工和交付中心在舟山正式动工建设，2018 年 12 月第一架飞机交付使用，航空产业将成为带动、助力舟山群岛经济发展的"新引擎"。未来，舟山民航将以打好"五大会战"、建设"四个舟山"为指引，以配套波音项目促进航空产业加快发展为重点，围绕浙江省大航空战略，激情创业、拼搏赶超，加快国际空港口岸建设步伐，着力提升机场社会服务能力，打造全球重要航空制造基地。

5.1 艰辛历程

　　舟山是中国唯一以群岛组成的地级市，地处我国东部黄金海岸线与长江黄金水道的交汇处，是东部沿海和长江三角洲走向世界的主要海上门户和通道。朱家尖岛位于舟山群岛新区东南部，全岛面积 72 平方公里，是舟山第五大岛，岛上的普陀山民航机场，是舟山群岛唯一一处民航机场，已开通北京、上海、南京、厦门等十多条航线。朱家尖岛与舟山本岛间有跨海大桥相连，朱家尖岛是普陀山旅游的海陆空交通枢纽，地理位置优越。励精图治逐梦蓝天。回顾舟山民航 22 年的艰辛历程，可以清晰地看出，它克服了本地人口少、周边机场竞争激烈、高铁跨海大桥冲击等各种不利因素的影响，已初步形成了以机场为核心的城市交通运输网络，正在不断提高舟山国内外的知名度和影响力，民航服务区域经济、服务社会、服务航空产业的效用已初步显现。通航产业加速推进，为岛际交通和海岛旅游增加了动力。

5.1.1 探索期（1994~1997 年）

改革开放以来，舟山的海洋渔业、港通运输业、海岛旅游业等都有长足发展，但当时的海陆交通设施严重制约了舟山经济发展。为了开辟舟山与外界的空中联系，构建水陆空立体交通格局，1988 年 3 月，经国务院、中央军委批准，舟山市政府决定在朱家尖岛曙光农场新建地方民航机场，命名为"舟山朱家尖机场"。机场建设工程于 1995 年 1 月开工，1997 年 3 月底全部竣工，总投资约 3.8 亿元。1997 年 7 月 28 日机场举行首航典礼，8 月 8 日随着一架载有 97 名旅客的 B-2235 飞机在朱家尖上空划破天际，由浙江省舟山市人民政府投资建设的华东地区第一个海岛民用机场——舟山普陀山机场建成通航，最先开通舟山至上海、厦门两条航线。从此，舟山搭建了一座通向大陆的"空中桥梁"，腾飞起了舟山新的希望，也开创了舟山交通的新纪元。

5.1.2 稳定运行期（1998~2004 年）

1998 年 4 月，"舟山朱家尖机场"正式更名为"舟山普陀山机场"，1998 年 7 月机场飞行区等级从 3C 级升至 4C 级，1999 年 12 月又从 4C 级升至为 4D 级。舟山普陀山机场正式通航以来，机场航线网络不断拓展，客流规模不断扩大，从通航初期的两三个航点、10 万左右的吞吐量，发展到 2004 年 10 多个空中直达航点，吞吐量连年攀升。据统计，2004 年起降飞机 5762 架次、旅客吞吐量 380538 人次、货邮吞吐量 1279.7 吨，旅客吞吐量在全国 147 家机场中名列第 51 位。航线网络基本覆盖我国沿海主要城市和京津沪、广深汕佛等经济热点地区。机场地处舟山本岛东南面的"沙雕故乡"朱家尖岛，西距著名渔港沈家门仅 1.2 公里，由跨海大桥连接，北邻"海天佛国"普陀山 2.5 公里，由机场出发到普陀山只需 10 分钟。机场总占地面积约 3004 亩，标高海拔 1.8 米，PCN 值 53，飞行区跑道长 2500 米，停机坪总面积为 5.2 万平方米，可同时停放 8 架中小型飞机，能满足波音 757 以下的机型起降；国内候机楼面积 6400 平方米，可满足高峰小时客流量 600 人次；机场配套的航行气象、通信导航、供电供油、机务维修、消防保安、安全检查等各类设施、设备和车辆一应俱全。通航产业逐渐起步，2002 年成立舟山岛际航空服务有限公司，嵊泗、东极、衢山、桃花岛等 6 个直升机起降点分布在舟山全市。

5.1.3　蓬勃发展期（2005~2014 年）

普陀山机场是舟山航空产业发展的基石和核心资源。舟山市政府超前建设和平稳运营舟山普陀山机场，又先后投入 1 亿多元，对机场基础设施和保障设备进行完善，机场硬件水平有了明显的提高，能够为旅客、货主、航空公司和驻场单位提供优越的保障条件。2008 年，机场通过了民航华东地区管理局航空保安审计；2010 年 7 月，机场以 97.9% 的高分全面通过了安全审计。经过这些年的努力，机场安全管理实现了"从事后到事前、从开环到闭环、从个人到组织、从局部到系统"的转变，构建长效机制，切实打牢安全基础。2012 年 11 月，中国民用航空局华东管理局批复《舟山普陀山机场总体规划》，根据规划，舟山普陀山机场近远期飞行区指标为 4D，适合波音 767、空客 300 等大型飞机起降。2014 年 12 月 2 日，普陀山机场年客流突破 50 万人次，迈入民航中型机场行列。近年旅客吞吐量增长幅度在 20% 以上，增速位列浙江省 7 个机场之首，旅客满意度和航班正点率始终保持在 90% 和 80% 以上，位居全省机场前列。同时，坚持以打造"舟山第一窗口"为目标，创建"祥云服务"品牌，推动优质服务水平不断提升，圆满完成首届世界佛教论坛等重要任务、一系列中央领导专机保障任务及各项要客、贵宾接待服务工作。

5.1.4　加速发展期（2015 年至今）

2014 年以来，普陀山机场年旅客吞吐量先后完成从 50 万人次、60 万人次、80 万人次到 100 万人次的"四连跳"，2017 年 12 月 27 日，普陀山机场年旅客吞吐量突破 100 万人次，实现了通航以来从支线小机场到具有一定规模的中型空港的华丽转身。2016 年 10 月，波音 737 完工和交付中心的落户，为舟山航空产业发展带来了重大战略机遇；11 月，舟山航空产业园管委会（筹）组建运行，抓住这一机遇，积极有为，乘势而上，扬长避短，不断培育壮大舟山航空产业。2017 年 4 月，省政府正式批复同意设立舟山航空产业园，实行省级经济开发区政策。2018 年初，普陀山机场国际口岸开放一期内装和设备安装基本完成，开始验收准备工作。空域开放是国际口岸开放的重要部分，国家空管委办公室于 5 月 13 日批复同意普陀山机场空域对外开放。

国家发展改革委副主任林念修多次到舟山航空产业园调研，提出"要把舟山打造成全球重要的航空制造基地"，《浙江省航空产业"十三五"规划》中提出要打造一个以大飞机为核心的舟山航空产业园，作为全省航空产业发展的核心。根据最新规划方案，舟山航空产业园在中国（浙江）自贸试验区范围内以"一园两区"的方式协同布局，飞机制造园区位于朱家尖，规划面积约17.9平方公里（增加面积约10平方公里），零部件制造园区位于舟山本岛北部的舟山高新技术产业园区，规划面积约4平方公里。凭借天然的海岛地域优势，经过多年的培育发展，舟山通用航空业务呈现出驻场公司多、飞行量大、业务范围广的发展格局。

5.2　主要成就

运营22年来，舟山普陀山机场始终不渝地坚持"安全第一，预防为主"的方针，严格落实安全生产责任制，强化SMS安全管理，未发生一起重大飞行、空防和地面安全事故，已连续实现21个航空安全年。航线网络逐步增加，年旅客吞吐量大幅增长。波音助力舟山飞向蓝天时代。2017年5月11日，全球瞩目的波音737完工和交付中心在舟山航空产业园正式开工。世界目光聚焦舟山。作为全球著名的民用飞机制造商美国波音公司的首个海外工厂。回首过去，舟山航空产业取得了令人瞩目的成绩。

5.2.1　民用航空产业取得较大发展

2017年舟山普陀山机场年旅客吞吐量首次突破100万人次，同比增长25%以上，连续第3年保持近20%的增长速度，年均增速超过同期国内全民航平均增速50%以上，增速位居省内7个机场前列。而在进入新世纪前的1997年、1998年、1999年旅客吞吐量分别为4.3万人次、14.1万人次、17.2万人次；起降架次分别为552架次、1890架次、2392架次；货邮吞吐量（含行李）分别为181.7吨、999.7吨、1827.9吨，三项生产指标都有稳步提升；进入新世纪，三项生产指标有了明显的跃升，其中旅客运输量由2000年的18.3万人次到2017年的102.3万人次再到2018年的120.96万人次，年增增长29.52%。航线网络不断拓展优化，目前有东航、厦航、南航、中联航、山东航、深圳航、福州航、华夏航8家运输航空公司在机场运营开展航空运输业务，开通有舟山至北京首都、北京南苑、上海、天津、青岛、广州、深圳、厦门、泉州（晋江）、福州、西安等航线，共 18 个航点，周航班量超过 210 架次，航线网络基本覆盖我国沿海主要城市和京津沪、广深汕佛等经济热点地区，已成为舟山新区对外开放的重要窗口，充分发挥了机场促进区域经济社会发展的重要作用。

舟山普陀山机场 2000~2017 年旅客运输量及年增长率图如图 5-1 所示。

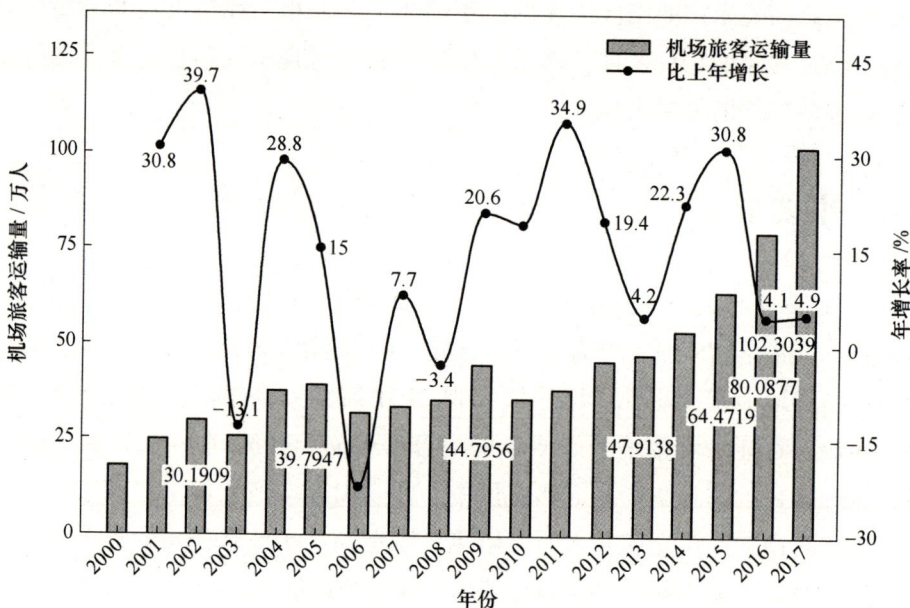

图 5-1　舟山普陀山机场 2000~2017 年旅客运输量及年增长率图

舟山民用航空业务呈现出驻场公司多、飞行量大、业务范围广的发展格局，营销模式不断创新，营业收入持续攀升，特别是近五年增长势头迅猛。

舟山普陀山机场 2013~2018 年营业额图如图 5-2 所示。

5.2.2　通用航空产业规模不断扩大

通航集聚效应进一步显现。凭借独特的地域、空域等优势，经过多年的培育发展，舟山通用航空业务呈现出驻场公司多、飞行量大、业务范围广的发展格局。近年来，舟山引导航空企业开展综合业务，飞行量稳步增长，运营规模不断扩大，飞行驾培、岛际交通、空中救援、旅游观光、公务飞行都有一定规模。据统计，舟山通用航空年作业飞行时间超过 2 万小时，2016 年保障通用航空飞行 9153 架次，成为华东地区乃至全国民航通用航空繁忙机场

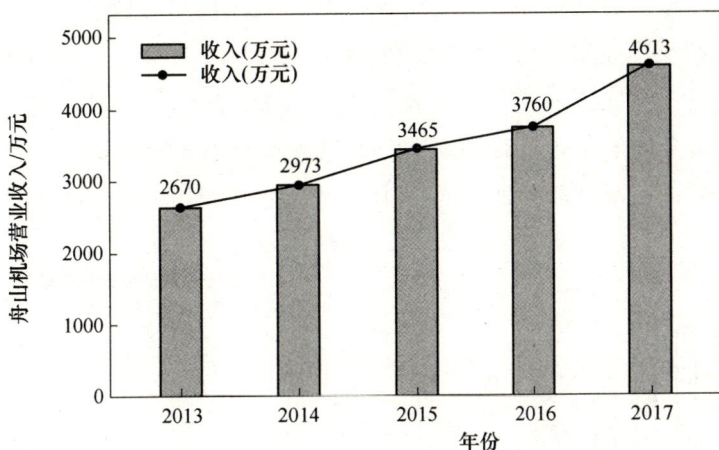

图 5-2　舟山普陀山机场 2013~2017 年营业额

和综合保障基地，形成以中信海直、中航工业、中船工业等"中字头"企业为龙头的通航企业群，19 架通用航空飞行器常年驻场。此外，还有国航、福州航训练飞行业务和公务机业务，有中信海洋直升机股份有限公司、交通部东海第一飞行救助队、中国海监东海总队等单位常年在舟山开展海洋环境监测、海洋维权、国土勘察、空中急救、海上搜救等通用航空业务。已经搭建了初步的航空产业体系，具备发展航空产业的基础条件。

5.2.3　航空产业迎来新的发展机遇

2016 年 10 月 28 日，波音 737 完工和交付中心落户舟山。2017 年 4 月，舟山航空产业园由浙江省政府批准设立，在全市范围内以"一园两区"的方式协同布局。其中，飞机制造区位于朱家尖岛，零部件制造区位于海洋产业集聚区。引入知名航空企业——波音，凸显了舟山经济的科技实力和品牌，为进一步招商引资树立榜样，增加企业对外部的吸引力；军民融合不仅产生了有形的产品，还能带来无形的声誉。国际空港建设全面铺开，机场扩容改造，提升机场功能。航空口岸开放和试飞空域划设工作。航空口岸开放进展顺利。舟山已与军方达成一致意见，并联合成立安全监管领导小组，共同推进。国家口岸办也已基本完成对公安部、民航局、海关总署等 5 家部委意见征求。试飞空域划设方面，得到了军方、民航各级等各方的大力支持；华东空管局已与波音公司、中国商飞、航空产业园管委会就试飞空域飞行方法和具体管制要求进行深入协商，为下步工作实施奠定了坚实的基础。近一年来，舟山港综保区空港分区设立、试飞空域规划、机场口岸开放等三大运营条件已经具备，航空产业发展初见模型。2018 年 12 月 15 日波音与中国商飞在舟山共同设立的 737 完工和交付中心交付首架飞机，12 月 17 日浙江省首单飞机保税租赁业务顺利落地，舟山航空产业进入新的历史阶段。

舟山普陀山机场 2000~2017 年货邮吞吐量及年增长率图如图 5-3 所示。

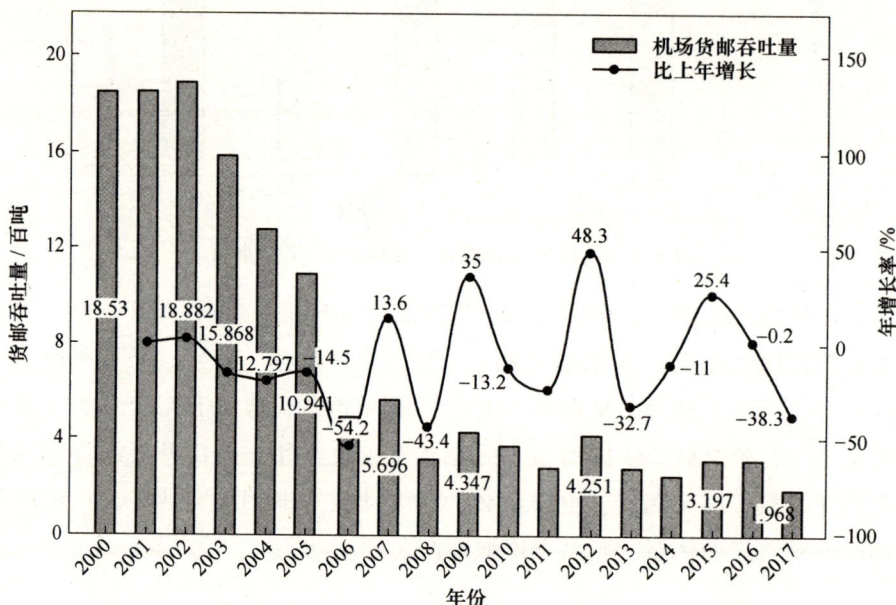

图 5-3　舟山普陀山机场 2000~2017 年货邮吞吐量及年增长率图

舟山普陀山机场 2000~2017 年机场起降架次及年增长率图如图 5-4 所示。

舟山普陀山机场 2000~2017 年旅客运输量、货邮吞吐量及起降架次全国名次图如图 5-5 所示。

5.2.4　航空产业运营环境持续向好

舟山地处我国东部黄金海岸与长江黄金水道的交汇处，是我国第一个以群岛建制的地级市，以"海天佛国、渔都港城"闻名。2015 年 5 月，习近平总书记考察舟山并作出重要指示，强调要从浙江、全国、世界的角度看舟山，发挥好舟山特有的资源优势。2018 年 9 月，李克强总理视察舟山时强调，浙江要做"放管服"改革的排头兵，为打造一流营商环境不断提供新经验。在党中央、国务院的关怀重视下，新区取得了优良成绩。2011 年 6 月，国务院

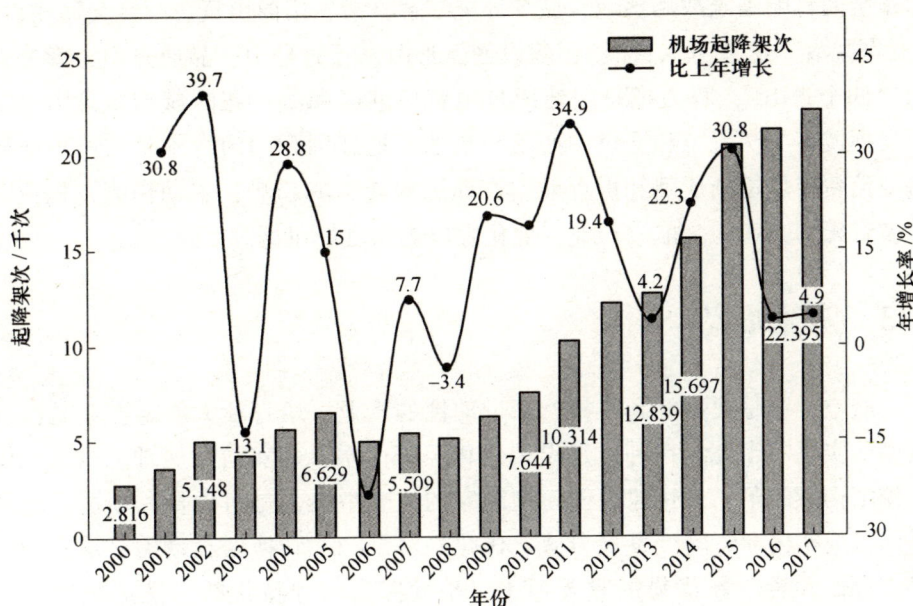

图5-4 舟山普陀山机场2000~2017年机场起降架次及年增长率图

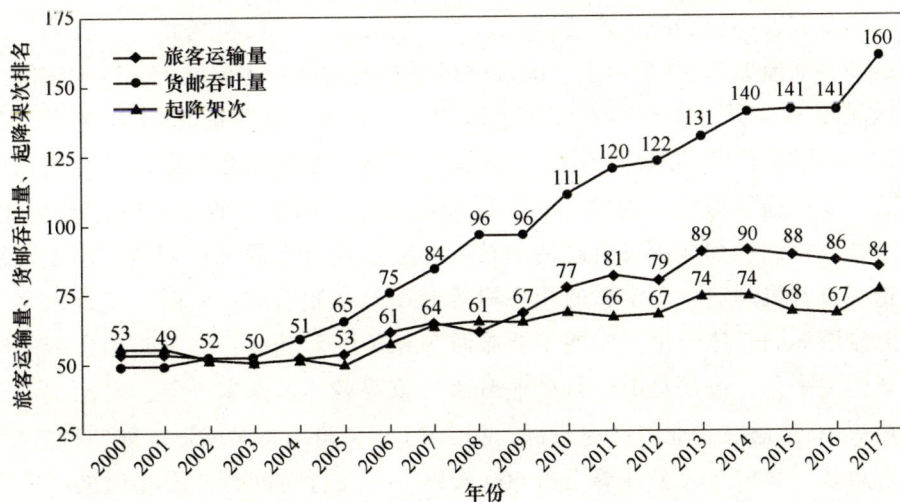

图5-5 舟山普陀山机场2000~2017年旅客运输量、货邮吞吐量及起降架次全国名次图

批复设立浙江舟山群岛新区。2017年4月，中国（浙江）自由贸易试验区挂牌。2016年，新区实现地区生产总值1228亿元，过去5年年均增长9.9%，增速居全省首位；累计完成固定资产投资4758亿元，年均增长22.3%；人均GDP超过1.6万美元；城乡居民收入分别达4.8万元和2.8万元。当前，舟

山正全面打响国家战略落地、城乡环境综合整治、招商引资、综合交通建设、"五水共治"这"五大会战"，建设创新舟山、开放舟山、品质舟山、幸福舟山"四个舟山"，着力把舟山建成自由贸易港区和海上花园城市。舟山一定要发挥波音737完工和交付中心落户机遇，把握国际国内特别是长三角区域航空消费市场逐渐成熟和世界航空产业加快转移的趋势，主动作为，积极对接波音配套企业，为航空产业专业化发展提供良好机遇。

5.3　未来展望

航空产业是典型的高科技、高带动性的产业。培育壮大航空产业是深入贯彻落实党的十九大精神，建设现代化经济体系，落实新发展理念，深化供给侧结构性改革，加快建设创新型国家的战略举措，是舟山群岛新区深化承担国家战略内涵，转变发展方式、优化经济结构、转换增长动力，培育国际经济合作和竞争新优势的重要抓手，是发挥舟山独特优势，推进"四个舟山"建设的战略需要。

未来，舟山机场将加快推动扩容改造和功能提升，加速启动国际化进程，完善配套波音项目和航空产业园项目。今后五年，舟山机场将着力提高航线通达性，通航城市30个以上，航线网络基本覆盖国内主要城市，其中国际或地区航线3~4条，年旅客吞吐量突破200万人次。规划面积约7.88平方公里的舟山航空产业园以波音项目为龙头，打造通航运营和民航运营两大功能核心，发展通航旅游、通航出行、保障服务以及海监巡查等通航运营功能，以干线飞机制造和通用飞机制造为核心，重点发展干线飞机制造、水上飞机制造、直升机制造、固定翼通用飞机等通用航空制造业；同时，结合朱家尖国际旅游岛的总体定位，发展工业旅游等相关配套功能；作为舟山发展航空产业的主平台，也是舟山进行产业升级的重要载体。未来5年，舟山空港还将形成10家通航企业的产业集群。到2025年，舟山将全面形成航空产业链，实现总装、交付、改装各类飞机600架以上，飞行时间近4万小时的产业规模，每年实现产值规模达到700亿元以上，产业链带动效益千亿元以上。舟山将会在中国航空产业版图上占据重要的位置，在全国乃至全球航空产业格局中拥有一席之地。

5.3.1　向国际一流空港城市迈进

舟山民航于2018年6月开通Ⅰ类口岸，正式迈入国际空港行列。2017

年初，舟山普陀山机场改扩建工程被列入《中国民用航空发展第十三个五年规划》。《浙江省民用机场发展"十三五"规划》将推动舟山普陀山机场航空口岸开放，将其升格为国际机场。《浙江省航空产业"十三五"发展规划》提出重点实施的"12105"战略中，"1"是打造一个以大飞机为核心的舟山航空产业园，力争将舟山打造成全国领先的航空高端研发制造基地。自2016年波音项目发布会之后，舟山举全市之力马不停蹄，提前实施了前期配套工程，加快落实综保区空港分区、试飞空域、国际机场、国际学校、国际医院和培训中心等运营条件，为舟山波音项目开工做好充分准备。舟山民航紧扣波音项目各项要求，扎实推进航站区、飞行区配套改扩建项目等硬件设施，配合做好试飞空域划设、口岸开放、综保区扩区建设等工作，全力以赴为波音项目落户提供完善的配套保障。

目前，舟山普陀山机场主航站楼扩建完工，国际空港加快推进，近期可满足200万人次客流量，中远期可满足300万人次客流量的国内、国际航线运营使用。同时，舟山机场正积极拓展并构建新区现代航线网络，5年内争取新开通国内航线5条、国际或地区航线2条，至2021年实现各类空中直达航线数量20条以上，旅客吞吐量突破150万人次。未来，舟山机场依托航空产业园，加大招商引资力度，引进成熟的通用航空运营商，积极培育本土通用航空企业，形成通用航空产业集群；积极开辟舟山与内陆旅游景区的水上飞机、直升机旅游航线，建设空中"巴士"，打造舟山至周边城市1小时空中交通圈。波音项目落户舟山是舟山航空产业借势发展的重大机遇，也是检验自贸试验区建设成效的重大载体，是承载国家战略的体现。舟山民航将不断开拓创新，完善机场基础设施，尽快完成国际空港建设。同时，加强顶层设计，明确发展思路，实现园区建设与机场发展统筹协调，树立营商、亲商的服务意识。加快人才引进和人才储备，努力铸就舟山民航更加辉煌的明天。

5.3.2 撬动舟山产业华丽转身

通过航空产业发展撬动舟山产业的华丽转身，以技术创新带动效益，实现集约增长，通过技术变革提高品质与效率，从国际合作积累经验，从低成本优势向技术创新优势转换，为舟山新区的可持续发展提供强大动力。同时，要突出舟山新区、自由贸易港区的政策优势，在体制机制、合作模式等方面大胆尝试，创新突破，自上而下、自内而外的推进舟山产业发展。航空产业整体上属于高端装备制造产业，大部分工艺环节与产品对能源的消耗有限，对环境的影响也能够通过有效的环境保护手段实现控制。舟山航空产业发展以绿色生态、可持续发展为主旨，杜绝高耗能、高污染工艺环节或产品的引入，以大型、有行业影响力的实力企业为招商重点。此外，将航空产业发展、园区建设与"互联网+""大数据"等技术有机结合，推进航空产业在舟山的智能化发展。

5.3.3　国际合作不断加快推进

伴随全球经济一体化，航空制造产业的全球化趋势日趋明显，国际合作已经成为商用飞机项目普遍采用的制造模式。目前，世界航空工业已经呈现为主承包商、分系统承包商和零部件原材料供应商三个产业层次，产业结构呈金字塔形状，产业呈现专业化发展态势。企业数量按金字塔结构分布，但是价值向金字塔顶端集成。世界航空产业转移趋势加剧、转包市场规模快速扩张，我国航空配套产业发展迎来了巨大的市场机遇，转包生产产值以每年25%的速度增长。

舟山将充分发挥自由贸易试验区的政策优势，以波音737MAX完工和交付中心为契机，一方面立足航空产业与价值链条的高端，深化与波音、国际通航企业、国际航空系统集成配套企业的合作，推进舟山通过技术引进的模式融入国际航空产业链条。另一方面，充分发挥航空产业的带动效益，通过航空产业的国际合作，推进高端装备制造、海洋经济、文化创意等方面的国际合作与交流。紧抓国家大力发展航空产业的有利时机，以及波音737MAX完工和交付中心落户朱家尖的历史机遇，充分发挥舟山的区域资源优势与特色，以国际成熟技术引进带动自主创新能力，通过整机制造产业发展，带动舟山航空产业生态体系建设，提升舟山在波音国际商业板块布局的战略地位，融入世界航空产业发展链条，将舟山航空产业园建设成为国际民机产业发展新窗口、中美合作的创新示范基地。通过国际合作与产业协作，推进技术的带动与孵化，促进基础设施的共享与互通，加强企业间的统筹与协调，创新外商投资管理体制、构建外贸可持续发展新机制、优化对外合作区域布局，立足舟山现有资源条件，形成陆海内外联动、东西双向互济的开放格局。

5.3.4　经济社会转型升级大步前进

航空产业作为科技含量高、产品附加值高的战略性新兴产业，与舟山产业转型发展需求相匹配，有利于加快重大项目的引进落地，培育可持续发展的新经济增长点。舟山在战略地位明显提升、综合实力稳步提升、改革开放不断深化的背景下，面临传统产业衰减和新兴产业不足的断层挑战，现有产业结构以港贸物流、石化化工、船舶与海洋工程装备、海洋渔业等传统产业为主，亟须大力培育战略性新兴产业，积极改造提升传统产业，加快产业转型升级。现代航空产业作为舟山提升发展的千百亿产业，提出加快航空产业园建设，全力推进重大航空项目落户与建设，加快发展航空装备及零配件制造等相关延伸产业，抓住国家推进低空开放的契机，着力推进直升机、公务飞机、水上飞机的运营服务、航空培训、维修保养等通用航空综合产业发展。

5.3.5 促进航空产业与新区协调发展

在空间上，舟山航空产业园是城市"南部花园城市带"上的重要节点。第一，注重营造具有航空特色的城市空间形象，打造南部城市带中独具特色的城市功能节点；第二，体现花园城市特色，提升城市环境品质，集约利用土地，并预留充足生态空间；第三，作为舟山市门户片区，着重打造未来舟山城市标志性景观节点，与主要对外通道共同构建舟山城市形象带。舟山群岛新区（城市）总体规划确定的"一城三带"城市空间结构具体为，一城即中心城区，城乡统筹建设海上花园城市；三带分别为南部花园城市带、中部生态保育带、北部产城融合带。在交通上，交通协调发展与舟山综合交通相衔接，构筑海陆空综合立体交通体系。空运方面，保障航空相关产业试飞需求的同时，进一步提升航空客运能力，加强与舟山市干道网络及公共交通的衔接，确保旅客的快速疏散；道路方面，通过朱家尖海峡大桥及规划建设中的南部跨海通道融入舟山市干道交通网络，其中南部跨海通道的选线，需与周边地区进行协调确定；海运方面，一方面加强与蜈蚣峙码头的对接，保障蜈蚣峙码头游客高峰期的快速疏散，另一方面加快西南侧两个货运码头的规划建设工作，确保对外货运通道的畅通。产业协调发展，舟山航空产业园将建设成为全国领先的航空制造高地，成为舟山群岛新区除定海工业园、海洋产业集聚区外的又一特色产业园区，并融入舟山产业体系之中。在产业内容上，依托朱家尖岛资源优势，以发展整机制造、系统集成制造、航空运营保障、科教文创为主，与另外两大产业园区协同错位发展，将相关配套产业重点布局于海洋产业集聚区之内。在配套服务商，与一桥之隔的普陀市级副中心协同发展，依托其商业、文化休闲、居住等服务功能，实现产城融合发展。产业协调发展未来，航空产业与旅游产业将共同成为朱家尖岛的支柱产业。航空产业作为岛内扩展用地，在发展过程中，一方面加强生态保护建设，避免破坏现有生态本底；另一方面，利用现有旅游优势，大力发展航空工业参观旅游，建设航空博览、文化公园、文化小镇等项目，丰富朱家尖岛旅游产品门类，形成发展合力。

5.3.6　打造全球重要航空制造基地

把舟山打造成"全球重要航空制造基地"这一重大定位和浙江省航空产业"十三五"规划提出的"一核"地位，以波音737完工和交付中心项目为牵引，以大飞机总装完工交付为核心，着力打造集制造、维修、金融、文旅、培训、研发于一体的航空全产业链，着力把航空产业打造成新区发展的重要支柱产业。计划到2025年，全面形成航空产业链条，实现总装、交付、改装各类飞机600架，航空制造产业形成体系，运营与保障形成网络，衍生与服务初具规模，产业链带动效益千亿元。围绕发展目标，应打造和构建"一体、两翼、四发、一港"等作为重点抓手。

"一体"就是突出大飞机总装、完工、交付中心这个核心。按照波音项目发展的步调，实施两步走战略。第一步，做好波音737完工和交付中心。按计划建设完工中心、交付中心，在确保有效运行的同时，扩大内饰完工中心业务范围，确保2018年7月开始交付厂房，第一架飞机于年底完成，2019年争取20架飞机改装，2020年争取50架改装。同时，建立一家世界级的用于内饰完工和改装的卓越中心。第二步，争取波音737MAX总装线落地。在舟山新设737MAX总装线能够把这一战略合作关系提至一个新的高度，也是基于波音自身发展的需要。未来二十年，中国将有5420架单通道飞机市场需求。为更好地与空客竞争在中国的单通道飞机订单市场，波音必须在中国设立737总装生产线。如今波音737MAX的销售形势非常好，全球已有约4000架订单，其中来自中国的订单近1000架。要消化这些订单，光靠美国现有的生产线是远远不足的。2017年，737飞机月产量是47架，而空客A320达到每月50架。在舟山设立新的总装线，形成制造、完工、测试、交付、配套一条龙的产业链条，可以大幅提高737MAX产量，有利于分享亚太、中国、浙江快速发展的航空市场蛋糕，在与空客的订单争夺战中抢占先机。

　　"两翼"，就是以通用飞机制造运营、飞机业载设备及零部件制造为两翼。一是通用飞机制造和运营。通用飞机制造以固定翼飞机、水上飞机、直升机等整机总装为主，固定翼飞机制造要把握国际通航制造转移生产的发展趋势，开展2~6座小型固定翼通用飞机、6~11座涡桨多用途飞机的研制生产。发展适合短途运输、海洋领航、海事监测、航空测绘、应急救援的轻小型直升机生产，开展2吨级以下、2~4吨级直升机的装配生产。开展适合个人飞行、飞行体验、航空游览的超轻型水上飞机的生产，打造水上飞机生产基地。通用飞机运营是舟山的传统优势，要将通航运营产业与旅游产业有机融合，打造国际化、精品化的通航旅游品牌，开辟空中岛际观光旅游线路。二是开展飞机零部件制造配套生产。首先，依托波音737完工和交付中心项目，积极打造业载中心建设。其次，依托将来的飞机总装项目，推进机体大部件生产、机载设备装配生产及系统集成，积极开展机身框架、壁板、结构件、梁、钣金等机体零部件的产品转包生产，重点引进以碳纤维和高性能树脂为主的航空复合材料的研制生产。后期以通信导航系统、环控系统、燃油系统、电源系统、起落架等为重点突破方向，适时开展工程研究用飞行模拟器、训练用飞行模拟器等设备的研制生产，积极引进标准件、紧固件、密封件、航空线缆、精密轴承等航空基础件生产，实现高端基础件配套。

　　"四发"，就是打造维修和改装、租赁和融资、培训和研发、贸展和文旅四大发动机。一是维修和改装产业。2017~2027这十年间，全球商用飞机MRO市场预计将保持3.8%的年增长率，2027年市场投入将达到1092亿美金。舟山的飞机MRO产业，重点是飞机定检、客改货、部件维修、公务机改装、发动机维修等领域。根据波音预测，未来二十年将需要超过1000架737级别的改装货机，其中三分之一的需求来自中国。浙江是电子商务、快递业非常发达的区域，可依托波音项目的运营，把舟山作为波音737客改货的重要基地，引进相关企业，实现年改装飞机50架的规模。二是租赁和融资产业。到2025年，中国民航机队规模将增加3000架，按60%的租赁率测算，意味着将有大约1600架额外租赁飞机进入中国市场，届时中国民航租赁市场金额将达到1300多亿美元。三是培训和研发产业。航空培训方面，要扩充波音的课程设置，覆盖来自航空业价值链各环节的航空专业人员。做大做强波音培训中心，依托波音这块金字招牌，积极开展组装完工、维修改装、航空电子、现场管理等一线技术工人培训，积极开展商照/私照飞行员驾驶培训、乘务培训及独具特色的专业模拟机培训。据测算，到 2035 年全球需要新增61.7 万名飞行员，飞行员培训大有可为。四是贸展和文旅产业。要着力发展集航材内饰贸易、航空会展、航空文化旅游等相关服务业。充分发挥舟山综保区空港分区的优势，吸引国内外的航材进出口贸易公司，将航空发动机、机载设备、飞机零部件和原材料等多种类型的航材作为贸易对象，重点开展航材进出口贸易、销售代理、仓储配送、检验认证等业务，形成区域保税物流网络，打造国内航材贸易中心。大力发展航空文化旅游产业，谋划打造波音主题街区，打造航空文化旅游综合体，使航空产业园和波音项目成为朱家尖旅游的新热点。

"一港"，就是要打造具有一定集散功能和独特竞争力的中型国际化空港。抓住省机场集团整合的机遇，加大对普陀山机场的建设提升力度，挖掘潜在市场需求，引进基地航空公司，不断巩固国内干、支线航线网络，完善国内航线网络结构，拓展国际和地区航线网络。积极拓展并构建新区现代航线网络，完善航空货运基础设施建设，引进国内外知名航空货运、货代、物流企业进驻机场开展业务，强化航空货运服务能力。

舟山将围绕民航强省建设战略举措，按照"浙东海岛地区中型国际化航空港、全国重要的飞机制造基地、浙东沿海通用航空基地"的功能定位，紧扣波音项目，在确保安全运营的基础上，以创新发展为核心，大力拓展优化航线网络，培育发展通航产业，加快国际空港建设步伐，着力提升机场社会服务能力，打造具有一定区域辐射和服务能力的中型国际空港，为我省航空产业核心区建设和中国（浙江）自贸区发展提供基础保障。

6 条件审视

6.1 优势机遇

6.1.1 地理位置优势

舟山位于我国南北海运大通道和长江黄金水道 T 字形交汇处，背靠长三角广阔的经济腹地，面向宽广的太平洋，是长江联通外海的唯一通道。舟山港面积 1000 平方公里，水深 15 米以上岸线有 280 多公里，境内国际航线可全天候通行 30 万吨以上巨轮。宁波舟山港拥有集装箱班轮航线 234 条，其中远洋干线 117 条，近洋支线 67 条，国内支线 50 条，是上海国际航运中心的重要组成部分，是长江三角洲及长江沿岸工业发展所需能源、原材料及外贸物资运输的主要中转港。

航空产业是全球性产业，任何一个国家的大型民机制造商都必须面向国际市场，推行全球化经营，通过转包生产等方式实现产品制造、零部件采购、维修服务等全球协助与专业化配套。而舟山发达的港口与海运条件，有助于航空原材料、零部件、大部件的运输；有利于开展空港物流、空海联运，保税加工等产业；有利于加强与国内外航空企业的贸易交流与合作，进一步推进飞机总装、航空零部件转包生产等产业发展。随着东海大桥、杭州湾大桥、舟山跨海大桥等相继建成，舟山融入上海、杭州三小时经济圈，运输方式更加多元化，运输速度更加快捷，区位优势更加凸显。

舟山区位及交通条件图如图 6-1 所示。

6.1.2 腹地经济优势

长江三角洲地区是中央政府定位的中国综合实力最强的经济中心、亚太地区重要国际门户、全球重要的先进制造业基地、中国率先跻身世界级城市群的地区。根据 2016 年 5 月国务院批准的《长江三角洲城市群发展规划》，

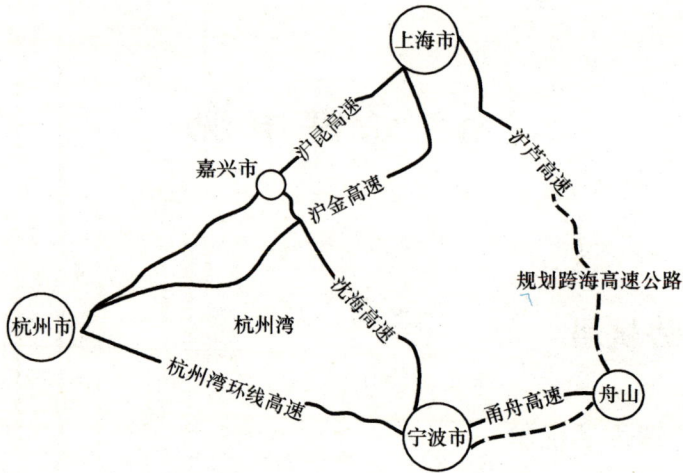

图 6-1　舟山区位及交通条件图

长三角城市群包括江苏省、浙江省、安徽省的 25 个城市及上海市，国土面积 21.17 万平方公里。20 世纪 70 年代以来，长江三角洲经过半个世纪的建设，沿江、沿海地带的港口、工业和城市得到快速发展。如今长三角地区已经成为以上海、杭州、南京等城市为龙头，以建立国际经济、金融、贸易中心为目标，高新技术产业得到迅猛发展，产业结构高度不断提升的中国最具经济活力的城市群，以仅占中国 2.1% 的国土面积，集中了中国 1/4 的经济总量和 1/4 以上的工业增加值，被视为中国经济发展的重要引擎。浙江经济作为长三角的重要组成部分，在长三角区域经济中占有重要地位，是长三角的增长中心和制造业中心之一，承担着巩固长三角在全国的功能定位与历史使命的任务和要求。

2012~2017 年长三角主要城市 GDP 增长图如图 6-2 所示。

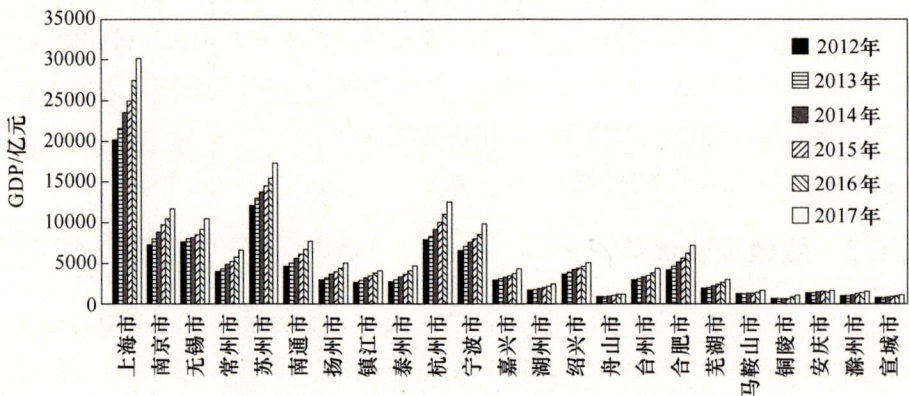

图 6-2　2012~2017 年长三角主要城市 GDP 增长图

6.1.3 产业基础优势

长三角地区工业基础良好，拥有一大批技术装备先进的制造企业。在近年来的发展中，民营企业、外资企业更是发展迅速，实力强劲。一部分企业已经在为航空产业做配套，技术优势明显。还有一大部分企业，具备了为航空产业做配套的能力，能够提供航空相关的原材料和精密机械制造，具有较强的研发实力。2008 年中国商飞落户上海以后，航空产业链布局就在长三角由小到大地扩展开来。镇江、常州、盐城、合肥等长三角地区制造业较为发达的城市，纷纷在第一时间围绕大飞机等项目展开积极布局。实际上，早在20 世纪长三角地区就已经有众多航空类制造企业了。20 世纪 70 年代，我国第一架喷气式客机运-10 诞生在上海，从运-10 一直到之后的 MD8290，包括2017 年首飞的 C919 大型客机，中国民用飞机、喷气飞机的发展都集中在长三角地区，长三角地区在我国民航产业研制主基地的重要地位也逐步确立。在 C919 的研发过程中，长三角地区众多城市借助已有的制造业优势与中国商飞建立了广泛的协作，不少企业转型升级成为航空配套类企业。2018 年，中国首款国际主流水平的干线客机 C919 在上海首飞成功，这一里程碑事件更是在长三角区域引发"航空热"，各地积极承接航空产业，挖掘产业链潜力，长三角航空产业带迎来了黄金发展期。

当前，长三角地区已成为国内最具活力的高端装备制造业生产基地。在航空航天领域，已集聚了中国商飞、航天科技集团、中国航空工业雷电院、测控所、机电公司等多个专业企业及研究机构，崛起了一批航空骨干园区，配套有大批技术实力强、盈利能力高的中小型企业，航空配套制造产业能力突出，已成为国内航空航天产业发展格局中的重要区域。其中，浙江从事航空制造相关企业近 30 家，形成一定规模的有 18 家，涉及特种飞行器、航空零部件、航空材料、航空内饰等领域，产值约 20 亿元。全省已注册和在筹航空公司 10 余家，拥有联邦、顺丰、圆通等航空货运公司，长龙航空、宁波东海通航、东华航空等本土航空公司，万丰、精功等公务机运营公司。舟山波音、台州无人机等重大项目成功引入。西子航空、天扬机械、宁波星箭、天润航空、华荣航空等航空制造类领军企业一直致力于提升竞争优势。

6.1.4 政策调整机遇

航空产业是"中国制造 2025"国家战略性新兴产业之一，近年来中央出台多项产业政策，支持航空产业成为经济发展的新动力。2015 年 5 月，国务院印发了《中国制造 2025》，专门提出要推动航空航天装备领域突破发展。2016 年 5 月，国务院印发了《关于促进通用航空业发展的指导意见》，对进一步促进通用航空业发展作出部署。2017 年 2 月，中国民用航空局、国家发改委、交通部发布了民航行业未来五年发展的纲领性文件——《中国民用航空发展第十三个五年规划》，将民航强国建设确立为发展的主线。通航方面，我国航空管理政策进行了一些调整，不断致力于推广低空空域管理改革试点，推进简化通用航空飞行任务审批，加快简化进口航空器购置审批（备案）手续，鼓励通用航空企业创业和多元化发展等方面。军民融合方面，将军民融合上升为国家战略，军工央企、科研院所加快向具有经济和市场活力的区域布局，民营企业参军合作、承接军用技术转化的意愿日益强烈，民用航空航天装备列为"十三五"期间军民融合产业发展的重点方向。

作为引领带动传统产业转型的重要抓手，浙江省近年来正在抓紧夯实航空产业的基础，培育航空产业的优势。浙江省各级政府大力扶持航空产业发展，民营企业热情高涨，浙江省加快发展航空产业的内外部条件已形成，正积极以产业作为突破口切入。2017 年 3 月，浙江省出台《浙江省航空产业"十三五"发展规划》，明确提出到 2020 年，全省将初步形成航空制造与航空服务相联动的产业格局，重点实施"12105"战略，"一核"就是打造一个以大飞机为核心的舟山航空产业园，力争将舟山打造成为全国领先的航空高端研发制造基地。

中国航空产业园产业主要政策汇总（2003~2017 年）见表 6-1。

表 6-1　中国航空产业园产业主要政策汇总（2003~2017 年）

序号	发布机构	发布时间	文件名称
1	国务院、中央军委	2003 年	通用航空飞行管制条例
2	民航总局	2007 年	通用航空经营许可管理规定
3	中国民航局	2009 年	民航局关于促进通用航空改革发展的指导意见
4	中国民航局	2009 年	关于加强通用航空发展的措施
5	中央军委	2010 年	关于深化我国低空空域管理改革的意见
6	国务院	2010 年	国务院关于鼓励和引导民间投资健康发展的若干意见
7	国务院	2010 年	国务院关于加快培育和发展战略性新兴产业决定
8	中国民航局、国家发改委	2010 年	通用航空民用机场收费标准

序号	发布机构	发布时间	文件名称
9	中国民航局	2011年	中国民用航空发展第十二个五年规划
10	国务院	2012年	关于促进民航业发展的若干意见
11	民航局、财政部	2012年	通用航空发展专项资金管理暂行办法
12	国务院办公厅	2013年	促进民航业发展重点工作分工方案
13	总参、中国民航局	2013年	通用航空飞行任务审批与管理规定
14	中国民航局	2014年	关于促进低成本航空发展的指导意见
15	国务院	2015年	中国制造2025
16	国家发改委	2016年	关于促进通用航空业发展的指导意见
17	中国民航局	2016年	民航科技发展"十三五"规划
18	中国民航局	2016年	民航教育培训"十三五"规划
19	国家发改委	2017年	关于建设通用航空产业综合示范区的实施意见
20	中国民航局	2017年	通用航空"十三五"发展规划
21	国务院	2017年	"十三五"现代综合交通运输体系发展规划
22	中国民航局	2018年	关于发布改进通用航空适航审定政策实施细则的通知

6.1.5　航空布局机遇

世界航空工业发展的一个重要特征是生产跨国化，随着航空工业国际分工和专业化协作的发展，各国力求通过加速跨国兼并与合作促进企业联合，形成合力应对竞争。全球产业分工格局既是一种现存状态，更是一个持续调整过程，当前环境下全球航空产业龙头企业加快布局，产业链上多个环节企业也纷纷在全球寻找合作伙伴。"中国制造2025"出台之后，中国加快了从制造业大国向制造业强国战略转型的脚步，航空工业的振兴也被提升为国家的重大发展战略。我国巨大潜在和现实的市场以及我国航空业务综合实力的大幅提升，使得世界航空诸强把在中国获得最大的市场份额和利润作为他们的重要战略目标，并把加强中国本土化发展作为战略选择，这使得我们可能争取到更好的国际合作环境和条件。目前，全球航空制造产业全部市场规模约为2900亿美元，其中以波音和空客为代表的干线飞机市场规模约为780亿美元，每年的对外转包生产总额约有290亿美元。中国参与国际航空制造转包业务已经有20多年，但目前所占市场份额仍然很低。随着未来中国综合竞争优势的提升，航空零部件转包生产将具有较大的增长空间。

　　上海科学技术情报研究所曾经对欧美地区民用航空产业链各环节企业分布概况进行过分析，结合全球航空企业的排行榜，选择了123家重点企业分析其主要业务和全球布局情况。上海是长三角地区航空产业发展最好的城市，研究以上海为例分析了这123家重点企业在国内及上海的布局情况。见表6-2和表6-3。

表6-2　全球民用航空重点企业主要业务

产业链分布	公司名称	国家	主 要 业 务
研发/工程设计	Fluor Corporation（福陆公司）	美国	是世界最大的工程设计公司之一，名列2014年财富500强第109位。ENR杂志100顶级承包商排名第一（根据新签合同额），并分别位居ENR杂志最大400家承包商排名和最大100家设计-施工企业排名的第二位
	Cyient Ltd.	美国	航空工程解决方案（数据传送和分析、网络和运行、产品工程、工艺工程）
	LMI Aerospace, Inc.	美国	提供航空结构、系统和元件的领先者，贯穿飞机生命周期的客户定制方案
	Belcan Corporation	美国	尤其是设计工程、计算机模型和先进制造技术
	Leidos Corporation	美国	提供科研、工程及系统一体化服务，财富500强公司，2014年第442位
	MTorres America	美国	工程设计、工具设计和项目管理
	National Technical Systems（NTS）（国家技术系统公司）	美国	工程设计、供应链管理、专业测试服务
综合/总装	Bombardier Aerospace（庞巴迪宇航公司）	加拿大	支线飞机、公务喷气飞机、特种和水陆两栖飞机、铁路及高速铁路机车、城市轨道交通设备等
	Embraer Aircraft Holding, Inc.（巴西航空工业公司）	巴西	商用飞机、公务飞机和军用飞机的设计制造，以及航空服务
	Erickson Air-Crane Incorporated	美国	直升机制造、MRO服务
	Kaman Aerospace Corporation（卡曼航空航天公司）	美国	直升机系统和部件、飞机结构、航空系统、引信和精密产品、特殊轴承和工程产品、技术服务

产业链分布	公司名称	国家	主 要 业 务
综合/总装	Lockheed Martin Corporation（洛克希德·马丁公司）	美国	军用飞机、雷达、导弹等。
	Textron，Inc.（德事隆集团）	美国	飞机、机动车引擎、工业产品及军事装备、航空电子、融资服务、维修。下设五个事业板块：赛斯纳（Cessna）、贝尔（Bell）、德事隆系统、工业产品及金融服务
	The Boeing Company（波音公司）	美国	几大业务集团：民用飞机集团（BCA）和波音防务、空间与安全集团（BDS）、波音金融公司、共用服务集团、波音工程、运营和技术部
	United Technologies Corporation（联合技术公司）	美国	航空发动机、直升机、航电、航空设备和系统、电梯、扶梯和自动人行道、暖通空调和制冷系统、消防和安防设备、楼宇自动控制设备和其他航空与建筑工业产品
	Airbus Group（空客）	法国	干线飞机、航空维修、培训
	Saab（萨博）	瑞典	战斗机，航空电子、导弹、鱼雷、传感器等
	Finmeccanica（芬梅卡尼卡集团）	意大利	直升机、军机、发动机、航空结构件、维修、卫星通信系统、航天系统等
	DASSAULT（达索飞机制造公司）	法国	军用飞机、民用飞机、公务机
	General Dynamics Corporation（通用动力公司）	美国	湾流系列公务机、水面舰艇、核潜艇、运载火箭、导弹、自主导航、坦克等
发动机	Rolls-Royce	英国	发动机
	SAFRAN（赛峰集团）	法国	发动机及推进系统；光电、导航系统和光学等完整设备；生物技术、智能卡片、身份证件识别技术和出行安保技术；部件，维修
	General Electric Aviation（通用电气）	美国	喷气及涡桨发动机、部件和集成系统制造商、金融
	Honeywell Aerospace（霍尼韦尔）	美国	发动机、驾驶舱、客舱电子设备、飞行和跑道安全、发动机、驾驶舱和客舱电子设备等

产业链分布	公司名称	国家	主 要 业 务
航空材料	Alcoa Defense（美国铝业防卫公司）	美国	美铝创新复合材料解决方案
	Cytec Industries, Inc.（氰特工业公司）	美国	先进复合材料，专用化工和材料
	Castle Metals Aerospace（卡斯特航天金属公司）	美国	钢材加工和配送
	ESI North America	法国	材料及工艺，虚拟制造、虚拟测试、虚拟样机、虚拟环境
	Hexcel Corporation（美国赫氏公司）	美国	碳纤维和复合材料顶级制造商
	Oxford Performance Materials, Inc.（牛津性能材料公司）	美国	超高性能热塑性聚合材料
	RTI International Metals, Inc.	美国	钛金属及特殊金属
航空电子	Allied Telesis, Inc.（安奈特）	美国	以太网解决方案，企业路由器
	BAE Systems（英国宇航系统公司）	英国	电子系统、智能安全，设计、制造军用航天器、船舶、潜艇、雷达、航空电子设备、制导武器系统等
	Celestica Corporation（天弘集团）	加拿大	系统设计、电子硬件设计、软件及韧件开发、嵌入式设计、机械结构设计和线路板布线设计等设计和工程、电子制造服务、供应链管理
	Benchmark Electronics, Inc.	美国	集成电路电子制造供应商
	Cobham	英国	卫星通讯系统和解决方案、电缆组件等
	Computer Sciences Corporation（CSC）	美国	信息技术服务和解决方案，云计算等
	Cryptography Research, Inc.	美国	半导体安全技术
	Cubic Corporation	美国	空中和地面作战训练系统、安全通讯系统

产业链分布	公司名称	国家	主 要 业 务
航空电子	Curtiss-Wright Corporation（柯蒂斯赖特公司）	美国	数据系统、飞行测试等
	Digitalglobe, Inc.（美国数字地球公司）	美国	高分辨率地球影像产品和服务，卫星通讯与导航
	Elbit Systems of America（埃尔比特系统公司）	以色列	视觉系统，电子和光电子系统，指挥、控制、通讯、电脑、智能、监控和侦察系统的设计、开发、制造和整合
	Esterline Technologies	美国	航空电子与控制，传感器、控制，工程材料等
	Exelis Inc.（埃斯特莱公司）	美国	定位、导航、传感器、空中交通管理方案等
	Flextronics International（伟创力）	美国	集成电路组件、柔性电路、航空电子设备、飞行娱乐和收音机等
	HCL America, Inc.	美国	航空电子编程、操作系统等、工程设计
	Jabil Defense & Aerospace Services, LLC（捷普防务和航空航天服务公司）	美国	电子设计，生产和产品管理服务
	L-3 Communications Corporation（L-3通讯公司）	美国	战斗、控制、通信、情报、监视与侦察电子系统
	Meggitt USA（formerly DBA Meggitt Sensing Systems）	英国	传感器和控制技术
	Microsemi Corporation（美高森美）	美国	半导体技术产品，ASIC、FPGA、SoC、分立器件、集成电路、处理器等
	Natel Electronic Manufacturing Services	美国	电子元器件
	Northrop Grumman Corporation（诺斯罗普·格鲁曼集团）	美国	军机、电子系统、集成系统、造船系统

续表6-2

产业链分布	公司名称	国家	主 要 业 务
航空电子	Raytheon Company（雷神公司）	美国	导弹防御系统、通讯、电子战、精密武器
	Plexus Corp.	美国	电子设计和生产测试服务，制造云
	Rockwell Collins（罗克韦尔·柯林斯）	美国	驾驶舱航空电子仪表、机舱电子系统、任务通讯系统和信息管理
	SITA 国际航空电讯集团	美国	航空运输业通信和 IT 服务
	Diehl Defence	德国	飞行控制系统与元件，自 2004 年以来，与霍尼韦尔合作开发飞行控制电子元器件，以及航空电子平台、安全及供应系统等
	Indra（英德拉公司）	西班牙	安全飞行解决方案、导航系统、先进的自动化空中交通管制系统
	Thales Group（泰利斯集团）	法国	雷达、电子系统及仿真系统
部件	Eaton Corporation（伊顿）	爱尔兰	动力，引擎解决方案；燃油与惰化系统；液压系统；运动控制（液压、燃油、密封件等）
	Align Aerospace, LLC	美国	航空标准件集成供应商
	Allfast Fastening Systems, Inc.	美国	铆接件、连接件
	B/E Aerospace, Inc.	美国	客舱内饰
	Cadence Aerospace	美国	金属加工
	Chromalloy（克珞美瑞公司）	美国	涡轮发动机涂料、维修和部件
	Click Bond, Inc.	美国	链接件，紧固件
	CPI Aerostructures	美国	航空器材零配件与组装品的生产、工程设计、项目管理、供应链管理、MRO 服务
	Crane Aerospace & Electronics（美国克瑞航空和电子集团）	美国	传感，动力，刹车，液压等多项产品
	FS Precision Tech, LLC	美国	钛和不锈钢铸件
	FTG Circuits, Inc.	加拿大	印刷电路板 PCB 和精密照明显示系统

续表6-2

产业链分布	公司名称	国家	主 要 业 务
部件	GKN Aerospace（凯基恩公司）	英国	航空结构、发动机部件和特殊产品
	HEICO Corporation	德国	紧固件
	LAI International，Inc.	美国	用于机身部件建造，飞机发动机等部件
	Lord Corporation（洛德）	美国	机械和化工，金属橡胶黏合剂
	Micro-Coax，Inc.	美国	微波电缆和微波连接器类
	Moog，Inc.（穆格公司）	美国	风机控制
	NORDAM	美国	内装及门框、面板、机舱等制造、部件维修
	Rhinestahl Corporation	美国	引擎模具，精密加工，解决方案
	RIX Industries	美国	无油技术和高压力空气压缩机
	Parker Aerospace（派克宇航）	美国	液压、燃油、飞行操控、油箱惰化系统等
	Sparton Corporation	美国	嵌入式系统，射频，激光，光学，传感器和机器人
	Spirit Aero Systems（势必锐）	美国	机身、外挂架、引擎机舱和机翼部件，维修
	The Padina Group（TPG），Inc.	美国	吹塑制品
	Triumph Group，Inc.（特利安福集团）	美国	机身段、方向舵和升降舵
	Woodward，Inc.（伍德沃德公司）	美国	控制器，电子控制系统
其他	3M Company	美国	黏合剂
	PPG Aerospace-Sierracin Corporation	美国	透明组件，包括挡风玻璃、窗户和天篷等、驾驶舱盖、航空涂料、密封胶
航空维修	新加坡科技宇航公司	新加坡	维修
	港机工程	中国香港	航空维修
	AAR Corporation	美国	航空维修、库存管理、航空售后支持、贸易
	汉莎技术集团	德国	AOG 服务、租赁和贸易服务、维修等
	法荷航工程维修公司	法国	MRO 服务

续表 6-2

产业链分布	公司名称	国家	主 要 业 务
航空维修	北京飞机维修工程有限公司	中国	航线维护、飞机大修及喷漆、发动机大修、工程技术、培训、地面设备校验等
	Mubadala Aerospace（穆巴达拉航天航空）	阿联酋	技术服务、技术培训、供应变更管理及传统 MRO 服务，组件与引擎融资解决方案
	Satair Group	丹麦	MRO 集成售后市场解决方案，物流、维修、研讨会
航空咨询	Accenture（埃森哲公司）	美国	管理咨询，技术和外包服务
	C2Technologies，Inc.	美国	培训、战略性人力资源管理、信息技术解决方案
	CADENAS PART SOLUTIONS	美国	3DCAD、部件管理等软件解决方案
	Deloitte Consulting LLP（德勤）	美国	审计、企业管理咨询、财务咨询、风险管理、税务及相关服务
	Ernst & Young LLP（安永）	英国	管理咨询
	ESIS，Inc.	美国	供应链管理
	Exostar LLC	美国	基于云安全解决方案，如供应链管理、协同安全方案
	Harris Corporation（哈里斯公司）	美国	业务服务管理解决方案，基于云环境，从端到端集成，到复杂精细的供应链管理等
	Iron Mountain（铁山）	美国	数据安全，信息管理解决方案
	KPMG，LLP（毕马威）	瑞士	管理咨询
	Oracle 公司	美国	管理软件
	Plex Systems，Inc.	美国	人力、供应、存货、质量等管理系统、制造云平台
	PWC Aerospace & Defense Advisory Services（普华永道航天防卫咨询服务）	美国	管理咨询
	SAP，Inc.（SAP 公司）	德国	企业商务应用、IT 服务、商务分析、云、移动商务和数据库技术提供商
	Verify，Inc.（为易飞集团）	美国	供应商质量、供应链管理和技术支持服务

产业链分布	公司名称	国家	主　要　业　务
航空租赁	Aercap	美国	飞机租赁与金融、资产管理等
	BBAM	美国	飞机租赁、融资和管理等
	SMBC Aviation Capital	爱尔兰	飞机租赁
	AWAS	爱尔兰	飞机租赁
	CIT Aerospace	美国	飞机租赁
	Aviation Capital Group	美国	飞机租赁
	中银航空租赁	新加坡	飞机租赁
	Air Lease Corporation	美国	飞机租赁
航空培训	Flight Safety International, Inc.	美国	航空培训，飞行模拟器，视觉系统和显示器
	EPS Corporation	美国	培训、物流、信息技术与信息管理、工程技术支持等
航空运输/物流	United Parcel Service（美国联合包裹服务）	美国	专业的运输、物流、资本与电子商务服务
安全/其他服务	Allied Barton Security Services	美国	安全服务公司
	Securitas Critical Infrastructure Services, Inc.（塞科利达关键基础设施服务公司）	瑞典	航空领域的安全服务

资料来源：上海科学技术情报研究所收集整理（www. istis. sh. cn）。

表 6-3　全球民用航空重点企业在中国和上海的产业链分布

产业链环节	全球企业数量/家	中国分布企业数量/家	上海分布企业数量/家	上海分布企业名称
研发/工程设计	7	3	2	福陆、Belcan
综合/总装	13	7	4	庞巴迪、德事隆、波音、联合技术
发动机	4	2	3	赛峰、GE、霍尼韦尔
航空材料	7	3	1	氰特
航空电子	28	16	9	安奈特、天弘、CSC、柯斯蒂赖特、伟创力、HCL、捷普、美高森美、罗克韦尔·柯斯林

产业链环节	全球企业数量/家	中国分布企业数量/家	上海分布企业数量/家	上海分布企业名称
部件	26	11	6	伊顿、凯基恩、洛德、穆格、派克、势必锐
其他	2	2	2	3M、PPG
航空维修	8	6	4	新加坡科技宇航、港机工程、AAR、北京飞机维修公司
航空咨询	15	9	8	埃森哲、CADENAS、德勤、安永、毕马威、Orcal、普华永道、SAP
航空租赁	8	4	3	Aercap、SMBC、Aviation Capital
航空培训	2	1	0	
航空物流	1	1	1	联合包裹
安全/其他服务	2	1	1	塞科利达 AB
合　计	123	66	44	

注：1. 本表主要列出的是所有在中国有公司或办事处的企业，包括销售公司。

　　2. 资料来源：上海科学技术情报研究所收集整理 www. istis. sh. cn。

分析可以发现，123 家企业中有一半企业已经在中国经营业务，在国内及上海布局，有不少制造企业将上海作为中国或亚太区总部或者研发中心。相对优势产业链环节为服务环节，如航空维修、航空咨询以及航空电子等方面。长三角地区有航空制造的基础、国家有航空工业振兴的战略，未来随着国内航空产业的发展，航空相关企业的转型升级，零部件制造、研发、总装等领域的合作可期。

6.1.6　军民融合机遇

2005 年 2 月颁布的《国务院关于鼓励支持和引导个体私营等非公有制经济发展的若干意见》（国发〔2005〕3 号）明确提出"允许非公有资本进入国防科技工业建设领域。坚持军民结合、寓军于民的方针，发挥市场机制的作用"，正式开启了包括民营企业在内的各类非公企业参与国防工业建设的通道。随后几年，民营企业参与国防科技工业建设的各种顶层设计得以颁布，特别是 2010 年《国务院、中央军委关于建立和完善军民结合、寓军于民武器装备科研生产体系的若干意见》（国发〔2010〕37 号）（以下简称国发 37 号文）的颁布，第一次明确我国武器装备科研体系建立具备"军民结合、寓军于民"的特点，并将之上升为国家战略和国家行为，大大激发了民营企业参与我国国防科技工业建设的热情。2012年6月，国防科工局总装备部发布了《鼓励和引导民间资本进入国防科技工业领域的实施意见》，鼓励和引导民间资本进入国防科技工业。2013年11月，《中共中央关于全面深化改革若干重大问题的决定》提出，推动军民融合深度发展；在国家层面建立推动军民融合发展的统一领导，需求对接，资源共享，引导优势民营企业进入军品科研生产和维修领域。2017年6月20日，中央军民融合发展委员会主任习近平主持召开中央军民融合发展委员会第一次全体会议，会议强调，把军民融合发展上升为国家战略，加快形成全要素、多领域、高效益的军民融合深度发展格局，逐步构建军民一体化的国家战略体系和能力。2018年10月15日，中央军民融合发展委员会主任习近平主持召开中央军民融合发展委员会第二次会议，就推进军民融合领域立法，抓好《关于加强军民融合发展法治建设的意见》贯彻实施。

航空武器装备作为工业技术最尖端的产品领域，是军民融合发展的重要体现，其零部件研制生产既有一般武器装备生产所具有的资本密集、技术密集、保密要求严、质量要求高的特点，又有生产批量小、产品批次多、系统集成度高、配套体系复杂、技术工艺先进、国际合作壁垒高等自身特点。总的来说，从事航空武器装备零部件科研生产配套是对参与的民营企业工艺技术和加工制造能力要求最高的行业领域。同时，航空武器装备零部件小批量、高价值的特点也为掌握核心能力的民营企业带来良好的经济回报。

6.2　发展基础

20世纪末舟山就与航空结缘，经过多年不断的探索和努力，舟山积累了一些产业基础，也取得了一些重大突破，可以说是具有发展航空产业的独特优势。

6.2.1　硬件基础

（1）机场。普陀山机场是华东地区第一个海岛民用机场，是舟山航空产业发展的基石和核心资源。2017年12月25日，机场旅客吞吐量突破100万人次，正式迈入百万级空港序列，创机场通航以来历史新高。为进一步完善机场基础设施条件，满足快速增长的航空运输量保障需求，并致力于打造具有一定辐射和服务能力的中型国际空港，于 2016 年启动以机场航站区改扩建为核心的总投资约 13 亿元的国际空港建设各项工程，目前新国内航站楼已建成运营，实现航空口岸开放，升格为国际机场。根据《舟山普陀山机场总体规划》，普陀山机场按满足年旅客吞吐量 200 万人次、货邮吞吐量 10000 吨、年起降 25419 架次规划。

（2）航线。舟山普陀山机场航线网络不断拓展优化。目前，有东航、厦航、南航、中联航、山东航、深圳航、福州航、华夏航等航空运输公司在机场运营开展航空运输业务，开通有舟山至北京、上海、天津、济南、青岛、广州、深圳、厦门、泉州（晋江）、福州、西安、成都（上饶）、重庆（南昌）等航线，空中直达航点 18 个，周航班量超过 220 架次，航线网络基本覆盖我国沿海主要城市和京津沪、广深汕佛等经济热点地区，已成为舟山对外开放的重要窗口，充分发挥了机场促进区域经济社会发展的重要作用。今后，普陀山机场还将优化郑州、开通武汉等中部地区航班，全面打通我国西北、西南、中部大通道，使机场航线网络基本覆盖国内主要城市；开通中国香港、中国台湾、日韩和东南亚等国际和地区航班、打造国际空港，服务波音项目和航空产业园发展，有效提升城市的综合竞争力。

普陀山机场航线图如图 6-3 所示。

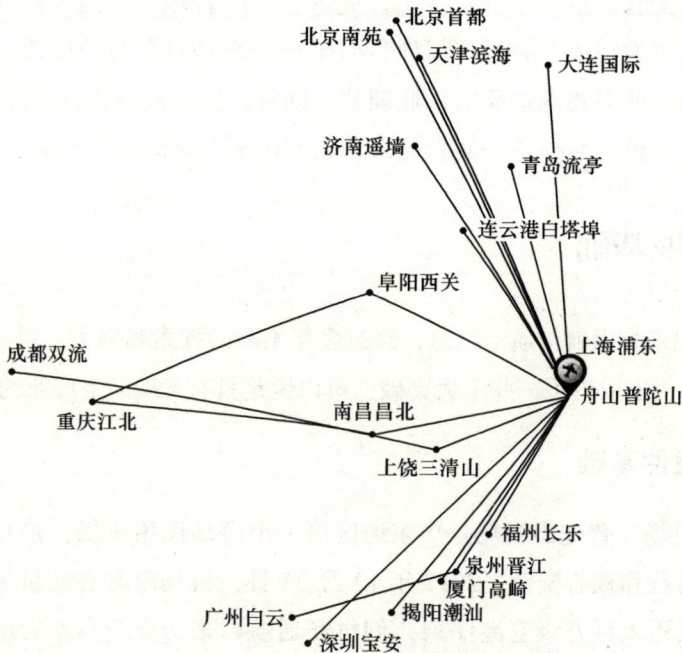

图 6-3　普陀山机场航线图

（3）空域。空域条件是除港口条件以外的另一个重要因素，2006 年空客 A320 系列飞机总装线之所以选址天津，港口和空域条件也是其重要原因。因为建设飞机总装线必须要有开阔的跑道及试飞空域以满足飞机试飞的要求。舟山在波音项目交付试飞方面，联合多部门进行协调，并与军方达成了一致意见，联合成立安全监管领导小组，共同推进航空口岸开放。国家口岸办也已基本完成对公安部、民航局、海关总署等 5 家部委意见征求。试飞空域划设方面，已得到军方、民航各级等各方的大力支持；华东空管局已与波音公司、中国商飞、航空产业园管委会就试飞空域飞行方法和具体管制要求进行了深入协商，取得了一定成效。

通航低空开放方面，舟山目前拥有东极、嵊泗列岛上空共计 2000 平方公里的报告空域，是长三角地区面积最大的试点开放低空空域，具备开展通用航空的要素条件，如空域、机场、起降点等基础设施，具备开通通用航空作业飞行、航空旅游、飞行培训、试飞等活动的条件。近年来，舟山充分利用新区良好的区位优势、低空改革试点优势和机场保障条件，积极推进通航产业发展，通航产业集聚效应逐步显现。

6.2.2 软件基础

（1）政策支持。2016 年 10 月 28 日，波音 737 完工和交付中心落户浙江舟山发布会暨签约仪式，在省人民大会堂举行，百年波音的首个海外工厂花落舟山。该项目包括两个主要部分：一个是波音公司与中国商飞合资的波音 737 飞机完工中心，另一个是波音公司独资的 737 飞机交付中心。根据计划，合资公司将开展 737MAX 系列飞机内饰安装、涂装、试飞、维修维护、交付等工作，实现完全产能时一年交付 100 架飞机，创造 2000 个就业机会。波音 737 完工和交付中心的建设，对于吸引波音后续项目总装线及一大批通用航空、零部件配套企业进驻或靠近舟山航空产业园具有重大影响，预测年带动相关产业的产值可达到千亿级别，将提升区域辐射能力，为舟山航空产业的发展提供核心发展动力，从而实现航空产业促进舟山产业结构升级、带动周边区域发展。

为支持加快航空产业的健康发展，2017 年以来，民航局、交通部、工信部等出台了一系列支持政策，舟山市也积极规划建设航空产业基地，将发展航空产业视为优化升级地区产业结构、转变经济发展方式的重要途径。为此，舟山市出台《关于扶持航空产业发展的若干意见》，精准对接契合项目需求、精准服务支持企业发展、精准施策助推招商引资，成立航空产业投资平台，设立航空产业发展子基金，鼓励引导各类社会资本、金融资本投入航空产业。

（2）旅游基础。航空业和旅游业是两个密切相关的产业，旅游业的发展、旅游人数的增多、旅游地点的拓展直接推动着机场建设、航线拓展、航空制造。在世界通用航空领域内，观光旅游是除交通运输外，直升机的第二大应用领域，全球通用航空飞行小时的45%都是由低空旅游产生的，可以说旅游业对航空产业的带动力是很大的。舟山旅游业的快速发展为航空运输业的快速增长贡献了客源市场，也催生航空运输业的发展。经济高速发展的长三角地区人民生活水平大幅提高，消费能力日益增长，航空旅游相关的配套产品能满足民众对旅游体验的更高要求，同时也将对舟山旅游经济起到极大的促进作用。

近年来异军突起的低成本航空，很大程度上就是旅游业发展催生的产品。舟山岛际航空旅游发展较早，2002年即成立了舟山岛际航空服务有限公司，目前，除普陀山机场外，还有分布在嵊泗、东极、桃花、岱山、衢山等地的6个直升机起降点，有直升机以包机形式在朱家尖—嵊泗和朱家尖—东极两条航线上运营。

6.3　现实差距

6.3.1　国内外比较

在航空发展的百年历程中，美国一直是全球航空产业的领军者，同时一直雄踞全球航空产业第一大国，无论是国内航空还是国际航空，航空客运还是航空货运，民用航空还是通用航空，航空枢纽建设还是民航运营管理都已经相对成熟，而且产业形态和竞争业态都已经基本成型。与美国相比，中美航空市场的发展阶段和特征不同，当前中美两国航空市场的规模差距在20年左右，中国民航的发展是追赶型模式，美国是创新型发展模式，美国航空产业的创新发展经验是中国民航赶超的鲜活样本和典型标杆。

以航空制造业为例，众所周知，航空制造是高技术、高投入、高风险、高收益、产业要素高度集约的行业。近些年来，我国航空工业取得了长足的进步，飞机制造能力有了很大的提高，但是我们与世界航空工业的先进水平还有不小的差距，不仅在飞机设计理念方面，更多的是在基础材料研究和制造工艺等航空制造技术方面。航空制造是制造业中高新技术最集中的领域，属于先进制造技术。计算机技术的不断发展，精益生产等许多新理念的诞生，使得飞机先进制造技术处于不断变革之中，传统技术不断精化，新材料、新结构加工、成形技术不断创新，集成的整体结构和数字化制造技术构筑了新一代飞机先进制造技术的主体框架。而我们航空制造业目前恰恰在航空基础材料以及制造工艺技术上与先进国家存在较大的差距。

（1）在航空材料方面。航空制造有自己的特点，强调产品的高性能、高质量，尤其是飞机的减重工作是一个重点，飞机产品都是以克来计算的，因此航空材料是航空产品的物质基础，也是使航空产品达到人们所期望的技术性能、使用寿命与可靠性的技术基础。我国用以制造航空产品的材料经历了引进、仿制、改进、改型和自行研制的发展历程。我国已定型生产的航空材料及其相应的标准与规范，基本上能满足第二代航空产品批量生产的需求。针对第三代航空产品所需关键材料，如热强钛合金、高强铝合金、超高强度结构钢不锈钢、树脂基复合材料、单晶与粉末高温合金等，从技术上看，也已具备试用条件。但我国航空材料的现状与新一代航空产品对材料的需求之间尚存在较大的差距，尤其是对第三代和第四代航空产品所需的一些关键材料，如快速凝固材料、高强轻质结构材料、热强钛合金、超高强度钢金属间化合物及以其为基的复合材料、树脂基复合材料等的研究，我国还比较滞后，与国外先进新材料研制水平的差距为 15~20 年。

（2）在航空制造技术方面。在航空制造工业中，需要加工各种结构复杂的零件，如飞机蒙皮、整体机匣、叶片、叶盘以及各种形状的机载部件等，这些飞机零部件材料大多为钛合金和高强度耐热合金等，形状复杂异形，加工比较困难，并且加工要求精度高、稳定可靠且具有高柔性。近年来，民航客机上还出现了一种利用超大型整体机翼结构零件代替机翼组件甚至部件的结构，这就给零件加工提出了更大的挑战。要想满足航空零件加工的上述要求，必须应用数控加工技术才能解决。在 20 世纪 90 年代中后期，许多飞机制造商添置了先进的多坐标高速数控铣和加工中心用于铝、钛、钢等材料的各种整体结构件加工。高速切削加工技术对机床、刀具、控制系统、编程等都提出了更高的要求。发达国家对高速加工的配套技术研究和应用作为一个系统工程来看待。而我国航空制造业却过于重视高速加工设备，对高速切削加工技术的重视度不够。

（3）飞机研发方面。美国 NASA 下设 9 个研发中心和实验室，在空气动力、材料学、航空电子和发动机技术等方面有着深厚的技术储备底蕴；波音707 所采用的各种材料、设备、技术，都是业已成熟、且有多种选项备份的，且其发达的制造业水平和特种材料加工能力，保证了大飞机造得出、跟得上。与之相比，中国航空的技术储备薄弱，研制运－10 时，全机 14 个大系统 435项成品、附件，竟有 305 项需要从头研制，最终直接拆借了 58 件国外现成设备（包括波音 707 的备用发动机）才飞上天。

总之，与国外对比来看，我国民用航空产业发展起步较国外晚，航空产业园、航空城也尚属建设阶段，布局分散，产业集群化有待进一步提升；产、学、研联系不够紧密，人才、技术方面存在劣势；自主创新能力有待加强。这些导致我国航空产业整体的集群效应和竞争力较为薄弱，是制约我国民用航空产业深远发展的重要因素。而国外民用航空产业集群化程度好，航空制造寡头企业的竞争与合作形成了航空产业的集聚和产业转移，航空产业的集聚和转移带动研发、教育、设计、工业配套和物流、商贸、金融等现代服务业的集聚与发展，从而把以航空制造为起点的地区逐步发展成为以航空制造为特色，各产业协调发展的航空城和产业化园区。

6.3.2　舟山差距

（1）机场规模不大。2017 年，舟山普陀山机场年旅客吞吐量达到 102.3万人次。按民航标准，年旅客吞吐量 100 万～200 万人次的机场属于干线机场，但与同属于干线机场的其他省会机场相比，普陀山机场规模明显偏小，充其量也只能算"小干线"机场。然而，与吞吐量在 50 万人次以下的支线机场相比，又算得上是"大支线"机场。正是因为处于支线机场到干线机场的过渡层，向上难以与其他干线机场形成有效竞争，向下未能纳入支线机场政策扶持范围，发展较为艰难。表 6-4 为几个机场的基本情况比较，由于与北京首部机场、上海浦东机场、广州白云机场、深圳宝安机场等相比，普陀山机场的差距太大，不具可比性，因此本书选择了几个航空产业发展尚可的省，将其与舟山进行比较。从表中可以看出，普陀山机场在航站楼面积、飞行区等级、机位数量、航线数量方面都处于比较低的水平，距离国内先进水平还有较大差距。

表6-4 机场基本情况表

机 场	成都/双流	西安/咸阳	天津/滨海	沈阳/桃仙	珠海/金湾	舟山/普陀山
航站楼面积/万平方米	50	35	36.4	24.8	9.16	2.8
飞行区等级	4F	4F	4F	4E	4E	4D
机位数/个	178	127	59	47	23	10
运营航司/家	55	53	47	41	29	10
航线通连城市/个	191	184	143	102	62	18
直飞通连城市/个	168	167	121	93	53	16
经停通连城市/个	58	55	49	36	22	3

　　机场规模小、航班数量少、密度低导致航线收益率低，航空公司出于利益考虑则会将主要运力投放于大型枢纽机场，从而导致枢纽机场航班时刻紧张，接近最大饱和容量，而处于过渡层的普陀山机场则客源较为单一。与此同时，因各大航空公司在航班时刻申请方面的垄断性，小航空公司难以进入，加之业界常规每30万人次编排一个航班进入机场的标准，造成机场即便有客源也无运力局面，发展空间严重受限。表6-5是2017年机场运营情况比较，从表中可见，与成都、西安、天津、沈阳、珠海等城市机场相比，舟山普陀山机场在旅客吞吐量、货邮吞吐量、起降架次方面均不如其他几个机场。

表6-5 2017年机场吞吐量比较（名次指在全国机场中排名名次）

机 场		成都/双流	西安/咸阳	天津/滨海	沈阳/桃仙	珠海/金湾	舟山/普陀山
旅客吞吐量/人次	名次	4	8	19	24	36	84
	本期完成	49801693	41857229	21005001	17342626	9216808	1023039
	上年同期	46039037	36994506	16871889	14967228	6130384	800877
	同比增速/%	8.2	13.1	24.5	15.9	50.3	27.7
货邮吞吐量/吨	名次	5	14	13	18	42	160
	本期完成	642872.0	259872.5	268283.5	159117.1	37379.0	196.8
	上年同期	611590.7	233779.0	237085.2	155769.4	31511.6	319.1
	同比增速/%	5.1	11.2	13.2	2.1	18.6	-38.3
起降架次/架次	名次	6	7	18	25	41	76
	本期完成	337055	318959	169585	127387	74694	22395
	上年同期	319382	291027	143822	115164	61400	21359
	同比增速/%	5.5	9.6	17.9	10.6	21.7	4.9

（2）产业规模偏小。制造业是舟山的优势产业之一，为了应对国际航运形式的低迷，近年来舟山众多制造类企业进行了转型升级。当前，以海洋电子信息产业为代表的海洋战略性新兴产业发展势头迅猛，形成了以车船仪器仪表、软件和信息服务业为主的海洋特色产品，为航空机载设备、航空电子信息产业提供了有力支撑。表6-6是对舟山航空配套企业的汇总，在波音项目入驻舟山前这些企业生产的产品已经在航空领域得到了应用。

表6-6　舟山航空配套企业汇总

序号	企　业	产　品	供　应　商
1	炜驰机械	铝钛合金加工件	商飞
2	岱山飞舟	碳纤维织物	航空46所等航空企业
3	舟山岱美	轻量化座椅	商飞
4	定海7412工厂	紧固件、弱电线缆（以汽车为主）	计划应用于航空领域
5	沈家门海洋生物工业园区正源标准件公司	紧固件	部分产品已进入美国市场
6	定海临城产业园中裕仪器	北斗卫星通讯终端	应用于无人机
7	海山密封材料公司（岱山）	密封件产品	无人机

随着国家和浙江省对航空产业的大力支持，借助波音项目的东风，舟山航空制造配套企业的活力被充分激发。舟山市也出台了加快航空产业发展的优惠政策，积极鼓励本土企业做大做强，采取合资、合作等形式融入波音供应链。但是，我们也需要清醒地认识到，现有航空配套企业仍然存在数量少、价值低、实力弱的特点，缺少带动作用强的航空产业基地和企业，产业辐射带动能力亟待提升。舟山岱美等部分企业产品在航空领域虽已得到应用，为中国商飞、中航产业、无人机企业提供配套，但以零件级基础配套为主，产品附加值低，缺乏专业技术与行业影响力。尤其是舟山的众多企业仍以船舶修造、水产品加工、海洋交通运输等传统产业为主，尚未转型升级成功。

航空产业具有专业性强、产业链条长的特点，舟山目前非常缺乏主机集成企业，核心部件制造、维修保障、航空运营、研发设计等上下游环节也不多，航空产业链体系尚待构建。新兴产业发展相对滞后，技术资金密集型产业相对薄弱，缺乏高端制造业的产业基础，高新技术产业和以知识为基础的服务业增加值占GDP比重较低等问题仍将是未来一段时间困扰舟山的重要问题。

　　通航方面，目前舟山通用航空产业具有一定的基础，但除中信海直、飞龙通用航空等大型通用航空公司有维修基地和维修能力外，其他私人飞机和新成立的通用航空公司都普遍缺乏这方面的能力。通用航空虽已初具规模，但由于低空开放等发展政策不落地，目前主要以海洋监测、海上平台作业服务、紧急救援等飞行作业为主，相关产业链延伸并不明显。总体来看，通航产业处于起步阶段，航空制造领域相关从业组织和企业较少，产业基础薄弱。

　　（3）人才极度缺乏。航空产业是高科技产业，需要强大技术力量的支撑，研发设计、航空制造、航空维修、管理培训、运营保障和延伸服务等领域都需要专业化的人才队伍。从 2010 年开始，我国客机的数量平均每年增长 11%，截止到 2017 年我国客机数量超过 2800 架，占世界客机总量的 13%。据世界飞机租借公司 Avolon 预测，未来十年我国航空公司还需增加 3200 架飞机才能满足国内庞大的用户需要。按照民航业惯例，每增加一架飞机，行业平均增加 500 名员工，由此推测未来我国民航人才缺口很大。

　　舟山没有航空类专业高校，也缺少专业的航空类研究院，仅有浙江国际海运职业技术学院、舟山旅游与健康学院开设了航空相关专业培养人才。本身的科研力量相对薄弱，加上高层次航空技术人才的储备不足，又缺乏国家级大型研究院所的支撑，导致航空人才的数量和类型距离市场需求尚有很大差距。我国正处于从"民航大国"向"民航强国"的转变过程中，国内航空业飞行员、工程师、研发、运营、项目管理等岗位的人才都很缺乏，尤以有 10 年以上工作经验的高端人才需求度最高，而民航业的人才引进相对独立甚至闭塞，国内各地人才争夺形势又非常激烈，导致舟山航空产业人才缺乏的难题短期内难以破解。

　　通航方面，针对低空旅游行业专业人才也严重不足。现在航空领域通航市场火爆，各地纷纷大力发展通航产业，带来了很大的人才需求。目前，全国仅有 7 家 141 部飞行训练学校，26 家 61 部飞行训练机构，绝大多数训练规模比较小，远不能满足市场的需求。培训机场及飞行教员匮乏，培养一个合格的航空人才需要一个较长的周期，种种因素导致低空旅游产品设计、市场营销、客户服务标准化作业流程、系统开发管理等专业人才都比较缺乏，影响运营模式及项目落地，难以满足舟山航空产业快速发展的需求。

　　（4）土地资源短缺。土地是开发建设的核心要素，舟山由众多群岛组成，由于岛上多山，为了保证生活用地，大量工业用地需要开山和围填海来解决，不但增加成本，还容易对生态平衡造成破坏，所以土地资源紧缺一直是制约舟山经济社会发展的瓶颈。舟山发展航空产业的主要区域在朱家尖，用于机场和园区建设需要较大的土石方量与填海工程，成本高、难度大。如朱家尖的飞机制造园区，规划用于航空制造、航空运营、保税物流、航空培训及科研、旅游配套等产业，规划面积约 7.88 平方公里。从当前规划面积 7.88 平方公里（11820 亩）来看，根据舟山市土地利用总体规划，不符合规划部分面积 4953 亩，其中涉及永久基本农田 890 亩。共有耕地 4575 亩，涉及标准农田 3624 亩。土地权属关系复杂，分属海投、市国资、大桥局以及私有，还有普陀区国资 2490 亩和村集体所属养殖塘 821 亩。

（5）航空服务能力不足。当前，舟山在推进营商环境建设、"最多跑一次"改革等方面取得了明显成绩，在贸易投资便利化上更是走在全国前列，然而在航空产业上，空港经济还处于起步状态，开放型经济发展形成新格局还没有形成，城市国际化水平有待提升。航空产业的"单一窗口"建设不到位，口岸服务水平层级较低，大通关建设和口岸开放机制没有形成，海关、海事、边检、检验检疫 4 个涉外窗口对口岸服务上还未形成统一受理、电子申报、并联审批，与口岸监管部门共同协作的机制没有形成，口岸服务窗口受理效率还不高等。与口岸经济相适应的基础设施建设还相对滞后，尚未形成以贸易为龙头的口岸产业体系，航运交易、商贸会展、支付结算、海上保险、租赁信托等高端服务功能缺乏，引领口岸发展的龙头领军企业少。由于航空产业是一个外来嵌入产业，舟山本身没有行业基础，没有相应的专业团队服务，航空租赁专业协会。这些行业性组织的建设对舟山航空产业的监管、行业自律、协调和资源汇集都起到积极作用。

（6）政策环境有待优化。随着航空产业的发展，舟山支持航空产业发展的配套政策又十分欠缺，主要表现为：一是民航法规对外国民用航空器的国籍登记及在境内的飞行审批制度上存在限制。二是民航法规对企业经营飞机维修业务以及维修管理人员的资格认定上存在限制。三是民航法规对通用航空企业（包括中国企业和外国企业）的经营许可、维修业务的经营许可，以及通用航空飞行活动的开展方面存在限制。四是航空器及相关货物的通关程序存在限制。五是航空修法涉及民航局、海关总署、国家质检总局等多个中央职能部门，事权交叉，存在法规政策"碎片化"等。六是开展融资租赁业务的资质缺乏，尚未落实租赁企业税收优惠、资金鼓励等相关政策。

7 市场分析

7.1 航空供给市场分析

7.1.1 航空供给市场的经济特性

7.1.1.1 航空市场供给的自然垄断性

（1）规模经济性。自然垄断的基本特征是指在一定的产出范围内，随着生产规模的扩大，单位产品的成本不断减少。航空业一直被认为是自然垄断行业，一个重要原因就是由于航空业典型的规模经济性。

航空公司在提供航空运输产品时，飞机利用率的提高会降低固定成本，规模经济在不断扩张的航线网络中的直接表现就是总成本的降低和平均成本曲线的向下倾斜。

此外，航空运输市场表现出明显的密度经济效应。单位时间内同一航线上的航班密度的增大有利于巩固航空公司在某一区域内的优势，如果航班密度不足，那么旅客出行需求就缺乏足够的市场供给，客货源就会流向其他公司甚至其他交通方式。反之，一条航线上航班密度的增加会及时转化潜在出行需求，逐步稳定顾客群，进而继续巩固航空公司区域市场占有率，航空公司也会获得更大效益。

可以说，规模经济效应为密度经济效应提供了条件，同样密度经济也会进一步扩大航企规模，促进航空市场良性循环发展。

（2）范围经济性。范围经济即由成本次可加性产生的多产品联合生产的经济性。次可加性是指当存在多个企业可生产多个产品时，如果单一企业生产所有产品的总成本小于多个企业分别生产的成本之和，企业的成本方程即为次可加。简言之，就是在具备范围经济性的产业中，单一企业生产多个产品较之多个企业分别生产更为经济。

在航空运输市场，我们可以以航线为标准对产品进行分类，即航企在不同航线的服务视作不同类产品。那么，在多条航线上均可提供航空运输服务的航企将更为充分地发挥范围经济，航企拥有更多条的航线经营权是对市场占有范围的扩大，可以避免潜在旅客在有不同需求时流失；其次，多条航线经营可以使企业拥有一定的区域定价能力，在单个航线上短期亏损可以通过其他航线进行弥补，增强抗风险和竞争能力；再次，经营范围的扩大促进了企业规模的扩张，有利于企业发挥规模经济效应。

（3）网络经济性。在航空运输市场中，随着通航城市数量的增加，会在一个或多个区域性市场之间产生网络结构。在此网络内，任意两点直接都可建立联系，因此网络结构提高了城市之间的通达性，也存进了市场容量的不断增长，从而使整个产业总成本减少，这就是网络经济性。

虽然就单个城市而言，无法实现与每一个城市的直接通航，但由于航空运输市场网络结构的存在，可以通过网络核心城市或其他结构形式建立间接的联系，进而产生一个或多个中转城市为核心的区域性航空市场。

7.1.1.2　航空市场供给的沉没成本分析

由于航空市场的规模经济、范围经济和网络经济效应特性，进入航空产业需投入大量资金才能获得足够的规模体量来发挥相关经济效应。另外，航空运输资产具有高强专用性，投资形成后一旦移作他用，便会大幅贬值，因此，航空市场供给的另外一大经济特征就是大量的沉没成本。由于沉没成本数额巨大，一旦发生市场内恶性竞争，其损失也是巨大的。

7.1.1.3　航空市场供给的普遍性与竞争性

作为一个交通方式，航空运输产品是为了满足客货的位移需求，但是对于一个国家，航空产品供给的意义远大于此，还承担着国家安全、外交等社会责任。因此，航空运输产品供给的稳定性和持续性比一般商品更为重要，也是航空运输产品普遍性的成因。

随着社会经济的不断发展，航空运输需求不断扩大，航空市场也呈现出更多的竞争性特点。主要表现在以下几个方面：

（1）需求的增长和技术的进步。我国经济的持续增长带来消费者可支配收入的增加，这也为大众购买航空产品提供了可能性。同时，生活质量的提高使旅游市场日益活跃、跨区域的商务活动更加频繁，都在很大程度上拉动了航空产品需求。生活节奏的加快也使得大众对于时间的要求提高，追求快捷服务减少旅途时间浪费也成为消费者最新的消费偏好，因此，航空产品在各类运输产品中的优势愈加凸显。需求偏好的变化与大众购买力的提高，使航空产品有效需求极大发展，民航产业不断趋向"可竞争性"。

（2）航空市场结构变化。网络效应的不断发展使民航市场结构趋于分层竞争，区域市场内部竞争、区域市场之间竞争、干线与支线相互补充为航企在市场找到自己定位，参与分层竞争创造了条件。

（3）资源约束力减弱。随着航空技术的不断发展，基础设施设备不断完善，特别是空管技术手段的改进，使得航线资源对于航空企业经营约束力不断减弱，同一航线可容纳的航企数量不断增加，加剧了航空市场的竞争性。

（4）全球航空市场竞争。随着我国民航市场开放的不断推进，双边航空协定在未来必将成为自由化的主要实现形式，国外航企的进入也势必会增加航空市场的竞争性。

7.1.1.4　我国航空供给市场的管制

A　我国航空市场供给管制现状

政府管制是指政府利用行政强制力对市场进行直接或间接的干预。航空产业由于其明显的自然垄断性，同时又承担着国家安全、外交等社会责任，非常自然成为国家管制的对象。虽然我国航空市场经过了30年市场化改革，理顺了政府管理部门与航企之间的关系，但在本质上航空市场结构形成的基础仍然是政府管制，航企在市场中并未成为完全拥有自主经营权的主体。

（1）企业进入与退出管制。我国民航总局对于航企实施严格的进入和退出管制，设立航空公司应具备规定的符合安全要求的航空器、有一定数量的持照专业人员、有最低注册资本和其他法定条件。这在技术水平和资金规模上较好地筛选了潜在进入者。同时，航企在退出时也要受到严格的退出管制，再加上航空运输产业的公共性，虽然航企经常面临亏损，但还是会最大程度被保留在航空市场上。

（2）航线进入与退出管制。我国民航市场航线经营权与航班起降时刻资源均有民航局行政命令确定，航企向民航局申请到航线经营权后无需支付额外费用，这种管制措施很大程度上避免了过度竞争，也造成了航线审批标准难以量化等问题。

（3）价格管制。航空运输产品由于其公共性，其营收项目由民航主管部门确定，国内航空公司运价有民航主管部门与物价主管部门共同制定。我国航空市场运价实行幅度管理，即只规定票价的上限和下限，航企可在此范围内自主定价，目前来看，这种管理措施在避免了恶意竞争的同时，也给予了航企很大的自主权。

（4）投资管制。我国航空运输业中，国有航空公司和机场占有绝对优势地位，中航油、中航信和中航材三家企业各自垄断了航油、计算机订座系统和航材市场。2002 年后，民营资本逐步进入了航空运输市场，无论在航空公司还是机场投资中，民资的表现可圈可点，但整体而言，由于行业特殊性，我国航空市场产权结构仍稍显单一，企业行为多具有浓厚行政色彩。

B　我国航空市场管制分析

我国航空市场的严格管制，已经出现了管制失灵现象，主要表现在：航企的低效率、产品成本过高、服务意识不足和缺乏抗风险能力。产生这些现象的原因主要有以下几个方面：

首先，政府管制边界应由市场失灵的边界确定，这也是政府管制的参照。但是由于市场的波动性和复杂性，市场失灵通常没有明确的边界，政府在判定时无法产生一个量化的标准，只能依靠主观判断，因此在既得利益影响下会有扩大管制的倾向性，会侵占应由市场发挥作用的领域，成为影响经济发展的阻碍。

其次，由于航空产品的公共属性，我国航空市场的管制更重结构而轻组织，造成市场发展的不协调。如在组建三大航及地方航空公司时，以行政命令进行重组而非通过市场选择的方式实现。这种方式虽然提高了重组效率，但仅仅完成了简单的运输单元组合，无法对航空市场结构产生实质性的影响，依然需要市场慢慢进行再整合。

7.1.2　我国航空供给市场预测

7.1.2.1　行业增速将受到严格限制

随着我国航空市场的发展，原有市场结构已经出现与现有需求量的不匹配。截至 2017 年底，全国民航运输机场完成旅客吞吐量 11.48 亿人次，民航全行业运输飞机期末在册数 3296 架；共有运输机场 229 个，比上年底增加

11 个；共有定期航班航线 4418 条，航线里程达到 1082.9 万公里。我国部分区域航空设施设备当前正面临前所未有的安全运行压力：空管系统日均保障国内外航班 14000 架次，北上广三大区管中心日均处理航班均超过 5500 架次，首都机场最短间隔 49 秒起降一个航班，空域繁忙、航路航线飞行密度过大成为航空市场的"新常态"。

2018 年 9 月民航局发布《民航局关于发布把控运行总量调整航班结构，提升航班正点率若干政策措施的通知》，要求针对当前大部分机场高负荷运行、航班准点率的情况，从总量控制和结构两方面调整。

关于把控运行总量调整航班结构提升航班正点率的若干政策措施对繁忙机场尤其一线机场的总量和结构控制将深刻影响行业供给结构，主要体现在扩大协调机场时刻名单和协调时刻范围两方面。

机场时刻增长以安全运行和准点率达标为前提，要调整机场容量首先要满足两个条件：一是最近一年内未发生机场、空管等原因导致的严重不安全事件；二是最近一年内，机场航班放行正常率至少有 9 个月不低于 80%。反之，对于准点率较低、保障能力不足的机场将减少容量。

此外，对四个枢纽机场航班结构实施更为严格的把控。首都机场、浦东机场、虹桥机场、白云机场的定期国际航班按照双边航空运输协议和有关协议正常办理，但严格把控国际加班包机审批，四个机场航班时刻也将优先于国际航班起飞。三个城市之间不再增加新的航空承运人进入市场，且不再新增这四个机场与旅客吞吐量低于 200 万人次的支线机场之间的航线。

根据政府管制要求，可以预见未来增长的机场可以概括为以下几类：一是产能扩建机场，二是中西部放行率和安全达标机场，三是部分东部放行率和安全要求达标的支线机场。

除机场外航企的运力引进是另一个重要因素。从当前上市公司披露的数据来看，2018 年三大航及春秋航空、吉祥航空的合计运力增速约为 7.5%，较 2014~2017 年有明显下降。根据数据显示，截至 8 月底，民航运输飞机在册的为 3141 架，其中客运飞机数量是 3002 架，从数量上看，三大航外航空公司飞机数量占比近 1/3，但增速远远高于三大航。供给侧改革背景下，由于政府的进入管制，小航空公司和新进入的航空公司将处于不利地位，这些航企也会主动调节运力引进数量，因此，整体上航空市场供给增速也会放缓。

主要上市航空公司运力引进见表7-1。

表7-1 主要上市航空公司运力引进

公司	运力绝对值					同比值			
	2014 年	2015 年	2016 年	2017 年	2018 年	2015 年	2016 年	2017 年	2018 年
国航	519	567	301	639	672	9.2%	6.0%	6.3%	5.2%
南航	602	653	688	744	803	8.5%	5.4%	8.1%	7.9%
东航	485	526	572	627	679	8.5%	8.7%	9.6%	8.3%
春秋	46	55	66	77	83	79.6%	20.0%	16.7%	7.8%
吉祥	41	55	65	83	94	34.1%	18.2%	27.7%	13.3%
合计	1693	1856	1992	2170	2331	9.6%	7.3%	8.9%	7.5%

数据来源：公开资料整理。

7.1.2.2 供给侧改革进入实质阶段，航空市场供给缩紧

在供给侧改革大背景下，航空市场航班计划增速下滑（见表7-2）。根据数据显示，2017/2018 年冬春新航季日均航班计划量约 14460 班，同比 2016/2017 年冬春航季增长约 5.7%，增速较 2016/2017 年冬春航季的 8.6%，下滑超过 3 个百分点。预计未来对航季之内增加航班以及加班航班的审批也会更加严格，实际航班量的控制会更加严格。

表7-2 航季航班增速比较

项 目		总量	国内航班	国际航班	地区航班	外航航班
航班总量	17/18 年冬春	102716	80538	10268	1614	10296
	17 年夏秋	102385	80481	10324	1594	9986
	16/17 年冬春	95283	74410	9842	1558	9473
	16 年夏秋	95145	74452	9406	1846	9541
	15/16 年冬春	88025	68442	9262	2805	8516
日均航班量	17/18 年冬春	14674	11505	1467	231	1471
	17 年夏秋	14626	11497	1475	228	1427
	16/17 年冬春	13612	10630	1406	223	1353
	16 年夏秋	13606	10636	1344	264	1363
	15/16 年冬春	12575	9777	1323	258	1217
同比/%	17/18 年冬春	7.8	8.2	4.3	3.6	8.7
	17 年夏秋	7.5	8.1	9.8	-13.7	4.7
	16/17 年冬春	8.2	8.7	6.3	-13.7	11.2

项　目		总量	国内航班	国际航班	地区航班	外航航班
环比/%	17/18 年冬春	0.3	0.1	-0.5	1.3	3.1
	17 年夏秋	7.5	8.2	4.9	2.3	5.4
	16/17 年冬春	0.0	-0.1	4.6	-15.6	-0.7
	16 年夏秋	8.2	8.8	1.6	2.3	12.0

数据来源：根据航空公司时刻排班表等公开资料整理。

　　根据各航企网站披露的排班表数据来看，由于航空市场的季节性，尽管夏秋排班计划增速较快，但主要原因是供给改革导致航空公司短期内无法迅速对运力引进计划做出调整，同时大多数机场的航线利用率仍有提升空间，可以消化部分供给剩余。

　　整体来看，未来航班时刻进入管制将持续收紧，供给侧改革影响将逐步凸显。航空企业要在市场投放更多产品供给，只能通过增加原有航线执飞率进行。在航班正常率与运行质量未达到预定目标前，航空市场供给管制不会放松，因此，未来几年内，供给侧改革进入实质阶段，航空市场供给将缩紧。

7.1.3　航空供给市场变化对舟山的影响分析

7.1.3.1　客机供给市场竞争加剧，舟山波音完工中心成为取得中国市场优势关键

　　在供给侧改革不断深入的市场背景下，各航空公司也面临着由前几年数量上的高速发展转向质量提升。在运力的引进上，也会比以前更为慎重。当前的客机供给市场，处于美国波音和欧洲空客的双寡头垄断之下，两家公司占据80%以上的市场份额，中国商飞将直接面对波音和空客同等机型的直接竞争。在中国市场，波音已经由最初的一家垄断到现在同空客市场份额持平。截至 2017 年末，国内共有来自 6 家制造商的 3261 架飞机，其中空客 1533 架，占 47.01%；波音 1565 架，占 47.99%；巴航工业 102 架，占 3.13%；庞巴迪 32 架，占 0.98%；航空工业 25 架，占 0.77%；中国商飞 4 架，占 0.12%。

　　空客进入中国市场较晚于波音，在天津总装线投产之前，空客用了 25 年时间在中国市场销售了 500 架飞机，但自 2009 年天津总装工厂生产出第一架飞机后，空客仅仅用了 5 年时间就在中国卖出了 500 架飞机。特别是在宽体

机市场，空客共计 222 架，占比为 55.36%；波音 179 架，占比 44.64%，实现了对波音的反超，见表 7-3。

2018 年，空客天津 A320 总装线将开始提高产能。增加单通道飞机交付速度，波音也需在对应竞争机型 B737 上提高交付速度，否则在空客生产线提速的情况下，可能影响其在客机供给市场的竞争力。二者供给能力见表 7-4。

表 7-3 2017 年度中国民航机队引进变动情况及机队数量

公司	引进	变动	净增	机队总数	319/320/320N/321	332/333	733F/737/738M/739ER	757F/767F/77W/789	其他厂商
南方航空	50	-24	26	545	18	7	25	0	0
东方航空	54	-17	37	487	27	7	16	4	0
国际航空	32	-13	19	387	10	4	9	9	0
海南航空	37	-5	32	210	0	3	25	9	0
深圳航空	13	-4	9	180	6	2	5	0	0
厦门航空	21	-8	13	158	0	0	18	3	0
四川航空	13	0	13	132	12	2	0	0	0
山东航空	15	-4	11	111	0	0	15	0	0
上海航空	10	-2	8	95	0	0	10	0	0
天津航空	20	-21	-1	87	11	2	0	0	9
春秋航空	10	0	10	76	10	0	0	0	0
首都航空	7	-1	6	75	7	2	0	0	0
吉祥航空	11	0	11	67	11	0	0	0	0
祥鹏航空	6	1	7	44	0	1	5	0	0
顺丰航空	5	0	5	41	0	0	1	4	0
中联航	9	-3	6	39	0	0	9	0	0
华夏航空	9	0	9	35	3	0	0	0	6
成都航空	7	0	7	34	5	0	0	0	2
西部航空	3	0	3	30	6	2	0	0	0
长龙航空	8	0	8	30	8	0	0	0	0
其他公司	84	8	92	402	22	2	52	4	5
合计	424	-93	331	3265	156	34	190	33	22

数据来源：根据各航空公司公开资料整理。

表 7-4　2017 波音、空客客机供给能力

项　目	波　音	空　客
交付数量/架	763	718
交付增速/%	2	4
窄体机交付数量/架	529	558
宽体机交付数量/架	234	160
订单获得数量/架	912	1109
订单储备数量/架	5864	7265

数据来源：亚太航空中心（CAPA）。

　　从成本来看，舟山波音交付中心的投产，将大大降低中国市场甚至亚太市场的购买成本，特别是后续随着相应航空产业的不断完善，波音在中国市场的客机营销体系的逐步建设会降低产业链各环节，如零部件采购供应、系统集成商选择、售前驾驶员的培训、售后维修、营销战略和渠道、广告促销策划等方面的成本，增强自身竞争力。

7.1.3.2　低成本运营成未来趋势，737MAX 机型优势明显

　　2018 年开始，我国航空市场逐步进行航线网络结构调整，四个枢纽机场航线审批严格把控，不再新增这四个机场与旅客吞吐量低于 200 万人次的支线机场之间的航线。同时，对于吞吐量较大的干线机场之间的航班时刻资源也在逐渐收紧。因此，在我国航空需求仍在持续增长的情况下，航空公司在运力供给上只有两个选择，一是增加支线机场航班，二是增加现有航班时刻运力。

　　波音针对中国市场发布了面向低成本航空公司的 737MAX200。作为在737MAX8 基础上研发的改进版本，737MAX-200 不但单座燃油成本比现有单通道飞机降低 20%，还一举将客舱座位从 160 个提升到 200 个，可以很好地满足航空公司的运营需求。从 2017 年我国航空公司新进机型来看，738 机型引进 179 架，超过空客 A320 一倍之多。在当前各航司竞争加剧的市场条件下，可以说 737MAX8 系列具有明显优势。

　　此外，全民航空时代催生低成本航空的迅速发展，2017 年我国中小航空公司共引进飞机 251 架，其中单通道飞机 205 架。目前，低成本航空在全球单通道航线的运力比例达到 28%。根据波音的预测，20 年后这一比例将达到

35%。这意味着符合低成本航空运营特点的新机型将拥有更大的市场潜力。舟山波音交付中心年交付量 100 架的 737MAX 具有广阔的市场前景。

7.2　航空需求市场分析

7.2.1　航空需求市场分析理论基础

7.2.1.1　民用航空客机需求市场概述

对于市场需求的把握是产品设计生产的前提条件，由于航空市场的细分性，飞机制造商在市场中最为关注的是机型的需求规模，在此基础上进行符合市场需求的机型（主要为飞机的座位数量和航程）的研制和开发。20 世纪 90 年代伊始，空客公司就通过对中短航程客机市场需求深入研究，成功预见了全球航空市场对于 100~150 座中短程喷气式客机的巨大需求，并着手进行空客 A319 机型的研制，最终取得了巨大成功。因此，对于客机市场需求的分析研究，对于客机制造商准确把握航空市场需求特点以及需求规模，制定行之有效的机型研发战略具有重要意义。

航空市场需求特点和规模的准确把握依赖于科学的研究方法，目前随着我国大飞机项目的开展，国内对于客机需求市场的分析和研究已经有了一定成果，但较之国外仍有一定差距。国际上对于客机市场需求分析较为成熟的公司是以波音和空客为代表的飞机制造商，他们定期发布对于全球客机市场需求的分析报告，也是目前较为权威的预测，本书的主要需求分析数据均来自波音公司最新发布的《2018~2037 全球民用航空市场展望》。

对于客机市场的预测方法，基于预测目的不同可大致分为两种。一种是"从上至下"的宏观预测方法，也称宏观机队规划，一种是"从下至上"的微观预测方法，也称微观机队规划。前一种方法从宏观的经济数据出发，从总体上对未来飞机的需求量做出估计，在时间上主要用于长期预测，后者则从城市和航线网络的角度出发，对具体每个城市的飞机需求量做出预测，并综合所有航线以及拟新开辟航线的飞机需求量，得到总的飞机需求量，在时间上主要用于中、短期预测。

如对于中国市场这种区域较大的市场分析，也可采用两种方法相结合的方式，先从宏观对各类机型整体需求进行预测分析，再充分考虑各区域市场的特殊性，从满足航线网络运力分配角度对客机需求进行分析。本书主要研究对象是舟山波音交付中心及舟山航空产业，因此在视角选择上以宏观角度为主，关于航空公司航线网络的结构和规模不再做考虑。

7.2.1.2　客机市场细分研究

客机市场有其自身特点，如市场竞争的国际化、需求周期性明显、研发及投资回收周期长等。基于这些特点，在审视客机市场时，需要具有全球视角。客机市场用户多为航空公司或部分租赁公司，在对客机市场细分时，应首先考虑航空公司的购买需求，因此，机队特征是一个非常重要的考虑因素。机队特征可表现在诸多方面，其中最为常见的就是按照飞机的座位数进行划分，因为座位数会直接影响上座率和票价，会对航空公司的成本与收益产生影响。另外，还可以从航程和巡航速度等角度，对两个机场间的关联程度进行分析，也可以从机队构成和机龄对市场进行细分。

航空公司在购买客机时的决策过程主要考虑成本和收益，受购买成本和运营成本构成影响较大，例如，一架波音 737 运营 20 年的运维费用与飞机售价大致相当。

在通行的商业市场的预测报告中，根据地理区分市场也是非常常见的市场划分方法。波音公司的报告中，一般将全球市场分为北美、欧洲、亚太和其他地区四个地理市场。航空公司所处的不同地理区域的特征决定了航空公司需要购买不同类型的客机来满足需求，航空公司的地理区域细分变量特征和飞机的航程、售价、座位数等因素又存在着关联。除此之外"休闲型"和"商务型"、运输模式、乘客的类型、经济形势、交通密度、环境法规等因素均会影响对飞机的采购需求，均可以作为细分的标准，选择哪些变量依据具体情况来确定。

7.2.1.3　客机市场需求的影响因素

（1）购买能力。购买能力的不公决定了对飞机需求的不同，按照航空公司购买能力的高低可分为高购买力航空公司和低购买力航空公司两种。影响航空公司购买能力的因素有很多，主要包括所处地域的经济能力和公司的财务战略两个方面。地处经济发达地区的航空公司，往往受到政府的支持力度较大；战略定位于高端航空服务产品的航空公司也需要提高自己的购买力来完成目标。

（2）机队更新的需求。在飞机需要更新替换时，通常会涉及航空公司的整体机队规划，特别是网络型航空公司。网络型航空公司由于规模较大，且发展历史较长，因此在一定年限会有成批量的飞机同时到达退役年限。此外，一些地区新出台的环境保护政策也会淘汰掉航空公司的一些废气排放或噪声污染不达标的飞机；油价的不断攀升也使航空公司不断淘汰高能耗飞机。

随着低成本航空公司的不断发展，传统的网络型航空公司也有进一步改善机队构成，优化成本的动力和诉求，以巩固自己的市场优势，因此会不断有飞机更新的需求。

（3）机场对飞机需求的营销。由于机场的供给速度要远远低于航空器供给速度，因此机场的设施设备条件和运行环境会对飞机产生特殊需求。

首先，根据机场的拥堵情况，可分为拥堵机场和通畅机场，交通通畅机场对于飞机的类型一般不做要求，而拥堵机场一般会对起降飞机做统筹规划，因此在未来飞机数量增速远高于机场容量增速的情况下，机场容量不足是大部分航空公司不得不面对的问题。对于这个问题，空客的解决方案是大型客机的研发，例如，空客的 A380。而波音公司则认为一个超大型客机需要更多的小型客机供其中转，因此会造成更大的拥堵，所以波音并未推出先前 747 之类的超大客机，而是使用 737MAX 的单通道飞机解决问题。从表 7-1 和表 7-2 可以看出，2017 年交付的飞机多为单通道飞机，特别是 150 座飞机。一是因为空中交通量的整体的增长促使平均每次飞行的座位需求上升，每个座位级别飞机的较高的上座率得以保证；二是因为超级大型飞机的引进使得中转需求增大，用于中转的单通道飞机需求增加，而机场原有的规模未变，为了缓解拥挤，航空公司选择采购更加大型的单通道飞机。

其次，从飞机起降情况来看，某些机场外部环境恶劣，对飞机性能有特殊需求。例如，联结高原地区机场的飞机需要有较强的爬坡能力；某些地区的机场比较简陋，要求飞机有较强的起飞降落能力。

（4）飞机航程需求。从这一需求细分，可以分为短程飞行、中程飞行和远程飞行。一般来说，短程飞行的航线会采用座位数在 100~150 的小型干线飞机；中程飞行的航线会选择 150~220 座飞机；长途远程飞行采用座位数更多的单通道飞机或者双通道飞机。

7.2.2　我国航空需求市场预测

7.2.2.1　我国航空需求市场现状

我国民航运输业经过几十年的发展，如今已进入快速发展时期。稳定繁荣的政治经济局势和日益增强的国际影响力下，中国大陆地区航空公司机队总量近5年的增长速率较快，远高于全球平均增速（3%）。周边亚太地区机队规模增速同样较快，按照波音公司以地理划分的五个细分市场中，亚太地区航空市场今年发展较为迅速，见表7-5和表7-6。

截至2018年3月31日，中国民航机队总计3393架飞机（包括在役和封存），位居全球第四。尽管机队规模不及北美地区航空公司的一半，但远高于拉美、中东、俄罗斯/中亚、非洲地区的航空公司。

与全球其他地区相比，中国大陆地区、中东地区，以及俄罗斯/中亚地区机队的增长主要依靠干线航空公司机队的增长，其贡献率分别是64.4%、83.9%和85.8%。欧洲和拉美地区则主要来自低成本航空公司机队的增长，其贡献率分别为96.9%、67.6%。北美、亚太和非洲地区这两类商业模式的航空公司对整体机队增长的贡献率较为平均。

目前，中国大陆地区拥有公共运输航空运行资格的航空公司共计55家，其中货运航空公司11家，客运航空公司44家（包括20家干线航空公司，8家低成本航空公司和16家以支线业务为主的航空公司）。

干线航空公司对中国民航机队的增长贡献率最大，达64.4%。中国南方航空公司机队规模多年以来稳居大陆地区航空公司首位，2018年一季度末达到556架（包括在役和封存）；海南航空则以14.6%的年均增长率位居前四大干线航空公司机队增速之首，机队数量已经扩充至212架。

低成本航空公司进入快速发展期，尽管机队规模年均增速高达23.8%，远高于干线航空公司9%的平均增速，但总体规模仅为111架，不及干线航空公司的10%。

支线航空公司机队扩展速度紧随其后，增速达到19%。支线航空公司的机队扩展主要来源于新成立的航空公司。自2014年以来，共有6家新公司加入支线航空公司队伍，低成本航空有2家新公司加入——其机队扩张主要来源于已有低成本航空公司的发展。

表 7-5　全球客机市场概况

	亚太	中国	东南亚	南亚	东北亚	大洋洲	北美	欧洲	拉丁美洲	中东	俄罗斯与中亚	非洲	全球
市场增长率													
GDP/%	3.9	4.8	4.4	5.9	1.2	2.4	2.0	1.7	3.0	3.5	2.0	3.3	2.8
RPK/%	5.7	6.2	5.9	7.8	2.0	4.0	3.1	3.8	5.9	5.2	3.9	6.0	4.7
机队增长/%	4.6	4.5	5.5	7.4	1.7	2.8	1.8	3.0	4.2	4.9	2.6	4.4	3.5
市场规模	亚太	中国	东南亚	南亚	东北亚	大洋洲	北美	欧洲	拉丁美洲	中东	俄罗斯与中亚	非洲	全球
飞机数量	16930	7690	4520	2400	1450	870	8800	8490	3040	2990	1290	1190	42730
市场价值/$B	2670	1190	690	330	310	150	1100	1240	360	660	150	170	6350
平均价值/$M	160	150	150	140	210	170	130	150	120	220	120	140	150
单位份额/%	40	18	11	6	3	2	21	20	7	7	3	3	100
价值份额/%	42	19	11	5	5	2	17	20	6	10	2	3	100

数据来源：波音公司《2018～2037 全球民用航空市场展望》。

（单位：架）

表 7-6　全球各机型数量分布

飞机数量	亚太	中国	东南亚	南亚	东北亚	大洋洲	北美	欧洲	拉丁美洲	中东	俄罗斯与中亚	非洲	全球
支线飞机	240	140	30	10	50	10	1590	120	140	<10	210	20	2320
单通道飞机	12570	5730	3600	2010	670	560	5840	6860	2660	1640	900	890	31360
宽体机	3810	1620	880	380	630	300	920	1400	230	1290	150	270	8070
货机	310	200	10	<5	100	<5	450	110	10	60	30	10	980
总　计	16930	7690	4520	2400	1450	870	8800	8490	3040	2990	1290	1190	42730
市场价值	亚太	中国	东南亚	南亚	东北亚	大洋洲	北美	欧洲	拉丁美洲	中东	俄罗斯与中亚	非洲	全球
支线飞机	10	10	<5	<5	<5	<5	70	10	10	<5	10	<5	110
单通道飞机	1410	630	420	220	70	70	650	770	280	180	90	100	3480
宽体机	1160	500	270	110	200	80	260	420	70	460	40	70	2480
货机	90	50	<5	<5	40	<5	120	40	<5	20	10	<5	280
总　计	2670	1190	690	330	310	150	1100	1240	360	660	150	170	6350

数据来源：波音公司《2018～2037 全球民用航空市场展望》。

7.2.2.2　我国航空市场需求预测

波音 2018 年发布的《2018～2037 中国民用航空市场展望》中，对中国航空市场需求量非常乐观，与 2017 年度发布的预测相比，新飞机需求的数量调高了 6.2%。考虑到中国中等收入人群数量的持续增长，航空活动需求也会越来越旺盛。中国中等收入人群较之十年前增长了 3 倍，因此在未来十年仍会保持高速增长。

波音预测中国未来 20 年间将需要 7690 架新飞机，市场总价值达 1.2 万亿美元。考虑到航空公司的机队规模需要与持续增长的个人出行和商务旅行保持同步。中国依然是全球唯一一个万亿级美元的民用飞机市场，见表 7-6。

除了客机购买的直接需求，中国航空配套服务市场近年来发展迅速，波音预计中国将以 1.5 亿美元成为全球最大的航空服务市场之一，包括飞机的维修、适航性保持等，另外包括飞机运营市场，如驾驶舱、客舱服务、机组培训和管理、飞机运行等，潜在市场巨大。

在机型选择上，波音预测中国市场仍以单通道飞机需求为主导，需求量为 5730 架，为新飞机总需求量的 75%。宽体机的需求则增速更快，预计将增至现有宽体机规模的 3 倍。此外，由于中国拥有全球发展最为快速的电子商务业，货机的需求也将呈指数级增长。航空货运成为重要的增长驱动力，将需要 200 架新货机和 470 架改装货机。

与全球其他地区相比，中国航空公司在需求上存在明显不同，特别是在宽体机机队、涡扇支线机队和涡桨支线机队的机型构成上，我国航空公司在宽体机机队、涡扇支线机队的主要需求为座级在同类型中偏大、采用新技术的新机型，如 787-9、E195/190；涡桨支线机则全部为"新舟"60/600，国际上流行的 Q400、ATR72 甚至从未被引入中国大陆地区的航空公司。

另外，中国航空公司机队平均机龄远小于全球其他地区，主要原因有以下几个：第一，近三十年中国民航快速发展，大型航企机队的快速扩张、新航空公司的成立引入了大量新飞机；第二，考虑到安全运行、降低燃油成本等因素，中国航空公司飞机退役计划中所设定的飞机退役机龄低于全球平均退役机龄；第三，一些机队规模较小的机型因得不到性价比高的保障服务而提前退役。因此，在更新飞机需求上，我国航空市场需求较之其他地区更为旺盛。

全球机队数量预测与分布见表 7-7。

表 7-7　全球机队数量预测与分布

（单位：架）

2017 机队	亚太	中国	东南亚	南亚	东北亚	大洋洲	北美	欧洲	拉丁美洲	中东	俄罗斯与中亚	非洲	全球
支线飞机	150	50	10	10	50	30	1730	260	70	50	170	110	2540
单通道飞机	5270	2790	1060	530	520	370	3970	3450	1240	670	730	370	15700
宽体机	1600	530	370	100	500	100	660	900	160	710	110	150	4290
货机	340	180	40	10	80	30	850	290	90	70	170	60	1870
总　计	7360	3550	1480	650	1150	530	7210	4900	1560	1500	1180	690	24400

2037 机队	亚太	中国	东南亚	南亚	东北亚	大洋洲	北美	欧洲	拉丁美洲	中东	俄罗斯与中亚	非洲	全球
支线飞机	280	140	40	10	70	20	1590	120	140	10	320	90	2550
单通道飞机	12880	6100	3310	2150	750	570	6650	6670	3010	2030	1250	1060	33550
宽体机	3930	1650	890	480	610	300	1050	1670	300	1650	230	350	9180
货机	1110	740	100	70	170	30	1100	420	130	200	170	130	3260
总　计	18200	8630	4340	2710	1600	920	10390	8880	3580	3890	1970	1630	48540

数据来源：波音公司《2018～2037 全球民用航空市场展望》。

7.2.3　我国航空需求市场对舟山波音项目影响分析

7.2.3.1　明确市场定位，抓住低成本细分市场

在前有市场细分的理论基础之上，结合我国大中型客机现有情况，可以得出以下的细分市场：发达国家的低成本航空公司。发达国家的低成本航空大多数集中于欧美地区。这部分航空公司需要购买飞机主要出于战略扩张的目的，需要引入新的飞机用于满足各类消费者的需求。这部分市场可以争取的市场份额较小，严格的准入制度和各种不断提高的标准以及最终消费者"乘坐心理壁垒"使得外来的飞机产品很难进入，因此这部分市场是舟山737MAX 交付中心可以争取的市场，但是并不作为初期主要的市场。

发展中国家和地区的低成本航空。发展中国家和地区的低成本航空主要集中于亚太地区，这部分国家的民用航空增长迅猛。由于发展中国家很少具有飞机制造能力，基本都是进口欧美的飞机产品，产品主要用于国内的短途飞行和满足联结二级机场或者满足枢纽机场到二级机场之间中转的需求，对飞机产品的兼容性较强。这部分市场是舟山波音交付中心客机在进入市场之初需要重点关注的。

7.2.3.2　着眼未来，拓展宽体机市场

2008~2018 年的十年间，亚太地区宽体客机增幅为 41%。中国是驱动该区域宽体客机数量大幅增长的重要引擎。2008 年，中国在役宽体客机数量为 126 架，如今已经达到 358 架，是亚太地区拥有宽体客机数量最多的国家。目前，亚太地区共有 64 家航空公司运营双通道飞机，其中 20 家大型航空公司的宽体客机机队数量占到了区域整体数量的 82%，达到 1362 架。中国的四家大型航空公司所占的份额十分可观：海南航空的机队增幅最大，从 2008 年的 6 架提高至 2018 年的 53 架；南方航空的机队在过去 10 年中扩大了近 3 倍，达到 73 架；中国国际航空的机队数量增长了近 1 倍，达到 111 架；东方航空的双通道飞机数量则从 2008 年的 36 架增加至 78 架。

而从近几年我国航空公司引进宽体机数量来看，波音要远小于空客，在宽体机总数量上，空客 222 架，占 55.36%；波音 179 架，占 44.64%，已经被空客拉开了差距。但由于近年来我国航空市场国际航线增速不减，因此宽体机市场需求仍会持续增长，见表 7-8。

表 7-8　我国各区域间客流增长量

（单位：万人次）

区　域	2007年	2008年	2009年	2010年	2011年	2012年	2013年	2014年	2015年	2016年	2017年	2037年	平均增长率 /%
国内-国内	223.1	236.5	287.4	335.4	380.1	411.3	460.8	509.2	564.7	629.8	715.1	2357.2	6.1
中国-欧洲	91.0	82.5	77.3	82.1	94.2	96.7	96.9	105.2	121.1	132.9	141.7	421.1	5.6
中国-中东	8.8	11.5	14.8	19.2	21.8	26.4	30.0	34.5	37.7	43.9	47.7	290.0	9.4
中国-北美	54.5	62.7	60.9	71.4	85.4	87.1	89.5	98.1	107.5	119.1	132.0	360.7	5.2
中国-东北亚	49.3	48.4	43.2	51.8	51.5	60.9	60.7	66.2	73.0	81.0	78.6	173.7	4.0
中国-大洋洲	19.4	21.4	22.8	27.4	31.4	34.1	35.0	37.7	44.3	55.4	66.8	178.1	5.0
中国-东南亚	49.3	50.6	45.3	54.7	63.0	73.8	82.5	89.4	109.9	127.0	144.4	488.1	6.3

数据来源：波音公司《2018~2037 全球民用航空市场展望》。

　　在中国市场，近年波音 787 需求增长较快。目前，在四大航中，海航是中国大陆最大的 787 飞机运营商，未来两年内还将陆续接收 10 架 787 系列飞机。国航也采购了较多的 787-9 飞机。东航订购的 787 系列飞机和 A350XWB 系列飞机都还未开始交付，但显然 787-9 将抢得先机。南航曾因 A380 "损失惨重"，但在 787 的运营上却取得了不俗的成绩，业界认为未来南航可能会更倾向于选择 787 系列飞机。因此，在舟山波音交付中心后续发展上，可以考虑增设 B787 总装线，以增强中国宽体机市场竞争力。

7.3　航空运输市场分析

7.3.1　航空运输市场理论基础

7.3.1.1　航空运输市场概念界定

　　从经济学的范畴，市场是所有商品交换的总和，亦即商品或劳务在某一行业内所有买卖关系的总和，这里的商品和劳务不仅包含已经实现的交易，也包含潜在的交换关系。因此，航空运输市场即参与航空运输劳务显示的或潜在的交易活动中所有交换关系的总和。航空运输市场的主要内容有以下几个方面：

　　（1）航空运输市场是运输劳务交换的场所或领域。不同于传统商品，航空运输活动产品的生产与消费具有不可分性，航空运输过程既是产品的供给过程，也是产品的消费过程。其产品的本质是实现货物和旅客空间位移，因此航空市场的实现场所是处于变化之中的，亦或者说，航空运输市场是一个领域，在其中包含了航空运输活动的经营区域所涉及的所有场所，比如机场、航线、航空货运站等。

　　（2）航空运输市场是运输劳务交换关系的综合。航空运输市场从经济学角度分析，是将其视作一种经济关系，是在一定的时间周期和社会经济范围内进行相关运输劳务交换所反映出的经济关系和现象。因此，航空运输市场的本质是一种经济关系，这也是分析航空运输市场复杂关系的基础。从市场营销的视角来审视航空运输市场，其交易活动中所伴随发生的经济活动，如运输市场调查分析和预测、具体交易方式的选择、客货源的组织等，都是在劳务交换中必然发生的。具体来说，如果没有市场调查分析和预测，就缺乏对航空运输市场的基本了解，劳务交换就将处于盲目状态；没有选择合理的交易方式，就会使运输市场缺乏合理的度量尺度，造成运输劳务的非等价交换；没有客货源的组织，劳务交换就无从实现。

（3）航空运输市场是运输劳务现实和潜在需求者的总集合。航空运输市场的运输劳务，除已经现实发生的，还应包括潜在的需求，因为运输劳务的供给者们，对于市场的分析把握不仅仅基于市场现状，更要考虑未来的需求。也就是将航空运输市场的概念限定于运输需求及其消费行为的趋势上，这是进行航空运输市场分析预测的概念基础。

7.3.1.2 航空运输市场构成要素

一般而言，航空运输市场的形成必要条件为存在运输劳务的供给方和需求方，供给方可以提供供交换的运输劳务，有双方均可接受的运输劳务价格，再佐以一些其他条件，一个现实的航空运输市场即可形成。因此，航空运输市场的构成要素主要有以下五个，即航空公司、机场、航线、旅客或货源、销售网络和运价。

（1）航空公司是航空运输劳务的提供者，是运输市场的供给方，在市场中，其主要行为方式为提供航空运输劳务并获得相应的经济效益。

（2）机场及其配套的服务机构是航空运输市场的中介服务主体，机场的直接服务对象是航空公司，因此机场相对于运输供给主体来说是需求者，而相对于运输需求者而言，则是运输劳务的供给者。机场的双重身份使其依靠服务于供需双方来实现自身市场活动，并同时获取经济利益。

（3）航线是机场要素之间产生关联的结构组成，是航空公司及其服务对象之间交易的基本依据，也可以认为是航空运输市场的资源。因此，为避免航空公司之间争夺航线的无序竞争，目前中国民航实行航线经营许可制度，即航线资源由民航局宏观把控。然而，随着我国航空市场化程度的不断加深，航线作为航空运输市场最重要的资源势必要推向市场，政府对航线经营权的合理让渡，航空公司对于其掌握的航线经营权的合理使用，都是航线资源是否得到合理利用的重要保证。

（4）旅客和货源是航空运输市场的需求主体，不同于其他市场需求，航空市场的需求是一种派生需求，即航空运输需求的产生是基于旅客或货源的位移意愿。其参与航空市场活动的主要目的就是实现空间上的位移，因此在此过程中，时间的长短是首要考虑因素，其次在考虑运输效用满足的同时，追求经济性。

（5）销售网络和运价是航空运输市场的必要要素。销售网络可视作航空运输劳务交换的场所，而运价是劳务价值的直接体现，同时运价的达成亦可视作航空公司同旅客或货主之间契约的完成。

7.3.1.3 航空运输需求的影响因素

航空运输需求的影响因素，如果从航空企业角度出发，可分为企业内部因素和外部环境因素。航空运输企业在产品的数量和质量、航空产品定价、销售渠道和市场推广方法选择上均具有一定的主动权。这四个方面对于航空需求的影响是直接的，也是企业可在影响范围内体现其主动性的因素，这也是企业内部因素。而外部环境相对于内部因素，其存在是客观的，航空企业只有对其充分认识，在一定程度内进行改造，但无法彻底改变。

A 企业内部因素

（1）产品。对于航空企业，不断对航空产品种类的创新，对产品质量的不断提升，对产品数量的有效供给，对客户合理需求的最大化满足，都是航空企业保证其产品供给质量，提高旅客航空产品黏性的必要做法，也是降低航空市场产品需求流失率的必要措施，进而保证了航空企业在航空运输市场地位的稳定。

（2）航空产品定价。航空运输产品的一个显著特点是其产品之间的同质化，因此，航空企业之间的竞争更多体现在运价上。同其他商品一样，高价格会抑制需求，低价格会刺激需求。航空产品的定价是影响航空市场需求的重要因素。

（3）销售渠道。销售工作是同航空运输企业收益高低直接关联的。在销售工作的开展中，应该统筹兼顾，做好渠道管理，使各渠道协调进行，满足不同消费者各自的购买方式，以更好地满足消费者，发掘更大的市场需求。销售渠道的合理性与通畅性非常重要，也是一个企业发展的动力和源泉。

（4）市场推广方法选择。航空运输企业的销售渠道不外乎企业直接销售和代理人销售制度，即通常讲的直销和分销。从长远来看，直销更具有生命力和前景，但当前由于历史原因，航空运输企业对于票务代理人是依赖的，因此在努力扩大直销的同时，保证现有分销渠道的良好运转也是必要的。

如何高效快捷地将航空产品信息传递到航空运输市场，取得同现实或潜在旅客的联系，激发社会使用航空运输产品的意愿，是航空企业选择市场推广方式时的主要依据。航空市场营销的实质就是要通过信息的传播，增加旅客对航空运输产品的了解，激发其使用兴趣。

同时，航空企业在进行市场营销时，也不是只有"低价格"一条路可走。消费者在选择航空运输产品时，价格仅是所考虑因素之一，其主要关注的是"顾客让渡价值"。即旅客在使用产品经过的买票、托运等一系列过程中，包含的成本不仅仅只有票价，还有时间成本、精神成本、生理成本等。因此，旅客会对航空产品做整体的考量，将总成本降到最低。航空运输企业在市场推广中，如何让旅客正确计算自己的综合成本，使其找到合适产品，增加使用意愿，是增加航空运输市场需求活跃程度的关键。

B 环境因素

（1）政治法律环境。政治法律环境是影响航空运输企业的重要外部因素，主要包括一个国家或者地区的政治制度、方针政策、政治体制和法律法规等方面。政治环境对航空运输企业的影响主要体现在其导向性，法律环境则是航空运输企业所有经营活动的基本行为准则。政治环境同法律的关联对航空运输市场的影响是巨大的，例如海湾战争的爆发直接致使泛美航空破产；苏联解体致使几乎所有的苏联加盟国境内航空企业停摆；9.11时间以及2003伊拉克战争都使美国航空市场需求萎缩。一个国家或地区对其境内的航空市场政策是政治法律环境的具体化。当前，世界各国航空政策不一，大致可分为开放性政策、保护性政策和非管制化政策。

（2）经济发展因素。经济发展水平高低决定了社会的经济结构和人员、物资流通量，也就决定了航空运输需求的高低。

经济水平。一个国家或地区的经济发展水平通常可用国内工农业产值、国内生产总值（GDP）等诸多指标来衡量，一般而言，航空运输总量同经济发展水平正相关，随着经济的增长而增长。

经济结构。地区之间的经济往来越多，航空运输需求也就越大，航空运输市场的活跃程度取决于经济活跃程度。而不同形态的经济结构的经济活动活跃度差异巨大，自给自足的农业主导型经济中，经济往来较少，航空需求不多；工业主导型经济结构中商品往来频繁，经济活动活跃，航空需求旺盛。

航空运输行业国际型业务较多，在考虑经济因素时还应考虑国际区域间的经济结构变动。例如，我国处于亚太平洋地区，亚洲经济形势稳定，增速较快，我国的对外开放政策也为国内航空运输企业开拓了国际市场需求。

（3）生产力布局与产业结构。随着工业化的不断深入，现代化社会对于标准化、专业化的要求日益提高，社会分工越来越精细，协作范围和协作方式不断扩大。现代化生产的协作已经打破了一个企业或一个城市内部几个企业的界线，成为一种跨区域，甚至跨国界的生产活动。社会化生产中的专业化协作要求高频度的准时性和物流的精准性，而航空运输是满足现代社会化生产的交通方式。

（4）人口因素。现代市场中，人口是构成市场的最基本因素。对人口的地理分布、年龄结构、性别、教育年限、收入、职业等因素的分析可有助于航空运输企业调整自己的营销战略，选择合适的目标市场，制定适当策略满足市场容量与消费者需求差异。

（5）旅游业。由于旅游业的高度综合性，其发展必然对相关产业产生巨大的带动效应。旅游业也是同民航运输市场关联程度最密切、影响最为直接的行业之一。

旅游业创造大量航空运输需求。随着旅游业不断发展，选择航空运输的旅客逐渐增多，特别是在国际航线，旅游派生客源已成为主流。

旅游业影响航空运输市场运力投放。旅游的经济活动催生客流的产生，从而促进航空客流的产生。旅客流的分布及其流向对航空运输市场的形成及大小产生影响，进而对航空运输企业的运力投放决策产生影响，而旅客流的分布及流向在很大程度上受到旅游资源的影响。

旅游业的发展促进航空运输市场同旅游市场的竞争和融合。旅游业的丰厚利润势必刺激航空运输企业与旅游企业的发展。旅游客源同时成为航空运输业与旅游业的主要客流来源，选择方便、经济、舒适的交通方式是旅客与旅游企业的共同诉求，因此航空公司之间、旅游企业之间会产生激烈的竞争与融合。

7.3.2　我国航空运输市场需求分析

航空运输业作为交通运输的重要组成部分，近年来随着我国国民经济的腾飞快速发展。2017 年，全国民航运输机场完成旅客吞吐量 11.48 亿人次，比上年增长 12.9%，已经成为仅次于美国的世界第二大航空大国。航空运输产业作为一个重要的公共运输部门，对于社会经济的推动作用是巨大的，也是一个国家的基础设施。因此，结合当前国民经济发展水平与航空运输现状，对航空运输市场进行科学分析和预测，是制定航空运输决策的基础。

7.3.2.1　我国航空运输市场需求现状分析

为理清我国航空市场需求现状，结合相关统计资料和我国航空市场实际情况，对我国航空市场需求特征总结有以下几个方面。

（1）航空需求不断增加。随着我国社会经济总量的增长，大众对于航空出行需求不断提高。2017 年，全行业完成旅客运输量 55156 万人次，比上年增长 13.0%。国内航线完成旅客运输量 49611 万人次，比上年增长 13.7%，其中港澳台航线完成 1027 万人次，比上年增长 4.3%；国际航线完成旅客运输量 5545 万人次，比上年增长 7.4%。过去五年，全行业旅客运输量年均增长 11.5%。

（2）航空需求地域差异明显。2017 年，全国民航运输机场完成旅客吞吐量 11.48 亿人次，比上年增长 12.9%。其中，2017 年东部地区完成旅客吞吐量 6.14 亿人次，东北地区完成旅客吞吐量 0.72 亿人次，中部地区完成旅客吞吐量 1.22 亿人次，西部地区完成旅客吞吐量 3.40 亿人次。可以看出，我国航空市场需求主要集中于东部地区和中南地区，而经济相对落后的东北、西部地区航空市场需求明显不足。

（3）旅游出行需求不断增加。伴随着经济的持续发展，我国居民可支配收入不断增加，旅游出行已渐渐被大众接受，国内航空市场中旅行出行需求日益旺盛。由于旅游业的高度综合性，其发展必然对相关产业产生巨大的带动效应。旅游业也是同民航运输市场关联程度最密切、影响最为直接的行业之一。随着旅游业不断发展，选择航空运输的旅客逐渐增多，特别是在国际航线，旅游派生客源已成为主流。

7.3.2.2　航空运输市场需求影响因素分析

（1）社会经济发展水平。航空运输具有很强的经济敏感性，因此，社会的经济发展程度对航空市场需求产生重要影响。一方面，航空运输较之于其他运输方式，运价较高，需要一定的居民消费能力；另一方面，航空运输的发展程度取决于社会经济发展的程度。一般而言，经济较发达地区，居民可接受的运价范围较大，航空运输需求也更旺盛。

（2）个人收入水平。居民的个人收入水平是对航空运输需求影响的重要因素，当个人水平提高时，其消费需求上升，消费意愿强烈，而航空运输作为其他经济活动的派生需求，也会相应上升。

（3）人口因素。航空运输分为客运和货运两部分，而客运市场的对象就是人，因此人口数量对于航空客运市场需求的营销也是显而易见的。此外，一个地区人口的结构也会对航空客运市场产生重要影响，比如，青壮年需求较之老年人要更旺盛。

（4）旅游。航空运输服务的旅客中，旅游出行的旅客比例较高，而且成逐年上升的趋势，是航空客运市场中一个巨大的需求来源。随着我国经济的不断发展，人们生活水平不断提高和旅游资源的不断开发，人们旅游出行次数不断增加，航空客运市场中旅游旅客的数量也在不断攀升。

（5）其他运输方式的替代性。同其他运输方式一样，航空运输的最终产品是位移，因此，各运输方式间存在一定的可替代性。在我国，随着高铁的快速建设，航空运输中的速度优势被大幅缩小，在一定程度上，对航空运输市场造成了冲击，影响了航空运输需求。

（6）运价水平。航空产品作为一个商品，其产品价格必然会对市场需求产生重要影响。一方面，某个运输企业的定价高低会影响其市场竞争力以及市场占有份额；另一方面，由于运输业内部的替代性，一旦某个行业的运价降低，其市场占有份额就可能向其转移过来。在航空公司运营成本中，航空煤油的价格成为影响航空公司成本的重要因素，从而也成为影响票价的重要因素。伴随着燃油价格的不断上涨，航空公司的成本随之增加，机票价格也会相应提高，而这必然会对航空运输市场需求产生影响。

7.3.2.3　各因素的影响程度分析

弹性系数是一定时期内相互联系的两个经济指标增长速度的比率，它是衡量一个经济变量的增长幅度对另一个经济变量增长幅度的依存关系。经济学中的弹性是指一个变量变动的百分比相应于另一变量变动的百分比来反应变量之间变动的敏感程度。弹性的大小可用弹性系数来衡量，变量 X 对变量 Y 的弹性系数用公式表示如下：

$$E = -\frac{\text{变量 } X \text{ 变化的百分比}}{\text{变量 } Y \text{ 变化的百分比}} = -\frac{\frac{\Delta X}{X}}{\frac{\Delta Y}{Y}}$$

根据弹性系数的绝对值的大小，基本上可以分为以下三种：

第一，当 $E>1$ 时，变量 X 的变动幅度大于变量 Y 的变动幅度，称变量 X 对变量 Y 是富于弹性的，如果 $E=\infty$，则是完全富于弹性，表明变量 Y 的任一微小变化会引起变量 X 的无穷大的变化，这显然是 $E>1$ 时的一种极端情况。

第二，当 $E<1$ 时，变量 X 的相对变化小于变量 Y 的相对变化，称变量 X 对变量 Y 是缺乏弹性的，或者说弹性不足，如果 $E=0$，则变量 X 对变量 Y 完全缺乏弹性，表明无论变量 Y 如何变动，变量 X 都保持不变，这是 $E<1$ 时的一种极端情况。

第三，当 $E=1$ 时，变量 X 的相对变化等于变量 Y 的相对变化，称变量 X 对变量 Y 具有单一弹性。

在衡量我国航空客运市场的影响因素指标时，本书采用如下 9 个指标来衡量影响我国航空客运总量的因素：X_1——总人口数；X_2——城镇居民人口数；X_3——国内生产总值；X_4——人均国内生产总值；X_5——国内游客人数；X_6——国内居民出境旅游人数；X_7——铁路客运量；X_8——航空客运收入水平；X_9——人均航空出行次数。其中，国内生产总值和人均生产总值反映经济发展水平；总人口数、城镇居民人口数、国内旅游人数、国内居民出境旅游人数反映人口数量、结构变化以及旅游业发展；铁路客运量反映铁路替代量；航空客运收入水平、人均航空出行次数反映航空运价水平和航空发展。

2008~2017 年航空客运量和各影响因素基础数据见表 7-9。

数据选择为 2008~2017 年相关数据，运用弹性系数法分析了各数据对中国航空客运量市场的影响。

2008~2017 年航空客运量对各因素的弹性系数见表 7-10。

由于上述 9 个因素中，第 8 个因素是和航空客运量呈负相关的关系，因此，先取该指标的倒数，进行指标正向化处理。然后，计算得出如上表我国航空客运量 Y 与 X_i（$i=1,2,3,4,5,6,7,8,9$）的弹性系数。由弹性系数可知，各因素对我国航空客运量的影响程度为：$X_1>X_8>X_2>X_7>X_4>X_3>X_9>X_5>X_6$。

通过上述弹性系数的分析，得到以下分析结论：

（1）在反映经济发展水平和人均收入的三个因素中，相对于国内生产总值，X_4 人均国内生产总值对航空客运需求量的影响最大，原因可能是人均国内生产总值是个相对指标，其不仅考虑到了经济水平，同时也体现了人口数量变化的影响。

表 7-9　2008~2017 年航空客运量和各影响因素基础数据

年份	总人口数/万人	城镇居民人口数/万人	人均国内生产总值/元	国内生产总值/亿元	国内游客/百万人次	国内居民出境旅游人数/万人	铁路客运量/万人	航空客运收入水平/元·(客·公里)$^{-1}$	人均航空出行次数/次	民用航空旅客运输量/万人
2008	132802	62403	24121	319515.5	1712	4584.44	146192.98	6.62	0.145	19251.16
2009	133450	64512	26222	349081.4	1902	4765.62	152451.19	6.09	0.173	23051.64
2010	134091	66978	30876	413030.3	2103	5738.65	167609.02	7.02	0.200	26769.14
2011	134735	69079	36403	489300.6	2641	7025	186226.07	7.74	0.218	29316.66
2012	135404	71182	40007	540367.4	2957	8318.17	189336.85	7.83	0.236	31936.05
2013	136072	73111	43852	595244.4	3262	9818.52	210596.92	7.06	0.260	35396.63
2014	136782	74916	47203	643974	3611	11659.32	230460	6.3	0.287	39194.88
2015	137462	77116	50251	689052.1	4000	12786	253484	5.7	0.317	43618
2016	138271	79298	53935	743585.5	4440	13513	281405.23	5.5	0.353	48796.05
2017	139008	81347	59660	827121.7	5000	14890.7	308379.34	5.51	0.397	55156.11

注：数据选择为 2008~2017 年相关数据，运用弹性系数法分析了各数据对中国航空客运量市场的影响。

表 7-10 2008~2017 年航空客运量对各因素的弹性系数

项 目	2008 年	2017 年	年均增长率/%	弹性系数
民用航空旅客运输量/万人	19251.16	55156.11	12.407	—
X_1 总人口数/万人	132802	139008	0.5088	24.38
X_2 城镇居民人口数/万人	62403	81347	2.989	4.15
X_3 国内生产总值/亿元	319515.5	827121.7	11.147	1.11
X_4 人均国内生产总值/元	24121	59660	10.5856	1.17
X_5 国内游客人数/百万人次	1712	5000	12.647	0.98
X_6 国内居民出境旅游人数/万人	4584.44	14890.71	13.985	0.89
X_7 铁路客运量/万人	146192.98	308379.34	8.647	1.43
X_8 航空客运收入水平/元·(客·公里)$^{-1}$	6.62	5.51	2.06	6.02
X_9 人均航空出行次数/次	0.145	0.397	11.446	1.08

(2) 在反映人口数量、结构中，X_1 总人口数对航空客运需求量影响比较大，这可能是因为其比城镇居民人口数更能反映人数的增加会相应增加对航空运输方式的需求。

(3) 在旅游业发展的因素中，X_5 国内游客人数对航空客运需求量影响比较大，而国内居民出境旅游人数的影响比较小。这两个指标在九个指标中对航空客运需求量的影响最差，原因可能是在我国旅游发展中，游客更愿意选择铁路或者公路等出行方式。

(4) 反映运输业内部替代性的 X_7 铁路客运量对航空客运量有一定的影响。

(5) 反映运价水平和航空发展的因素航空客运收入水平和人均航空出行次数，X_8 航空客运收入水平与航空客运需求总量的相关性比人均航空出行次数稍大。

7.3.2.4 我国航空客运市场需求总量趋势预测

常用的旅客量预测方法包括时间序列方法、回归分析法、灰色预测、神经网络方法及综合的组合预测方法等。本书航空客运需求的分析主要集中于回归预测法和弹性系数分析，但是回归预测集中于一元回归方法，而且采用的自变量多为与经济发展有关的国内生产总值，并没有对诸如人口结构、收入水平、旅游发展、铁路等影响因素进行进一步的分析。

因此，通过上述弹性系数对各指标影响作用的分析，此次选取 X_1 总人口数、X_4 人均国内生产总值、X_5 国内游客人数、X_7 铁路客运量、X_8 航空客运收入水平作为自变量，用 2008～2017 年的数据建立多元回归模型：

$$Y = a_0 + a_1 X_1 + a_2 X_4 + a_3 X_5 + a_4 X_7 + a_5 X_8$$

式中，因变量 Y 为航空客运需求量；X_1 为总人口数；X_4 为人均国内生产总值；X_5 为国内游客人数；X_7 为铁路客运量；X_8 为航空客运收入水平；$a_j (j = 0，1，2，3，4，5)$ 为待估参数。

此处采取逐步回归的方法对航空客运量进行预测。逐步回归分析结果见表 7-11。

在回归预测的结果分析中，复相关系数 R 用以衡量自变量 X 与 Y 之间相关程度的大小，R 的值越接近 1，表示相关程度越高；标准误差用来衡量拟合程度的大小，也用于计算与回归相关的其他统计量，此值越小，表示拟合程度越好；本次预测置信度默认为 95%，因此 t 统计量的 P 值应小于显著性水平 0.05，P 值越小越好。

逐步回归预测步骤如下：

第一步：初始模型中引入 X_1，模型拟合优度较高，且参数符号合理，t 统计量的 P 值也都远小于 0.05，置信度高。

第二步：在第一步的模型中引入 X_4，模型拟合优度升高，但是 t 统计量的 P 值不符合要求，因此未通过检验。

第三步：去掉 X_4，引入 X_5，模型拟合优度与第一步相比提高，并且常数项和 X_1 的 t 统计量的 P 值小于 0.05 通过检验，但是 X_5 的 t 统计量的 P 值未通过检验。

第四步：加入 X_7，模型拟合优度明显提高，但是 t 统计量的 P 值都未通过检验。

第五步：去掉 X_5，模型拟合优度提高，t 统计量的 P 值 X 均通过检验。

第六步：加入 X_8，模型拟合优度再次下降，t 统计量的 P 值只有 X_7 通过检验，常数项、X_1 和 X_8 均大于 0.05，检验不通过。

因此，最终的航空客运需求量函数以 $Y = f(X_1, X_7)$ 最优，回归模型如下：

$$Y = 2.422 X_1 + 0.118 X_7 - 318660.168$$

采用该模型对我国航空客运需求总量进行模拟预测，结果见表 7-12 和图 7-1。

表 7-11　逐步回归分析结果

模　型	a_0	a_1	a_2	a_3	a_4	a_5	R	标准误差
$Y=f(X_1)$	-711178.1875	5.496203967					0.989441143	1252.315551
t 统计量的 P 值	5.01101E-09	3.41325E-09						
$Y=f(X_1, X_4)$	-321065.308	2.49192056	5.65699383				0.991424023	1206.543814
t 统计量的 P 值	0.33153447	0.32787681	0.243931091					
$Y=f(X_1, X_5)$	-1059455.149	8.204959296		-0.47494411			0.991151047	1225.595735
t 统计量的 P 值	0.00967617	0.009854135		0.282923736				
$Y=f(X_1, X_5, X_7)$	-415288.2769	3.174202329		-0.108563531	0.112571818		0.996786156	797.7871999
t 统计量的 P 值	0.186950599	0.1943294		0.719942401	0.017609266			
$Y=f(X_1, X_7)$	-318660.1676	2.421730767			0.117673791		0.99671048	747.2528613
t 统计量的 P 值	0.016120588	0.018264603			0.005653469			
$Y=f(X_1, X_7, X_8)$	-302143.3583	2.284171795			0.124052482	123.6894656	0.996747904	802.5209663
t 统计量的 P 值	0.052718301	0.061990561			0.021650727	0.801520534		

表 7-12　航空客运需求总量预测

年份	民用航空旅客运输量 实际值/万人	多元回归模拟 预测值/万人	残差	标准残差
2008	19251.16	20153.6038	-902.4437999	-1.369382627
2009	23051.64	22459.31263	592.3273694	0.898807005
2010	26769.14	25795.32137	973.8186328	1.477687937
2011	29316.66	29545.65483	-228.9948265	-0.347480405
2012	31936.05	31531.84998	404.2000159	0.613339556
2013	35396.63	35651.31916	-254.6891641	-0.386469403
2014	39194.88	39708.11193	-513.2319274	-0.778786319
2015	43618.00	44064.21021	-446.2102062	-0.677086489
2016	48796.05	49308.98737	-512.937372	-0.778339356
2017	55156.11	54267.94872	888.161278	1.3477101

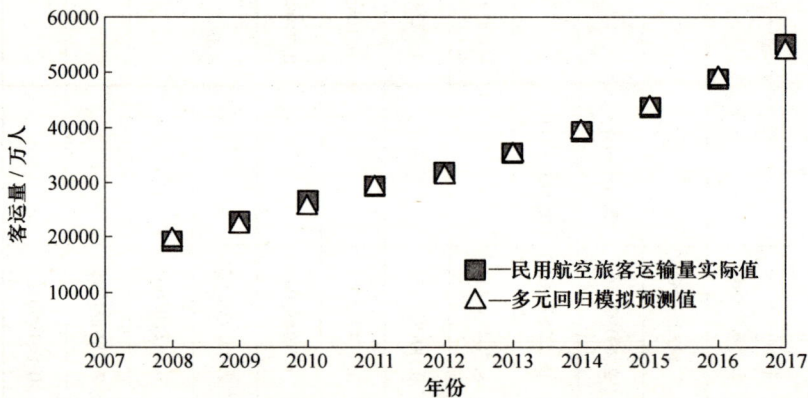

图 7-1　航空客运市场需求总量实际值和模拟预测值

通过回归过程可以得到如下结论：

（1）指标 X_1 总人口数和 X_7 铁路客运量共同构成了预测模型中的自变量，都与需求总量呈线性正相关关系，且对航空客运需求总量影响都比较大。

（2）指标 X_4 人均国内生产总值、X_5 国内游客人数、X_8 航空客运收入水平未能作为需求函数的自变量，与航空客运需求总量不呈线性相关关系。

（3）预测模型效果好，是一种相对有效的航空客运需求量预测方法。通过模拟值可以发现此多元回归模型的模拟误差比较小，模拟效果很好，X_1 总人口数和 X_7 铁路客运量这两个自变量的参数估计值经济意义也很合理，通过了所有的检验，其在精度上优于单自变量的一元回归模型，并且增加的变量增强了模型的经济解释意义，是一种相对有效的航空客运需求量预测方法。

通过分析，上述多元回归模型是一种相对有效的预测方法。但是要想基于回归方程对未来预测必须要知道自变量的未来值，在通过 EXCEL 对 X_1 总人口数和 X_7 铁路客运量进行预测后，将两个自变量预测值代入回归方程中：

$$Y = 2.422X_1 + 0.118X_7 - 318660.168$$

并对我国 2018~2022 年的航空客运需求量进行预测，见表 7-13。

表 7-13　航空客运市场需求总量预测值

年　份	X_1 总人口数/万人	X_7 铁路客运量/万人	民用航空旅客运输量/万人
2018	139583.2	310803.9027	56085.20291
2019	140269.6545	328656.5832	59854.41212
2020	140956.1091	346509.2636	63623.62133
2021	141642.5636	364361.9441	67392.83053
2022	142329.0182	382214.6246	71162.03974

预测结果显示，未来五年我国航空客运市场将呈快速发展的势头，我国航空客运需求量到 2022 年将达到 71162 万人次。

7.3.3　舟山航空运输市场预测

7.3.3.1　各因素的影响程度分析

在结合全国航空客运市场影响因素指标分析的基础上，结合舟山的实际情况，对于舟山航空市场总量的影响因素采用下列 7 个因素：X_1——总人口数；X_2——人均国内生产总值；X_3——旅客接待人数；X_4——居民消费价格指数；X_5——地区生产总值；X_6——水路客运量；X_7——公路客运量。其中，国内生产总值和人均生产总值反映经济发展水平；总人口数、旅客接待人数反映人口数量、结构变化以及旅游业发展；水、陆客运量反映其他交通方式替代量。

2008~2017 年舟山航空客运量和各影响因素基础数据见表 7-14。

表 7-14　2008~2017 年舟山航空客运量和各影响因素基础数据

年份	总人口数/万人	人均国内生产总值/元	旅客接待人数/万人次	居民消费价格指数	地区生产总值/亿元	水路客运量/万人	公路客运量/万人	民用航空旅客运输量/人
2008	967659	48250	1516.5	105.6	509	2698	7905	355645
2009	967721	49963	1752.9	99.2	536	2759	12715	447956
2010	967710	58449	2139.0	104.1	645	2128	12945	356869
2011	969870	68526	2460.5	105.8	774	2256	13299	384859
2012	971760	75140	2771.0	101.7	855	2224	13884	464077
2013	973054	81817	3067.5	102.1	933	1939	13084	479138
2014	974892	88746	3398.0	101.7	1015	3655	12895	538414
2015	973632	95113	3879.2	101.2	1093	2515	12857	644719
2016	973262	106364	4610.6	101.8	1228	2589	12644	800877
2017	971491	104811	5507.2	101.7	1219	2806	12629	1023039

数据来源：《2008~2017 舟山统计年鉴》。

2008~2017 年航空客运量对各因素的弹性系数见表 7-15。

表 7-15　2008~2017 年航空客运量对各因素的弹性系数

项　目	2008 年	2017 年	年均增长率/%	弹性系数
民用航空旅客运输量/万人	355645	1023039	18.76	—
X_1 总人口数/万人	967659	971491	0.04	473.87
X_2 人均国内生产总值/元	48250	104811	11.72	0.0033
X_3 旅客接待人数/万人次	1516.5	5507.2	26.31	0.014
X_4 居民消费价格指数	105.6	101.7	0.37	37.77
X_5 地区生产总值/亿元	509	1219	13.95	0.84
X_6 水路客运量/万人	1698	2806	6.53	4.03
X_7 公路客运量/万人	7905	12629	5.98	1.09

　　计算得出如上表我国航空客运量 Y 与 X_i（$i=1$，2，3，4，5，6，7，8，9）的弹性系数。由弹性系数可知，各因素对我国航空客运量的影响程度为：$X_1 > X_4 > X_6 > X_7 > X_5 > X_3 > X_2$。

7.3.3.2　舟山航空客运市场需求总量趋势预测

通过上述弹性系数对各指标影响作用的分析，选取 X_1 总人口数、X_3 地区生产总值、X_4 居民消费价格指数、X_5 旅客接待人数、X_6 水路客运量作为自变量，用 2008~2017 年的数据建立多元回归模型：

$$Y = a_0 + a_1 X_1 + a_2 X_3 + a_3 X_4 + a_4 X_5 + a_5 X_6$$

式中，因变量 Y 为航空客运需求量；X_1 为总人口数；X_3 为旅客接待人数；X_4 为居民消费价格指数；X_5 为地区生产总值；X_6 为水路客运量；a_j （$j = 0$，1，2，3，4，5）为待估参数。

此处采取逐步回归的方法对航空客运量进行预测。逐步回归分析结果见表 7-16。

同上一小节预测方法一致，在回归预测的结果分析中复相关系数 R 用以衡量自变量 X 与 Y 之间的相关程度；标准误差用来衡量拟合程度的大小，此值越小，表示拟合程度越好；本次预测置信度默认为 95%，因此 t 统计量的 P 值应小于显著性水平 0.05，P 值越小越好。

逐步回归预测步骤如下：

第一步：初始模型中引入 X_1，模型拟合优度不高，但参数符号合理，t 统计量的 P 值也都远小于 0.05，置信度高。因此，保留 X_1。

第二步：在第一步的模型中引入 X_3，模型拟合优度明显升高，且参数符号，P 值较小，通过检验。

第三步：分步引入 X_4、X_5、X_6，t 统计量的 P 值均未通过检验，检验不通过。

因此，最终的舟山航空客运需求量函数以 $Y = f(X_1, X_3)$ 最优，回归模型如下：

$$Y = -22.9051X_1 + 195.2326X_3 + 22185631.9333857$$

采用该模型对舟山航空客运需求总量进行模拟预测，结果见表 7-17。

在通过 EXCEL 对 X_1 总人口数和 X_3 地区生产总值进行预测后，将两个自变量预测值代入回归方程中：

$$Y = -22.9051X_1 + 195.2326X_3 + 22185631.9333857$$

并对舟山 2018~2022 年的航空客运需求量进行预测，见表 7-18。

表 7-16 逐步回归分析结果

模 型	a_0	a_1	a_2	a_3	a_4	a_5		标准误差
$Y=f(X_1)$	-37621502.0182925	39.306828188105					0.242721492817154	0.242721492817154
t 统计量的 P 值	0.0153164171573104	0.0147979262638915						
$Y=f(X_1, X_3)$	2218631.9333857	-22.9051345057493	195.23261913341				0.950765748938496	54414.0306329172
t 统计量的 P 值	0.0400431539917231	0.0403451280368225	0.00002092977892925					
$Y=f(X_1, X_3, X_4)$	26961064.298011	-26.0572488111746	190.595263792695	-16586.7382063516			0.971969758760082	44346.9791178143
t 统计量的 P 值	0.0116220970371732	0.013844452435179	0.000021243723628 9106	0.0771614552161865				
$Y=f(X_1, X_3, X_5)$	-9552809.87653119	10.1976196770448	345.242676008378		-992.822618752926		0.96902137193409	46621.0138640919
t 统计量的 P 值	0.623931148860091	0.615513337761665	0.00546329418251636		0.109099334473575			
$Y=f(X_1, X_3, X_6)$	24873026.1392377	-25.8278099306398	194.615127057544			59.7408398677159	0.967021180133783	48102.5587717844
t 统计量的 P 值	0.0203596423757872	0.0202237938931954	0.000028570773619483			0.136277452151417		

表 7-17 航空客运需求总量预测

年 份	民用航空旅客运输量实际值/万人	多元回归模拟预测值/万人	残差	标准残差
2008	355645	317342.6496	38302.35	0.798154
2009	447956	362075.5224	85880.48	1.789599
2010	356869	437706.7932	-80837.8	-1.68452
2011	384859	450998.9897	-66140	-1.37824
2012	464077	468328.0137	-4251.01	-0.08858
2013	479138	496575.2412	-17437.2	-0.36336
2014	538414	518999.9846	19414.02	0.404554
2015	644719	641806.3904	2912.61	0.060694
2016	800877	793074.4278	7802.572	0.162592
2017	1023039	1008684.987	14354.01	0.299113

表 7-18 舟山航空客运市场需求总量预测值

年 份	X_1 总人口数/万人	X_3 旅客接待人数/万人次	民用航空旅客运输量/万人
2018	970676	5367.914	1060193
2019	969618.7	5778.4	1124551
2020	968561.4	6188.886	1238909
2021	967504.1	6599.372	1343266
2022	966446.8	7009.858	1447624

预测结果显示，未来五年舟山航空客运市场将保持现有势头，基本保持在百万人吞吐量左右。舟山市总人口近年来有下降趋势，但旅游接待人数保持了快速增长，因此航空运输需求总量仍会保持增长。

此外，舟山波音交付中心落于舟山，由于航空产业投资的资本先行性，波音项目的交付必然会对舟山区域经济产生强大拉动效应，舟山航空制造业的发展必然会吸引与之配套的服务企业，如物流配送企业、航空培训企业和专业的航空维修企业等。由于项目新建，并无往年数据参考，在预测时并未将其考虑在预测模型内，因此考虑到航空产业投资的带动效应，舟山航空需求要比预测数值更为乐观向好。

舟山航空市场可以波音项目为契机，充分发挥舟山现有产业基础与资源条件，从航空产业链条、民用机场资源两个角度深入挖掘，搭建特色突出、层次鲜明、协同创新的舟山航空产业生态体系。一方面，通过航空产业链条带动舟山航空产业的全面发展。通过飞机总装龙头项目，沿产业链条向上拉动系统集成、零部件生产、原材料研制等配套制造产业发展，向下带动试飞交付、售后保障、维修改装等生产性服务业发展，打造一条环环相扣的航空制造产业链条。同时，以航空制造为出发点，向航空研发试验、航空附属制造两个维度拓展，深化舟山的航空产业发展内涵。利用民用机场将航空制造与航空运营有机衔接。舟山普陀山机场既是民航运输航空、通航运营的重大交通基础条件，也是开展飞机试飞交付、维修改装、航空培训等产业的重要场地。航空产业的发展也势必会不断发掘舟山自身航空市场需求潜力。

另一方面，我国航空市场需求总量将持续增长，在大型机场设施强度日渐饱和的情况下，航空市场需求比如会部分流入临近支线机场。支线机场如果能够优化交通方式结构，完善内外分离、客货分行、内畅外捷、复合多选的交通运输条件，加强同周边大型机场多种交通方式的衔接，必然能够得到航空市场旅客分流。

8   航空产业发展

8.1   协同发展

8.1.1   航空产业与地方经济协同发展机理分析

协同发展是系统科学的一个概念，强调系统内部各要素在动态变化过程中的协调合作。因此，协同与发展始终是一种互为推动的动态关系，只有系统名才能促进系统各要素及其整体发展，同时也只有发展才能使协同从一个层次走向更高层次，在运动过程中各要素之间形成相互配合、相互协作的发展态势，实现系统整体由旧结构走向新结构的转变。

就航空产业与地方经济协同发展而言，是指在一个特定区域内航空业与地方经济的相关产业和组织，在相互之间共性和互补性的基础上加强联系，通过紧密结合在一起，谋求共同发展。从航空产业链的内部分析，主要包括整机制造、零部件配套、航空附属制造、航空科技研发、航空运营保障、现代航空服务等产业体系，这些产业的发展对应地区产业结构中的制造业、科学研究和技术服务业、交通运输和仓储业、租赁和商务服务业、金融和文化业等。[1] 其内部的协同关系呈现出：航空产业对地区产业发展起到促进作用，加速地区产业结构升级；产业结构的升级，使需求量大大提升，最终对地区经济增长起到贡献作用；与此同时，区域经济的增长使地区呈现较好的发展活力，产业结构较为合理，航空产业内部要素间流通顺畅，降低了企业生产成本，也间接拉动了航空产业发展（如图8-1所示）。

8.1.1.1   协同动力

（1）航空产业发展的必然要求。当前，我国航空产业呈现快速发展态

---

[1] 严海宁，谢奉军. 航空产业与地方经济协同发展研究——以珠海航空城和高新区为例 [J]. 南昌航空大学学报：社会科学版，2013，15（2）：29.

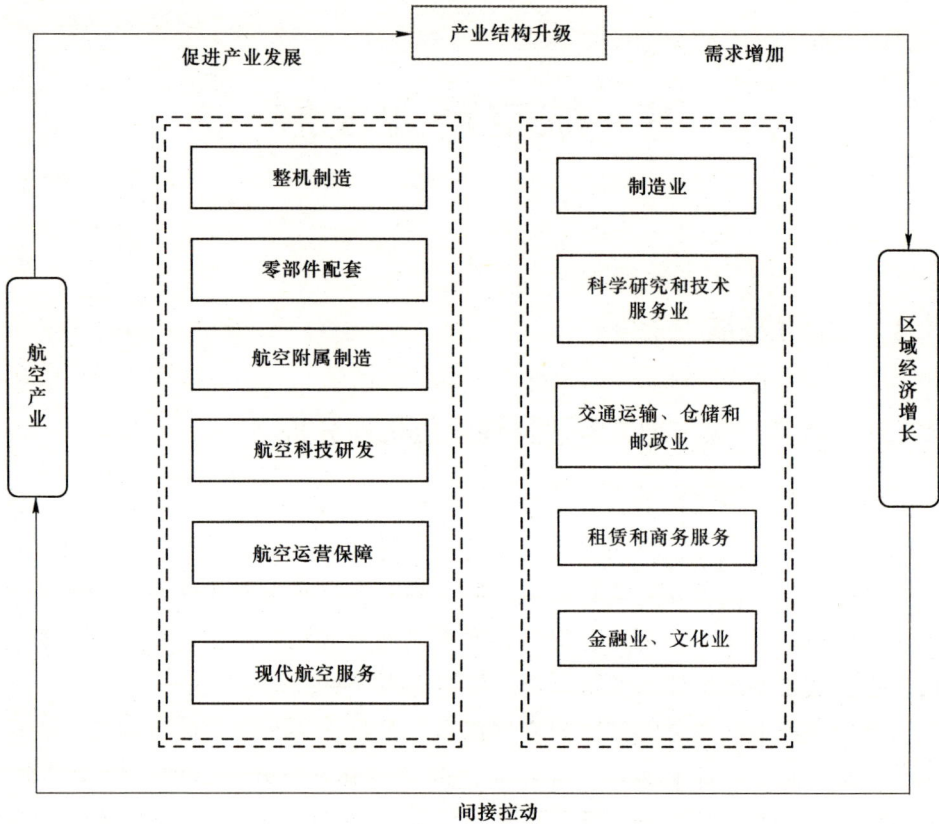

图 8-1　航空产业与地方经济协同发展机理

势,《通用航空发展白皮书(2018)》数据显示,2017 年,我国机队规模达到 2984 架,通用航空飞行小时从 2010 年的 37 万小时增加到 2017 年的 84 万小时,年均复合增长率为 12%;通航产业也呈现迅猛发展,2017 年,短途运输、低空旅游、公务飞行等新兴业务合计占比从 2010 年的 4.5% 提高到 19%。与此同时,各省、市航空产业发展持续升温,自 2011 年起,通用航空产业园的数量快速增长,新建或计划建设的通用航空产业园由之前的 21 个迅速增加到 116 个。上海、天津已布局大型飞机制造,江苏、山东等地抢先建设通用航空项目。从全球范围看,波音、空客等国际航空企业加速生产基地的全球布局,中国商飞等企业加快推进国产大飞机项目实施。未来一段时间,航空产业将迎来大发展,对国民经济发展的贡献率将持续上升。

(2)地区经济转型升级的迫切需要。随着我国经济由高速增长向中高速增长转变，各地区运用高新技术推动产业转型升级的速度不断加快，高质量发展成为地区经济实现持续增长的共同要求。航空产业是典型的高科技、高附加值产业，对地方经济具有巨大的带动和辐射作用。美国波音公司的发展报告指出，飞机的出口对国民经济的发展有着巨大的推动作用，民机销售额每增长1%，对国民经济的增长拉动为0.714%。相关研究也表明，通用航空产业投资效益巨大，投入产出比例高达1∶10，就业带动比为1∶12，是继房地产、汽车产业之后新的经济增长点，对发展地方经济、促进产业结构调整和转型升级、增加就业等具有较强的吸引力。同时，通用航空产业既是生产性行业，也是服务性行业，能带动大量就业。因此，各地把发展航空产业作为实现地区产业升级和经济增长的重要抓手。

8.1.1.2 协同效应

航空产业有较长的产业链，投入与产出周期也相对较长，对区域经济发展影响持久，因此，航空产业与区域经济呈现出较大的协同效应。具体表现为：

（1）协同规模效应。航空产业的发展往往集聚着一大批航空专业化企业，不但完善了产业链布局，也打通了产业上下游关系，使得区域内企业间实现高度分工，提高了整体生产效率和产品品质，降低了交易成本，实现规模生产。比如大批量航空产业发展所需原材料的购买可以降低价格，企业可以获得从中间产品到劳动力等各种生产要素的充足和优质供给，获得一种持久的外部规模经济性。

（2）协同品牌效应。航空产业是"现代科技和现代工业之花"，是凸显国家科技竞争力和创新性的关键所在。它不仅产业链长且辐射面广，代表了一个国家产业的最高水平和综合实力。地方经济通过引入知名航空企业，可以凸显地方经济的科技实力和品牌，为进一步招商引资树立榜样。航空企业也同样需要借助地方的知名度，显示企业的市场地位和价值，增加企业对外部的吸引力。

（3）协同创新效应。航空产业需要集成最新的科技成果，是高科技产业的典型代表。由于航空产业科技创新投入大、周期长和风险高，需要借助国家创新资源，美国的波音和欧洲的空客都是依靠国家的大力支持才能持续发展。当前，我国各地发展航空产业也需要借助地方的技术资源，通过和地方经济的协同，加强军民融合、政产学研融合，促进企业间的知识外溢和技术创新，从而降低企业的创新成本并分担风险。

8.1.2　舟山航空产业与区域经济协同现状

舟山航空产业以航空产业园为依托，发挥舟山产业基础和区位优势，特别是自贸区的政策优势和海洋产业集聚区（综保区）的产业优势，通过整合市内外资源，积极探索航空产业市场化运作，实现航空产业协同式发展。

8.1.2.1　协同发展的必要性

舟山航空产业园是政府主导型的产业园，市场牵引作用短缺，可能造成内在动力不足，而且主导产业的核心技术是由波音公司提供，这样的产业基础存在一定的风险性。同时，鉴于航空产业的关联产业众多，航空产业园不可能全部兼顾。因此，我们必须牢牢做好航空主导产业，强化波音航空产业与我市现有产业的结合，实现协同发展，提高内生动力。自贸区作为国家和地区政策创新的源泉，海洋产业集聚区作为地区产业技术创新的源泉，两者在支撑航空产业园上将发挥积极的作用。尤其是海洋产业集聚区，作为航空产业园的零部件制造园区，既是对飞机制造园区的产业补充，也能助推海洋产业集聚区产业升级。近年来，海洋产业集聚区取得了长足发展，2017 年实现工业总产值 126 亿元，其中金属制品业 2.68 亿元。海洋产业集聚区已经成为舟山现代装备制造基地和高新技术产业主战场，舟山发展航空产业离不开海洋产业集聚区良好的装备产业基础。作为飞机制造区的朱家尖岛是舟山重要的休闲旅游度假区，其普陀山机场基础设施完善，对发展保税物流、航空租赁、航空运营等产业有着较好的支撑作用。同时，整个航空产业园置于自贸区内，能够享受更多的政策优惠，对航空产业发展的政策吸引大。多中心协同发展是区域和城市发展的主要趋势，舟山发展航空产业要实现航空产业园与海洋产业集聚区等功能区协同发展，多中心之间建立持续而稳定的产业关联性，是舟山未来产业发展的必由之路。

航空产业园和海洋产业集聚区、浙江自贸区完全可以实现优势互补的协同发展，实现舟山航空产业由外来嵌入性向本土根植性的转变。这不仅有利于舟山本地高新技术、装备制造业与航空产业的互动融合，促进舟山航空产业更好更快地融入长三角经济圈，而且有利于增强对国内外大型航空企业的吸引力，获得国家产业政策扶持。从长远看，也有利于更充分地发挥舟山群岛新区整体优势，使航空产业与地方经济融为一体。

8.1.2.2　协同发展的优势条件

在区位便利性上，舟山航空产业园主体位于舟山朱家尖岛，紧邻普陀山机场，空域条件优良，对于波音飞机起降带来很大的便利；朱家尖飞机制造园区与零部件制造园区相距 30 公里，交通直达性较好，便于产业内协同配合；飞机制造园区周边拥有优越的深水港口和国际运输航线，能够满足飞机制造所需核心部件的海外运输。

在产业结构优势上，2017 年全市高新技术产业总产值占规模以上工业的 32.1%，装备制造业总产值占规模以上工业的 45.4%；战略性新兴产业总产值占规模以上工业的 37.7%；良好的高新技术产业和装备制造业基础为航空产业发展提供了技术支撑。海洋产业集聚区作为航空产业重要制造区域，其产业结构主要在装备制造业，2017 年海洋产业集聚区规模以上工业增加值 19.78 亿元，其中装备制造业 14.64 亿元，装备制造业占规模以上工业增加值的 74%，发展飞机零部件制造业优势明显。

在政策优势上，航空产业园作为浙江自贸区的重要组成部分，而自贸区是我国贸易投资便利化自由化的最高区域，航空产业园可以享受自贸区带来的政策优惠和先行先试优势，可以为国家发展创新性航空产业探路。政策上的优越性，也能够吸引更多的航空企业进入舟山。

因此，舟山航空产业发展与地区经济发展存在较强的互补性。

8.1.2.3　协同发展的不足之处

舟山航空产业与地区经济协同发展也存在一定的困难：一是产业基础薄弱。舟山发展航空产业尽管有一定的基础，但产业布局分散，产业优势不明显，产业规模不大，附加值不高等制约了协同发展。二是缺乏产业协同机制。航空产业园与海洋产业集聚区、浙江自贸区等功能区尚未形成相互支撑、相互依存的产业关联与产业网络，在产业结构的补充上与海洋产业集聚区还没有形成系统的对接；在政策创新上，还没有与自贸区形成互联互动，没有开展航空产业政策创新机制。三是自主研发水平落后。在自主研发技术以及工业制造工艺水平与国内其他航空产业园相比尚存一定差距，尤其是波音飞机所需的关键性部件大多是从外部进口，急需加大波音飞机所需零部件和内装饰设备的研制，提升服务航空产业园的能力。

8.1.3　舟山航空产业与区域经济协同发展策略

舟山航空产业园应加大与舟山产业经济尤其是与海洋产业集聚区、浙江自贸区协同，构筑舟山航空产业融合机制。通过利用地理便利性和经济互补性增加市场的联系，在降低企业交易成本的基础上形成合理协同分工，这一切需要在尊重市场机制的前提下，通过政府力量形成多方协同才能实现。

8.1.3.1　政策协同

政策协同是指政策的制定和实施主体利用不同政策措施的相互协调以实现不同的政策目标。区域政策的协同缺失，将大大削减政策实施的效果。有效的政策协同可显著改善经济绩效，促进资源在区域间的优化配置。舟山航空产业要实现政策协同，就需要将舟山的相关政策制定进行有效协同，通过对国内外航空政策的比较分析，研究建立区域财税、投资管理、技术创新等有利于协调发展的利益协调机制，联手打造产业园区和功能区，共同研究跨区域协同模式。

（1）做好顶层设计。航空产业是一个长周期产业，不可能在短时间内取得显著成效，需要政府长期的耐心扶持才有可能取得发展，因此，顶层设计对航空产业显得尤为重要。为了避免市内不同开发区之间的产业重构和恶性竞争，政府有必要统一协调各个地区的政策，在各个地区有针对性地发展自身特色产业的同时，需要加强产业之间的联系和协调。

（2）细化协同政策。在支撑性政策层面，尽快出台《关于加快舟山航空产业发展的若干意见》，辅以相关的其他文件，构成微观政策和落实主体，同时舟山航空产业微观政策的覆盖面仍需进一步扩大，以调动航空产业园以外区域参与航空产业发展的积极性，并注重采用多样化政策手段、多渠道扶持重大协同项目的发展，比如采取科技立项配套、奖励引进企业、贷款贴息、人才引进奖励等具体政策。

（3）加强协同扶持。航空产业投资时间长、回报周期长，因此需要政府出台产业发展的中长期扶持政策规划，根据舟山航空产业本身以及不同发展阶段和协同对象的特点，使协同政策在不同阶段的扶持对象和扶持力度有所侧重，实现航空产业与地方经济的协同在不同的发展阶段都能得到有效的政策支持。

（4）制定差异政策。作为新建立的航空产业园，舟山在发展航空产业时应制定差异化的协同政策，根据不同类型企业关注给予不同的扶持政策。大型企业更加重视土地成本的高低、配套设施的完善和上市融资的力度等关系企业长远发展的政策，而中小型企业的生存发展不易，对当前的厂房租金、贷款贴息和税收优惠更加关注。因此，有必要针对不同类型的企业制定不同的协同政策。

（5）加大创新支持。航空产业是高科技产业，需要强大技术力量的有力支撑才能获得快速发展，因此，要加大对航空产业科技创新的财政、金融和税收支持力度。我市本身的科研力量相对薄弱，高层次航空技术人才的储备还很不足，特别缺乏国家级大型研究院所的支撑。因此，急需构建协同创新平台，实现企业、高校、研究院所等各类机构创新资源的共享和集成。

（6）重视本地企业。创新往往是和创业紧密联系在一起的，在采取各种措施引进外地企业的同时，也要采取专门措施扶植本地企业创业。由于本地企业具有天然的根植性，一旦创业成功，就会对当地经济产生很大的带动作用。可以鼓励成立创业投资公司，重点支持一批重大航空科技成果产业化项目，培育一批高科技航空种子企业，壮大本土的航空企业发展。

8.1.3.2   产业协同

产业协同是指对航空产业和舟山已有产业匹配，尤其是与海洋产业集聚区的产业匹配和融合。航空产业的构成非常广泛，波音 737 完工和交付中心为核心的舟山航空产业园未来将在零部件制造、机载系统、航空租赁、航空培训等方面迎来大的发展，各功能区应加深航空产业经济的紧密联系，形成优势互补和资源共享的产业融合体系。结合航空产业园发展实际，可以选择以下几个方面进行协同发展。

（1）航空制造。航空产业园可以以大飞机的整机制造总装为牵引，积极吸引国内外飞机零部件生产商，机电、航电、生活设施等机载系统集成生产商落户，打造大飞机零部件生产基地、机载系统和产品聚集地。海洋产业集聚区在装备制造业和电子产品方面有一定的基础，可以重点加大大飞机零部件和卫星应用产业发展，服务波音产业对零部件生产的需要，同时为整机制造奠定产业基础。因此，将高端制造业和软件业这两个细分领域作为发展航空产业的切入点，对于协同做大做强具有重要的领航作用。

（2）航空运营。航空产业园应围绕国内通航产业迅速发展的机遇，加快

"通航+"方向的拓展，提升区域城市品质，拉动产业经济，积极发展民航运输、通航旅游、维修改装等产业。舟山在民航运输和通航旅游上已有一定的基础，下一步应完善产业体系，依托产业园政策引力，创新通航旅游发展模式；加大航空产业园与民用航空局的沟通协调，在民航运输上做好文章；依托海洋产业集聚区的制造优势，实现航空产业园与海洋产业集聚区在干线、支线飞机定检维修上实现突破和发展。

（3）航空服务。航空产业园应依托舟山特殊的地理位置和已有的服务业产业基础着力发展航空物流、航空租赁、航空金融等航空产业的衍生服务产业，扩大航空产业链条，形成健全的航空产业体系。可依托自贸区的政策优势，加快航空租赁、航空物流的创新发展；综保区可依托现有产业基础和能力基础，围绕航空保税物流、航空租赁、航空会展、航空培训等，与航空产业园携手发展航空服务业。

8.1.3.3　机制协同

机制协同是指采用新的组织形式对各类资源进行配置，努力营造相对稳定、良好的制度环境，为协同发展创造有利的外部环境。

（1）建立跨区域协同合作机制。建立航空产业园和海洋产业集聚区、浙江自贸区等主要功能区领导联席会议制度以及工作协调机制，对重点产业、项目和区域合作进行定期沟通，实现重大决策和政策的无缝对接和协同。鼓励发展各种非政府的横向协调机构，大力支持组建各种区域性行业协会、商会等社会团体联盟，作为增进彼此联系的纽带。

（2）培养区域协同交易市场。区域间的资源协同利用，能够提升产业发展活力，也能够遏制产业布局的"市场失灵"，降低企业生产成本，提升生产要素在区域内的合理、顺畅流通水平。通过建设资本市场、信息市场、技术市场和人才市场等，必要时可建立跨行政界限的航空产业资源一体化大市场，打破地方保护主义，允许资源、资本、技术、信息和人才等自由流动。

（3）建立多元利益共享机制。由舟山市统揽全局，在不同的园区建设和招商中，按照共建共享的原则，整合全市资源，共同引进国内外各类航空企业。可以积极探索"飞地经济"发展路子，联合建设双向产业转移园，在税收上实施分税制。在资金运作中，构筑融资新平台，通过市场化运作，发挥财政资金的杠杆作用。在资本运作中，鼓励航空产业园和海洋产业集聚区的企业实现交叉持股，通过资本纽带实现双方更紧密的联系。

（4）完善考核与激励机制。修订管理人员的考核指标，增加是否能协调不同地区之间关系以利于整体发展的指标，比如本地区内不同部门之间以及与上一级部门之间是否形成分工协作网络等。建立能够分析和评价本地区为其他地区发展所做配合与贡献工作的考核体系，推动航空产业与区域经济的协同发展。

8.2 航空产业园发展

8.2.1 我国航空产业园发展情况分析

2003 年 6 月，我国开始建设第一个通用航空产业园——山东大高通用航空城；2008 年 2 月 29 日，国家发展改革委一次性地批准了成都、哈尔滨、安顺、沈阳 4 个民用航空产业高技术产业基地和重点发展民用航空航天等产业的北京、上海、天津、深圳等 6 个综合性国家技术产业基地。据不完全统计，截止到 2017 年年底，我国已有 116 个县级以上城市在建或计划建设通用航空产业园，数量超过 170 个，总投资超过 1.5 万亿元，遍及我国内陆 28 个省、市、自治区。其中，园区数量在 8 个以上的省、市、自治区有 8 个，分别为浙江、山东、江苏、陕西、辽宁、四川、北京、内蒙古自治区。目前，已建成国家级航空产业基地的有 10 家。

从我国主要航空产业园总体情况分析和国内主要航空产业园（见表 8-1）的发展情况来看，经过十几年尤其是近五年来，我国航空产业的发展呈现出以下几个特点：

（1）依托航空科研机构和技术力量是发展航空产业的重要支撑。目前，国内主要的国家级航空产业园，西安阎良、沈阳、哈尔滨、安顺和成都等都依托原有的航空装备科研生产体系和装备制造生产能力以及已具备的航空产业基础发展民用航空产业。如民用航空产业是哈尔滨自身培育出的在全国有较强竞争力的优势产业，形成了以直九系列直升机、运 12 系列通用飞机等以及航空发动机、直升机传动系统和部件为主的航空系列产品；拥有航空复合材料产品生产基地、国家树脂基复合材料工程技术研究中心和铝镁合金加工基地。沈阳市拥有各类科研机构 374 个，包括航空科研院所、设计研究所、飞机发动机研究所、空气动力研究所等国家重点研究院所；此外，沈阳还拥有 5 个国家级航空重点实验室和 5 个省级航空重点实验室，是我国大型航空发动机生产基地，拥有国内最先进的机身及零部件生产加工和技术中心。阎良航空城的建设也依托县较好的航天科研技术基础。西安是我国的传统航空工业基地，航空产业的资产规模、人才总量和科技成果均占全国1/4强，全国近1/3的航空科研生产力量布局在西安。特别是在西安市区东北区域的阎良区，经过近60年的积累，聚集了一批独占性的航空院所厂区（一飞院、试飞院、西飞公司、强度所），形成了在全国乃至世界范围内均极具竞争力的核心航空产业体系，为西安航空军民融合率先发展提供了可靠的基础支撑。

（2）大项目大企业带动是各地航空产业园的发展支撑。大项目具有较强的示范引领作用，大企业的引进能够扩大本地的航空产业实力，延长航空产业链，促进相关产业的发展。天津中国民航科技产业化基地有天津空中客车、中航业集团西飞国际、中航工业集团直升机公司总部、长江租赁有限公司、工银租赁等；又如沈阳民用航空产业国家高技术产业基地有庞巴迪C系列飞机、AR2飞机发动机总装支线飞机、公务机、通用飞机总装、飞机维修等。随着我国航空产业越来越多地融入世界航空产业体系中，全球著名的大飞机制造商、公务机生产商、飞机发动机制造商及零配件配套和复合材料厂商除波音、空中客车外还有庞巴迪宇航集团、孟菲斯集团、通用电气、港机、巴西航空公司、霍尼韦尔、新科宇航有限公司、公务机（RD）有限公司等，都已进入我国航空产业市场，航空产业市场的国内竞争已逐渐演变为国际化竞争。

（3）各地政府将发展航空产业作为产业升级和产业结构调整的重要发展战略。由于航空产业本身属于高科技产业，对科技创新和产业的升级具有很强的作用，与此同时，航空产业也是当前国内外积极发展的战略性产业，对拉动本地区经济发展具有很强的牵引效应。沈阳市将民用航空业确定为辽宁省五大重点产业，积极推进沈阳民用航空产业园建设，发展目标是将沈阳北部建成民用航空研发基地、市区核心区域建成民用航空服务基地、南部形成民用航空整机制造、维修基地，成为"三位一体"的民用航空产业基地。长株潭国家航空航天高技术产业基地——长沙航空工业园、株洲航空高技术产业基地组成以省委、省政府主要领导牵头的株洲民用航空航天高技术产业基地领导小组。同时，省政府成立相应的职权机构，保障机构运营。

（4）打造一流航空产业集群成为各地航空产业园的发展目标。国内许多航空产业园以推动航空产业实现产业集中、产业聚集、产业集群为发展理念，超前谋划、科学布局，充分利用产业链招商，增强产业聚集，全力谋划和推动整机制造、转包生产、零部件加工、机载系统、航空新材料、维修改装培训、航空主题旅游等特色产业，在短时间内实现航空资源的重新整合，有目的地吸引配套产业及上下游产业，延伸产业链条。如西安阎良基地一批重大项目在航空基地开花结果，新舟60、新舟600和新舟700飞机在航空基地实现了系列化产业化发展。随着空客A320项目开工建设、长江租赁有限公司迁址天津以及工银租赁、民生租赁、大新华快运、银河航空（中韩合资）等知名企业在津落户，天津航空产业基地已经逐渐形成了以航空制造业为核心，以航空租赁业和航空运输业为主干，涉及航空研发、航空制造、航空物流以及航空金融等多个行业为一体的较为完整的航空产业链。

（5）主动承接国际航空产业转移和为航空产业龙头项目配套成为发展的基础。当前，主要航空大企业，如波音、空客等都将航空产业向发展中国家转移，这一方面为发展中国家发展航空产业带来契机，另一方面也能够使主要航空大企业减少更多的成本，提升竞争力。如西安阎良航空产业基地积极承接世界航空产业转移，对外合作能力逐渐增强，转包生产业务量大幅增长，对区域经济增长贡献逐步增强。2018年1~6月，航空基地完成生产总值16.8亿元，可比价增速为18.8%；完成规模以上工业增加值5.85亿元，可比价增速为17.5%；完成全社会固定资产投资同比增长27.3%；工业投资同比增长17.7%。中国昆山航空产业园是把航空产业龙头项目配套作为发展航空产业基础的典型案例，江苏并不是我国航空工业力量强大的省份，昆山更没有航空工业的基础。昆山航空产业园其实就是为上海大飞机项目配套服务的，园区主要吸引一批民营企业在这里为上海飞机工业做零部件加工。类似的还有镇江新区航空工业园、长三角航空科技产业园等。

（6）推动通用航空产业的发展成为许多地区关注的焦点。随着经济社会的发展，人们对航空的需求更加个性化，同时航空产业也与旅游、农业等产业更加融合发展，中国通用航空产业的发展正酝酿一场革命性的变化，这为推动通用航空产业的发展带来了契机。在这样的背景下，许多航空产业园都看准了这一发展趋势和巨大的市场潜力，把发展通用航空作为发展航空产业的切入点。成都民用航空高技术产业基地的发展重点之一是通用飞机和直升机制造；长株潭国家航空航天高技术产业基地努力打造中国中部地区公务机和紧急救援直升机生产基地；南昌航空工业城是集航空产业产品及相关产业研发与制造、航空通用运营与服务、航空博览、旅游、教育、运动娱乐以及住宅小区建设为一体的现代化综合城区；滨州大高通用航空城主要瞄准中国日益开放的通用航空市场，以飞行员培训、飞行器组装与维修、生态观光旅游、公务机商务机托管、航空航天会展、农业救灾等为主营业务；浙江省积极发展通用航空产业，"十三五"时期计划建设多个通用航空基地。

表8-1　国内主要航空产业园发展情况一览表

序号	名称	批复设立	占地规模	项目	重点企业	管理体制	备注
1	西安阎良国家航空高技术产业基地	2004年8月国家发改委批复设立,2005年3月正式启动	规划面积110平方千米,核心区面积40平方千米	"全产业链"构建发展模式,包括整机制造、大部件制造、关键技术研发和零部件加工;航空飞行员培训、航空旅游博览、客改货,航空物流俱乐部、民用飞机维修、定检、公务机托管、	已注册近200家,85%以上是民营和外资企业,有西飞国际、普菲沃、优诺杰、海飞特等一大批国际国内知名企业	成立了航空产业委员会,基地管理委员会,由西安市副市长(或市委常委)担任基地管委会书记	该基地已成为我国目前唯一一个通用航空试飞园区。2010年6月,国务院批准将西安航空基地升级为中国唯一一以航空为特色的国家级"陕西航空经济技术开发区"
2	天津航空城(中国民航科技产业化基地)	2007年5月空客A320系列项目开工,2008年4月天津中国民航科技产业化基地破土动工,2017年9月空客A330宽体飞机完成和交付中心启用	占地102平方千米,核心区63平方千米,中国民航科技产业化基地11平方千米	截至2017年9月共引进60多个高端航空制造、维修项目,200多个航空服务项目,包括空客A320系列飞机总装项目、直升机研发制造基地、机翼组装生产等	空中客车、美国孟菲斯工业集团、中航工业集团西飞国际、中航工业集团直升机公司总部等,长江租赁有限公司迁址天津以及工银租赁、民生租赁,大新华快运等知名企业落户	天津航空产业开发有限公司根据天津市政府和航空局的要求,承担滨海新区临空产业区(航空城)内中国民航科技产业化基地建设、运行、管理、招商引资,入园企业服务任务	2017年空港经济区航空航天工业总产值完成779.6亿元,增长8.6%;航空运输业实现营业收入88.3亿元,增长8.84%

续表 8-1

序号	名　称	批复设立	占地规模	项　目	重点企业	管理体制	备　注
3	沈阳民用航空产业国家高技术产业基地	2007年9月中航工业集团公司与沈阳市政府共建沈阳民用航空产业高技术产业基地，2008年2月国家发改委批复设立	总规划面积127平方千米	庞巴迪C系列飞机、AR21飞机、动机总装支线飞机、公务机、通用飞机、飞机维修基地、航空研发培训基地、航空物流基地	庞巴迪公司、中航工业集团、南航集团航空运输与物流基地、欧直德国公司	属副市级单位，副市级干部、东陵区委书记兼任国家航空产业高技术产业基地管委会主任	
4	珠海航空产业国家高新技术产业基地	2007年12月广东省发改委批准创设珠海航空产业高技术产业基地，2009年12月国家发改委批准设立	用地51.71平方千米	飞机总装、飞机零部件加工制造、航空维数控中心、航空维修、航空服务和航空物流等项目	中航工业通用机有限责任公司、航天科工（深圳）集团、武汉航特装备\美国西锐通用航空公司	金湾区航空产业园党委书记兼园区书记，区长兼任市航空产业园党委副书记，市航空产业管委会主任，1名区位常委兼任管委会副主任	从2008年成立至2018年10月，已累计完成34项园区基础设施投资建设项目，累计签订建设合同总额超过100亿元，完成政府投资达73.95亿元
5	成都民用航空产业高技术产业基地	2007年8月20日成都空天高科技产业基地正式开园，2008年2月国务院发改委正式批准	园区占地近0.67平方千米，一期建设用地0.29平方千米	重点在大飞机机头、支线飞机、通用飞机和直升机制造、干线飞机零部件生产、航空零部件制造、航空维修卫星通信应用等方面	中电科航空电子有限公司、成发集团、成飞公司	成都空天高技术产业基地股份有限公司，隶属于成都市高新区	2015年，规模以上航天企业实现主营业务收入55.8亿元，利润4.3亿元，利税6.1亿元，保持高速增长

续表 8-1

序号	名称	批复设立	占地规模	项目	重点企业	管理体制	备注
6	长株潭国家航空航天高技术产业基地	2008年2月长株潭国家航空航天高技术基地得到国家发改委的正式批准	长沙航空工业园占地28平方千米，株洲航空高技术产业基地规划占地45平方千米	发展中小型航空发动机、飞机辅助动力装置（APU），航空转包、飞机着陆系统、直升机与通用飞机、中小型地面燃气轮机、航空新材料、临近空间维修服务、临近空间等九大领域产业，打造中国中部地区公务机和紧急救援直升机生产基地	中航飞机起落架集团、南方航空公司力机械有限公司、608研究所、德光实业、庆云电力机车配件厂、华森实业有限公司、美国公务机公司（RJ）有限公司	组成以省委、省政府主要领导牵头的株洲民用航空天高技术产业基地领导小组；同时，省政府及省主要部门应设立同职权的领导机构，确保基地建设进入高速运转阶段	
7	安顺民用航空产业国家高技术基地	2008年3月安顺民用航空产业国家高技术基地在开发区揭牌	98平方千米	建设航空制造业基地和地方机械产业基地、航空企业集聚区及青少年科普教育基地、航空工业配套零部件生产基地、飞行员培训基地；目前，进入人民用航空产业基地的项目有9个	贵航集团云马飞机制造厂航空转包项目，阿莫特飞机制造有限公司2座复合材料轻型飞机项目已落户，贵航无人机研发生产项目，华夏民用飞机维修项目在该	成立了贵州省安顺市民用航空产业国家高技术产业基地建设领导小组，组长由孙国强副省长担任，成员为省直有关部门、安顺市人民政府和贵航集团，领导小组办公室设在省经信委	到2020年，力争实现通用航空产业经济规模500亿元，其中航空器及关键部件制造业实现产值250亿元

续表8-1

序号	名　称	批复设立	占地规模	项　目	重点企业	管理体制	备　注
8	上海民用航空产业示范基地建设	2008年11月上海市人民政府与中国航空工业集团签署战略合作框架协议	上海临港产业园区的民用航空产业配套基地一期规划用地5平方千米，计划建成20平方千米民用航空配套产业基地	民用飞机、商用飞机、发动机、机载系统、设备、材料及零部件、航空金融、租赁、物流等相关服务业；在一期规划5平方千米的新园区内，主要建设一个航空发动机研发中心和装试基地，目前上海市政府已决定，将航空产业建成为继石化、钢铁、汽车之后的又一个经济支柱产业	中国商飞公司、中航商发公司、中国航空无线电子研究所	五个产业区域：浦发张江南区、浦发机场南端、闵行紫竹、宝山大场、浦东临港	
9	哈尔滨民用航空产业国家高技术产业基地	2008年2月哈尔滨民用航空基地获得国家发改委的正式批准	占地35平方千米	Z15直升机产业化、飞机制造中心、复合材料制造中心、燃气东安发动机等发动机制造中心，2009年Y12F飞机将完成首飞	哈尔滨飞机工业集团有限公司、东安发动机集团有限公司、东北轻合金有限责任公司	平房区、哈尔滨开发区	预计到2020年，哈尔滨市通航产业将实现销售收入500亿元，以通航产业为主导的舟市航空产业将向千亿级规模挺进

续表 8-1

序号	名称	批复设立	占地规模	项目	重点企业	管理体制	备注
10	南昌国家航空高技术产业基地	2009年底前动工, 2016年投产, 2009年国家发改委批准设立	占地25平方千米	集航空产业产品及相关产业研发与制造、航空通用运营与服务、航空博览、旅游、教育、运动娱乐以及住宅小区建设为一体的现代化综合城区	洪都、昌河	航空城科技开发公司、洪都商用飞机股份公司、南昌通用飞机公司	2017年航空产业主营业务收入2.37亿元
11	厦门航空工业区	始建于1993年,是中国唯一以民航维修为专业的航空工业区,1994年,厦门航空工业有限公司成立	占地面积3.39平方千米	航空维修产业集群	美国波音、通用电气、港机、日航、汉胜、霍尼韦尔、新加坡新科宇航有限公司、太古飞机工程有限公司	由厦门航空工业有限公司负责航空工业区用地的整体规划、设计及开发建设、招商引资	2017年,航空工业区总产值达到132亿元
12	中国昆山航空产业园	2008年10月成立	规划面积约3平方千米	目前已集聚20家航空配套企业,涵盖范围从航空材料、航空装备到航空用器材	华德宝集团、苏州中导光电设备有限公司、中加国际机场、新宇航空消雾机、新宇航空材料有限公司等	巴城镇、淀山湖镇、高新区和周市镇	

续表 8-1

序号	名称	批复设立	占地规模	项目	重点企业	管理体制	备注
13	合肥航空产业园	2007年5月中航工业集团公司与合肥市政府签约建设合肥航空产业园，2009年4月一期工程投产	占地0.31平方千米	主要投资于航空氧气系统、军用空调系统、敏感元件系统、飞机副油箱系统、飞机试验试飞装备吊装系统、飞机地面保障设备系统生产线	中航工业集团公司、安徽江淮航空制氧制冷设备公司、合肥航空装备公司	包河工业园	形成年产空调器及方舱、航空仪表10万台和航空地面设备100台(套)能力，将芜湖民用飞机维修建成年产200万(套)航空配件生产线
14	无锡空港产业园区	2007年10月30日，无锡空港产业园正式起步建设	总面积达55平方千米	园区内仓储物流、出口加工、邮件快递、旅游经济、房地产等新兴产业发展均被列入了全面规划中，有多个综合园区服务供应商在此设立华东区城空运枢纽	安尔特起重机械有限公司，托斯微尔科技有限公司，美罗钢格板有限公司，法国腾达航空地勤设备生产基地，苏宁电器、百联奥特莱斯	无锡市新区	
15	南京金城航空科技园	2006年9月16日	占地0.04平方千米，建筑面积6万平方米	主要用于建设航空轻型动力研发、生产、试验基地	南京理工大学、南京航空航天大学、南京农业大学和信息产业部第五十五所，二十八所，8511所，总参六十三所，农科所	南京金城集团开发	建成以精工机械、轻型航空器为主导行业的航空产业集群

续表8-1

序号	名称	批复设立	占地规模	项目	重点企业	管理体制	备注
16	滨州大高通用航空城	2002年11月经山东省人民政府同意并报经空军司令部批准成立	占地5.36平方千米，建筑面积28700平方米	飞行员培训、飞行器组装与维修、观光旅游、公务机商务机托管、航空救灾等通航业务，2009年9月10日又接23架DA40型4座通用飞机	滨州大高通用航空城有限责任公司，山东滨奥飞行器制造公司	控股74%的大高通用航空城现正谋求退出	
17	福州多功能航空产业园	2014年8月	规划用地总面积3.35平方千米，一期占地约1平方千米	无人机培训、制造、售后服务，水上飞机浮筒维修、研发及水上飞机加改装、野马飞机制造、测试及交付中心以及飞机部件转包生产	福建通航航空产业园有限公司，香港蓝天飞行器制造有限公司	福建通航航空产业有限公司负责运营	
18	芜湖航空产业园	2016年8月列入安徽省战略性新兴产业集聚发展试验基地，2017年1月，通用航空产业综合示范区	规划面积8.4平方千米，远期规划面积32平方千米	通用飞机、航空发动机、无人机、航空螺旋桨、航空模拟器、航空部件等通用航空产业链	芜湖钻石飞机制造有限公司，芜湖钻石航空发动机有限公司，中国台湾天空飞行科技股份有限公司	芜湖市政府成立	园区已引进航空要素项目32个，计划总投资超200亿元

续表 8-1

序号	名称	批复设立	占地规模	项目	重点企业	管理体制	备注
19	两江新区航空产业园	2012年2月两江航投集团成立	规划面积约8平方千米	通航产业"制造+运营+服务",运输航空动力"整机+零部件",新型复合金属材料"研发+制造+供应链"的全产业链	重庆通航集团、两江航投集团、宗申集团、瑞士皮拉图斯飞机、美国恩斯特龙直升机等	重庆两江航空产业投资集团有限公司负责运营	两江新区航空航天产业累计引进项目近20个,社会投资超过300亿元
20	大连通用航空产业园	2012年5月	规划面积14平方千米	用航空器组装制造、航空零部件制造、通用飞机运营、通用航空销售、通用航空教育培训和航空旅游等产业	汇程铝业、世杰航空锻造、东北特钢等	登沙河产业区	计划5年内建成以通用航空服务业为主导、通用航空工业为基础、海滨航空小镇为依托的通用航空之城,年产值可突破300亿元

数据来源: 1. 各地区航空产业园官网以及实地调研所得;
2. 部分内容引自刘蕾英. 珠海航空产业园与航空产业发展研究 [M]. 珠海: 珠海出版社, 2010.

8.2.2　我国航空产业园发展模式

8.2.2.1　航空产业园发展模式

目前，我国航空产业园的主要发展模式、管理体制、机制各具特色。从航空产业园产业定位和运营规模的差异看，产业园分为专业型和综合型产业园。专业型航空产业园主要分为主业型、物流型、高新技术产业型、商务贸易型、制造配套型。从发展主导力量来看，主要分为政府主导型、公司主导型、政园合一型。具体如下：

（1）政府主导型航空产业园。这类管理模式是我国大多数航空产业园区选用的模式。在这种模式下，一般成立以地方政府相关领导组成的领导小组负责航空产业园发展重大决策和重大问题的协调。航空产业园区管理委员会作为园区所在地政府的派出机构在园区内行使经济管理权限和部分行政管理权限，包括项目审批、规划定点等。在机构设置上，设工委（或党委）与管委会两套班子合署办公。为适应市场经济体制的需要，航空产业园对企业实行间接的法制化、政策化管理，主要职能是建立健全社会化服务体系，为企业提供各种服务。如西安阎良国家航空高技术产业基地、沈阳民用航空产业国家高技术产业基地等。

政府主导型航空产业园可以充分利用我国强势政府的特点建设发展航空产业园区。一是地方政府可以利用宏观调控手段对园区进行整体规划和布局；二是有利于园区争取到更多的优惠政策和财政资金，为园区积蓄更多的发展基础和资本实力；三是便于利用政府权威协调园区与外部单位和部门的关系，在土地征用、项目审批等工作上有效疏通渠道，提高办事效率；四是由地方政府出面招商引资可以在很大程度上消除投资方的顾虑，提高项目落地率；五是社会化服务体系的健全为企业发展提供更多的便利。另一方面，政府主导型航空产业园也存在弊端。人们习惯于把管委会看作是一级地方政府，但是我国法律体系中并没有关于管委会性质的立法界定，因而管委会也就没有明确的法律地位和行政主体资格，这样就容易造成管理上的混乱。

（2）公司主导型航空产业园。公司主导型航空产业园是指采用企业化管理航空产业园区的一种模式。这种模式管理机构的主体是营利性的公司——航空产业园区开发公司，担负着管理与开发的双重职能，包括园区的规划建设、基础设施建设、招商引资、土地征用、园区管理等方面。如厦门航空工业有限公司负责航空工业区用地的整体规划、设计及开发建设、招商引资等；重庆两江航空产业投资集团有限公司负责两江新区航空产业园开发建设、招商引资等。采用公司主导型航空产业园首先可以使园区的开发管理工作实现专业化，便于提高运作效率，也有利于提高管理机构对市场信息的敏感度，使园区企业更及时地跟上市场需求，还可以运用经济杠杆进行园区管理，有利于提高开发建设的效益。当然，公司主导型航空产业园也存在一些弊端。譬如，开发公司不具有政府职能，缺乏必要的政府行政权力，容易影响整体管理能力的发挥；开发公司的管理属于企业行为，可能过于以经济效益为目标，偏离园区设立的初衷；开发公司承担部分社会管理职能，将会给企业带来一定程度的负担。

（3）政园合一型航空产业园。政园合一型航空产业园实行一套班子、两块牌子。采用这种管理模式的航空产业园区不同于一般的产业园园区，也不同于一般的行政区，而是综合两者的功能，既承担产业园区的开发建设任务，也承担地方政府的行政管理职能，园区管委会主任同时也是地方政府领导。❶如沈阳民用航空产业国家高技术产业基地、珠海航空产业国家高技术产业基地。

政园合一型航空产业园综合了一般产业园区和行政区的优势，使产业园区形成了集行政、经济、社会于一体的综合发展区域，这样有利于整合、发挥园区与政区的资源与创新优势，实现优势互补，为园区经济提供更多的发展机遇和发展动力，更有能力兼顾经济与社会全面发展。但是，这种模式的管理面过于宽泛，容易干扰和冲击园区经济开发管理的主要功能，造成目标偏移，弱化园区的示范带动效应。

8.2.2.2 国内航空产业园发展优劣势

天津航空产业园成立初就得到了国家和民航总局的支持，发展较快。目前，天津已有9个大的航空项目布局在滨海新区，其中除了空客A320系列飞机天津总装线外，还包括直升机产业基地项目、特种飞行器生产基地项目、机翼组装生产项目等；厦门航空工业区定位于航空维修，主业突出，运行良好，但受制于土地资源和原有业务限制；西安阎良航空产业基地从航空产业的布局上看较为散乱，航空企业分散在西安的西郊、北郊、高新区和阎良区，

---

❶ 王璇，史同建．我国产业园区的类型、特点及管理模式分析［J］．商业，2012（7）：76~78.

与当地经济融合也不紧密。此外，各航空产业园区带有一些共性的问题是管理体制机制不灵活、产业规模较小、重点不够突出、布局不够合理、基地基础配套薄弱、研发投入不足、创新能力较弱、人才技术力量缺乏等，这些都严重制约航空产业的快速发展。

8.2.2.3　舟山航空产业园发展模式

为推动舟山航空产业发展，统筹协调各方资源，舟山市成立了舟山航空产业园建设领导小组，由新区党工委书记、管委会主任、市委书记和新区党工委副书记、管委会常务副主任、市长担任领导小组组长，市委常委、秘书长担任常务副组长。同时，根据省编办《关于调整舟山市民用航空管理局设置的函》（浙编办函〔2017〕50 号），设立浙江舟山群岛新区航空产业园管理委员会，为浙江舟山群岛新区管理委员会直属的相当于正县（处）级公益一类事业单位，原舟山市民用航空管理局调整为在航空产业园管委会挂牌。航空产业园管委会主要负责航空产业园的开发、建设和管理工作，以及航空管理、机场安全运营监管等工作。航空产业园管委会设有 6 个内设机构，分别为：办公室、产业发展局、规划建设局、航空事务管理局、口岸事务管理局和财政局。

（1）发展模式评析。从上述对航空产业园的划分来看，舟山航空产业园属于政府主导型航空产业园。舟山航空产业园是建立在政府干预主义机制之上的产业发展模式，主要通过波音航空项目的引入以及普陀山机场的运行所衍生出的产业链，这一模式可以发挥政府在推动项目引进、招商等方面的主导作用，也容易在短时间内完善航空产业链条。根据德国系统理论学家李斯特和美国经济学者汉密尔的观点，某个地区的一个新兴产业，当其还处于最适度规模的初创时期时，可能经不起外部的竞争。政府如果通过对该产业采取适当的保护政策，提高其竞争能力，将来可以具有比较优势，能够出口并对国民经济发展做出贡献的，就应采取过渡性的保护、扶植政策。政府主导型的航空产业园在保护初创型产业上是具有极大优势的。航空产业尤其是大飞机制造产业在舟山是一个新兴产业，在发展中获得政府支持是至关重要的，能够发挥比较优势，提高其竞争力。

然而，政府主导型产业由于依赖外部力量的嵌入，市场推动力弱，缺乏内在动力，外部"嵌入型产业"在短时间内难以发挥根植本地的作用，很容易由于缺乏必要的基础而出现带动作用差等问题。因此，对于政府主导型航空产业园，一方面必须加快招商引资力度，完善产业上下游链条，减少航空产业发展的生产要素成本；另一方面，也需要加大对本土企业的培养支持力度，发挥根植产业对地区发展的牢固度，因为本土培养的企业往往有很强的"根植性"，对地区发展的影响和贡献是长久的。

（2）管理体制评析。目前，浙江舟山群岛新区航空产业园管理委员会是直属的相当于正县（处）级公益一类事业单位。在 8.2.2 节中，我们已经介绍了产业园在地区管理中的杂糅问题或混乱问题，因此，理顺这一关系十分重要。从目前我国已经成立的政府主导型航空产业园设立的管理委员会大都采取四种管理体制（见表 8-1）：一是单位属副厅级，一把手为副厅级干部。这种模式便于协调资源，统筹航空产业园所在地区的行政资源，特别是土地资源，也防止出现产业的重复现象。二是单位属县处级，主要领导是副厅级。这种模式一般管委会书记由副厅级的领导兼任，便于协调行政资源，合理布局产业。三是单位属县处级，主要领导由所在地区领导兼任，一般管委会书记由所在地区的县区的书记担任，管委会主任由所在地区县区的县长或区长担任，常务副主任由所在县区的常务副县区长担任。四是单位属县处级，管委会党组书记和管委会主任均为正处级。舟山航空产业园目前属于第四种类型，这种模式属于一般的管理模式，行政资源和产业布局协调主要依靠航空产业园建设领导小组。

8.2.3 舟山航空产业园发展策略

针对舟山航空产业园的发展现状，我们提出以下几个对策建议：

（1）创新航空产业管理体制。航空产业园管理体制上可以选择准行政区或行政区与政府合署模式，即创新一个浙江自贸区、普陀区与航空产业园互融发展的管理体制，统筹解决产业园与行政区经济社会发展中出现的各类问题，突破产业园区的空间束缚，较好地促进产业园区和所在城区的共同协调发展。加强航空产业基地和保税区、自贸区的联动作业，形成以航空产业园为核心，朱家尖-普陀山、海洋产业集聚区、保税区等舟山航空经济体系，逐步形成航空制造业、物流、商贸、出口加工、金融、旅游、航空文化等综合功能延伸。此外，为扩大航空产业园的管理层次，有利于园区与综合部门的融合，建议提高航空产业园的行政级别，按副厅级干部配备。

（2）理顺行业管理体制。目前，我市航空产业行业管理机构有：航空产业发展领导小组、民航管理局、航空产业园管委会、舟山保税区空港分区、浙江自贸区普陀分区等，他们分属不同的部门，组织协调环节较多，效率低下，需要进一步理顺。

（3）制定《舟山航空产业园条例》。无论是采取准行政区型模式，还是类似行政与政府合署模式，拓展航空产业的发展，都要有政府主导发展的，政府在产业发展过程中的作用举足轻重，❶ 因此，建议市委市政府根据航空产业园区发展的需要，尽快制定舟山航空产业园条例，确定园区的法律主体地位和管理体制下管委会的权利、义务和管理权限。

（4）加快航空人才培养。依托舟山职业技术学校（舟山技师学院）和波音航空公司、中国商飞公司，探索筹建浙江航空职业技术学院，培养航空人才。建立浙江航空职业技术学院不仅是优化浙江省高职院校结构布局、填补浙江航空教育发展空白的需要，也是加快发展高等职业教育、浙江省航空产业发展及落实长三角一体化国家战略的需要，更是顺应区域经济发展，服务舟山航空产业园的需要。全力构造产学研一体化平台，打造在舟高校与研究机构、产业园区、企业产学研一体化平台，通过薪酬的倾斜性调整、工作环境的改善等途径，吸引外地人才来舟山，加快培养本地航空人才。

8.3　波音产业发展

8.3.1　波音大飞机的中国发展

8.3.1.1　波音公司发展

波音公司是全球最大的航空航天公司，也是世界领先的民用和军用飞机制造商。波音公司还提供众多军用和民用支持服务，其客户分布在全球150个国家和地区。就销售额而言，波音公司是美国最大的出口商之一。

波音公司成立于1916年7月15日，由威廉. 爱德华. 波音创建，并于1917年改名为波音公司（公司原名叫太平洋航空制品公司）。1929年更名为联合飞机及空运公司。1934年按政府法规要求拆分成三个独立的公司，即联

❶ 董殿仓. 珠海航空产业园生产服务体系发展政策研究［D］. 长沙：中南大学，2012.

合飞机公司（现联合技术公司）、波音飞机公司、联合航空公司。1961 年，原波音飞机公司改名为波音公司。1978 年，在纽约证券交易所成功上市，截止到 2019 年 4 月 2 日，市值 2207.7 亿美元。波音公司的总部位于芝加哥，在美国境内及全球 70 个国家共有员工超过 15 万。员工中超过 14 万人拥有大学学历，其中近 3.5 万人拥有更高学历，他们来自全球约 2700 家大学，几乎涵盖了所有商业和技术领域的专业。波音公司非常重视发挥成千上万分布在全球供应商中的人才，他们技术娴熟，经验丰富，为波音产品与服务的成功与进步贡献着力量。

波音公司下设两个业务部门：波音民用飞机集团（BCA）和波音防务、空间与安全集团（BDS）。支持这两大业务部分的有：提供全球融资服务的波音金融公司，为全球的波音机构提供各种服务的共用服务集团，以及开发、收购、应用及保护创新性技术和流程的波音工程、运营和技术部。波音主营：设计并制造旋翼机、电子和防御系统、导弹、卫星、发射装置以及先进的信息和通讯系统。2017 年 6 月 7 日，《财富》杂志公布的最新美国 500 强排行榜，波音排名 24，营业收入 9457100 万美元。

波音公司一直是航空航天业的领袖公司，也素来有着创新的传统。波音公司不断扩大产品线和服务，满足客户的最新需求，包括开发更高效的新机型，通过网络整合军事平台、防御系统和战斗机，研发先进的技术解决方案，制订创新型的客户融资方案。

8.3.1.2　波音与中国合作

1972 年，尼克松历史性的访华将波音飞机引入了中国市场。直至今日，波音与中国已成功合作 46 年。波音与中国各航空公司、航空工业界、民航总局及中国政府建立了持久稳定的合作关系。波音致力于帮助中国发展安全、高效和盈利的航空体系，以适应中国经济发展的步伐。民用航空业对于中国的经济发展至关紧要，波音为中国提供了世界上最好的飞机。

波音公司与中国公司有着广泛的合作与联系。在中国，波音共有 7 个机构，3 家合资公司，与西飞、沈飞、成飞、上飞、哈飞都有工业合作，与清华大学等 7 家科研合作。波音在华单位机构主要有波音（中国）投资有限公司、波音（中国）科研与技术部、波音中国服务中心、上海波音航空飞行培训有限公司、杰普逊公司中国代表处、Aviall 公司中国代表处。与中国合作伙伴成立了天津波音复合材料有限公司、上海波音航空改装维修工程有限公司、厦门太古飞机工程有限公司（TAECO）。近三年，波音公司在中国收入占总收入的比例分别是：2016 年的 11.0%、2017 年的 12.69%、2018 年的 13.6%。

8.3.2　波音与空客的比较研究

（1）不同的发展历程。20 世纪 80 年代到 21 世纪初，飞机制造业的局面是：实力雄厚的波音和后起之秀空客两分天下。在很长的一段时间里，波音在民航制造业占有绝对的控制权，然而，到了 20 世纪 90 年代，航空制造业的舞台不再只是波音的独角戏了。一方面，波音逐渐对自己当前的状况变得相对保守，不愿意承担任何风险，背离了行业的一条重要的法则，即要想发展，就必须研究和开发更新更好的飞机，并且用心为自己的客户提供服务；另一方面，空客对国际法则的内容加以遵守，努力获取客户的信任，寻找并填补市场需求的空白。就在短短的时间里，空客公司逐渐开始获得与波音类似的市场份额，有时甚至超过波音。

波音公司一直是航空航天业的领袖公司，也素来有着创新的传统。波音公司不断扩大产品线和服务，满足客户的最新需求，包括开发更高效的新机型，通过网络整合军事平台、防御系统和战斗机，研发先进的技术解决方案，制订创新型的客户融资方案。波音公司建立初期以生产军用飞机为主，并涉足民用运输机。其中，P-26 驱逐机以及波音 247 型民用客机比较出名。

（2）不同的市场战略。2018 年，波音和空客在世界市场上都取得了不错的成绩，其中波音公司占全球市场份额的 43%，空客占全球市场份额的 45%。2018 年，波音共交付了 806 架，空客交付了 800 架。从机型特征来看，波音宽体机占 37.7%、窄体机占 50.19%；而空客则是宽体机占 62.26%，窄体机占 49.8%。在拓展亚洲的宽体机市场方面，波音公司和空客公司计划将该地区作为拓展宽体机的主要市场，尽力争取拿到更多的新订单。2017 年，空客和波音在亚太区的新机交付量和订单量都获得了空前的成功，其中空客公司在该地区共交付了 367 架窄体机，占其 2017 年产量的 51%。而波音公司自从在 2017 年巴黎航展上宣布启动波音 737MAX10 项目以来，已经获得了来自 18 家客户的 416 架承诺订单，其中大部分客户来自于亚太地区。

（3）不同的发展模式。波音在中国很早就开始投资建厂，其发展的模式是将零部件制造向中国输出，以利用廉价的劳动力，但是其核心技术仍旧留在美国。相比波音，空客较晚进入中国，但其在中国更早采取了"合作换市场"的策略。如今，空客和中国的航空工业合作已经从单通道领域扩展到宽体机领域，空客天津 A330 宽体飞机完成和交付中心项目已于 2017 年 3 月开工建设，这也是欧洲以外首个空客宽体飞机完成和交付中心。

（4）不同的中国市场占有。截至目前，中国民航业用的飞机来自 4 个制造商，其中波音占中国民航机队的 51.3%、空客占 47.78%，剩下不到 1% 的份额属于中国航空工业集团（新舟系列）和中国商飞（C919，未交付）。根据 2014 年民航资源网发布的首份《中国内地飞机运营情况报告》，截至 2014 年 3 月 31 日，空客机型占据了中国内地客运总市场 47% 的份额，波音占比从最初的垄断地位下降到 43%。这也是双方多年之争的缩影。上述报告显示，目前国内民航客运仍以单通道飞机为主，波音 737 和空客 320 系列占据了超过 80% 的内地客运市场。这也是空客、波音分别建立空客 A320 系列飞机天津总装线和波音 737 系列飞机完工和交付中心的原因。

（5）不同的市场预测。据空客预测，2015~2034 年全球航空市场的年均增长率为 4.6%，而中国航空市场在国内航线的年均增长率将达到 6.9%、国际航线年均增长率为 6.8%，约需要新增 100 座以上客机和业载 10 吨以上货机大约 5400 架，其中 1770 架将为包括空客 A330 等在内的双通道飞机和超大型飞机。而据波音预测，在未来 20 年间，中国航空市场需要 1900 多架新飞机，价值 1650 亿美元。中国航空运输市场将以每年 7.6% 的速度增长，使中国成为仅次于美国的世界第二大民用航空市场。

8.3.3 天津空客项目发展经验

2006 年，天津凭借良好的工业基础和政策、区位、人才等优势，从 4 个国内竞争城市中脱颖而出，承接空客总装线在中国的建设。2006 年 10 月 26 日，空中客车公司在北京与由天津港保税区、中国航空工业等组成的中方联合体签署框架协议。2007 年 5 月 15 日，空中客车 A320 天津总装线项目正式开工。这是空客公司在欧洲以外设立的第一条 A320 系列飞机生产线，已经成为中欧在航空和高科技领域里战略合作的典范项目。2009 年 5 月 18 日，首架飞机试飞成功并于 6 月 23 日交付使用。自 2008 年投入运营以来，空中客车 A320 天津总装线在飞机质量、交付准时性、经营效益、人才本土化等方面表现突出。截至 2017 年 9 月 6 日，完成总装并交付的 A320 系列飞机数量达到 335 架，生产速率保持在月产 4 架。2017 年 9 月 20 日，欧洲以外首个空中客车天津 A330 宽体机完成和交付中心在天津空港经济区启用。同日，一架由空客中欧员工共同完成的 A330 飞机也在该中心顺利交付给天津航空公司。从空客在欧洲以外第一条 A320 系列飞机生产线落户开始，天津空港经济区航空产业从零起步，驶上跨越式发展的快车道。如今，相继引进了西飞机翼、古德里奇发动机短舱、左迪雅戈航空座椅等诸多零部件生产商，引入 60 多家航空制造项目和 200 多家航空服务项目，形成了航空产业聚集效应，建立起了从整机制造和维修、零部件的生产和维修，到航空服务、航空运营、航空金融等组成的全产业链。2016 年，天津空港经济区实现航空工业产值 730 亿元，一条以国际合作为主要特色的航空产业发展之路日益清晰。

从天津空客的发展来看，我们可以看出大飞机产业发展的几个经验：

（1）完善空客产业链的形成。从空客项目开始，天津立足于吸引和延伸产业链，与国内外知名企业深度合作，相继将西飞机翼、古德里奇发动机短舱、左迪雅戈航空座椅等诸多零部件生产商引入天津空港经济区，实现了就近配套。围绕飞机部件、客舱内饰、娱乐系统、复合材料等，天津空港经济区也正在积极推动产业链完善，有望进一步做大产业规模。天津空港经济区已经形成了一定规模的航空产业集群，成为我国重要的航空产业基地之一。目前，空港引进 60 多个高端航空制造、维修项目，200 多个航空服务项目。其中，龙头项目 15 个，10 余个重大项目正在积极推动，建立了航空整机制造和维修、零部件的生产和维修、航空服务、航空运营、航空金融等全产业链，形成了航空产业的集聚效应。2016 年全区实现航空工业产值 730 亿元，航空服务业营业收入超过 200 亿元。预计到 2020 年，天津空港经济区航空工业产值超过 1000 亿元，真正打造千亿级航空产业集群，形成更高水平、更具规模、更加完善的航空产业体系。

（2）空客发展与中国的工业合作。空客和中国的合作不是简单的生产销售，而是深层次的工业合作。目前，所有空客民用飞机机型都安装有中国制造的零部件。空客与中国航空工业合作涉及空客各个机型，包括 A320、A330、A350XWB；涵盖所有的部件类型，从原材料采购、航空基础理论与实用技术研究到零部件设计与制造，大部件总装，直至飞机总装；合作伙伴也遍布中国各地，包括沈阳、天津、西安、上海、成都、杭州等城市，国内有

6 家航空企业直接参与了为空中客车飞机生产零部件的工作。天津空港经济区乃至整个天津市的航空产业都起步于空客 A320 天津总装线项目。一架飞机包含上百万个零部件，其生产的最主要特点也正是国际合作。从空客在欧洲以外第一条 A320 系列飞机总装线落户开始，天津空港经济区航空产业从零起步，利用空客 A320 总装线带来的"技术外溢""集聚发展"效应，驶上跨越式发展的快车道。近几年，天津空港经济区航空产业发展的国际合作之路越走越宽，尤其是在京津冀协同发展的科技、人才、产业资源助力下，继续依托天津海空两港口岸优势及开发开放的成果，航空产业的国际竞争力越来越强。

（3）空客发展带来天津航空产业基地的形成。随着我国航空产业越来越多地融入世界航空产业体系中，全球著名的大飞机制造商、公务机生产商、飞机发动机制造商及零配件配套和复合材料厂商除波音、空中客车外还有庞巴迪宇航集团、孟菲斯集团、通用电气、港机、巴西航空公司、霍尼韦尔、新科宇航有限公司、公务机（RD）有限公司等，都已进入我国航空产业市场，航空产业市场的国内竞争已逐渐演变为国际化竞争。天津也成为继图卢兹、汉堡、西雅图之后，世界上第四个既能总装交付单通道飞机，又具备双通道飞机完成和交付能力的城市。天津中国民航科技产业化基地有天津空中客车、中航工业集团西飞国际、中航工业集团直升机公司总部、长江租赁有限公司、工银租赁等。空客的发展带来了天津航空产业化基地的形成。

8.3.4 波音全球供应链及舟山发展战略

波音公司作为全球大型民用飞机制造商之一，其在生产发展过程中，根据全球经济的演化以及生产效率追求的不同历史阶段，对自身发展过程中的产业链和供应链作出相应的调整。波音公司曾是一家高度纵向一体化的公司，其早期的产品不管是机型研发还是零部件生产，主要依赖公司内部，供应商仅负责提供原材料。但随着全球经济格局的不断变化特别是为了应对空客的崛起，波音公司适时改变了发展模式，对供应链管理策略进行了调整，由一开始的部分业务外包，到让供应商负责部分设计和生产过程，逐步形成了"全球供应链"的模式。❶

---

❶ 诸逢佳. 波音供应链战略的演变历程 [J]. 国际航空，2015（6）：57~58.

8.3.4.1　波音供应链的全球组织和利润分布

从波音全球供应链的发展演化过程中可知，当前波音产业已经进入全球供应阶段，尤其是最近推出的波音梦幻 787 更是凸显全球供应模式。其实，在波音的整个产业发展过程中始终坚持走全球化模式，根据销售市场的区域开展供应链全球布局，包括研发、生产制造、组装、完工和交付等环节。

（1）波音供应链的全球组织。航空产业链具体包括原材料供应、零部件生产与制造、研发与设计、整机生产与组装和飞机销售与服务。研发与设计又包括飞机零部件和整机的研发与设计，一般而言，零部件的生产加工是"按图索骥"，当然，部分的材料和产品设计由波音公司和合作伙伴共同研发。整机的研发和设计则基本由波音母公司掌握，波音飞机组装在美国西雅图的埃弗雷特组装工厂。几乎所有零部件和组件都是其他地方制造的，生产商和供应商遍布世界各地，其中最昂贵的部件是发动机，主要来自通用、惠普和罗罗三家公司；从 2010 年开始，波音首次选择中航工业所属的沈飞、成飞、哈飞等子公司作为波音 787 项目相关部件的唯一供应商，成飞民机公司是波音 787 方向舵、副翼、扰流板的唯一供应商，哈飞公司是波音 787 翼身整流罩面板全球唯一供应商，垂尾前缘是波音 787 飞机研制中技术含量最高、挑战性最大的部件，目前沈飞民机公司已经成为波音 787 项目垂直尾翼前缘的全球唯一供应商。完工和交付中心目前有两个：一个在美国西雅图，另一个在中国舟山。

（2）波音全球供应链的利润分布。航空产业链可分为三个环节：一是技术环节，包括产品加工技术、机型研发设计等。二是生产环节，主要包括零部件的生产和供应、加工组装等。三是销售与服务，主要包括飞机的销售、维修与航空金融服务等。整机组装企业一般由母公司掌握，即由波音母公司自行组装，波音零部件生产企业在全球范围分布，但为波音提供核心零部件（如发动机）的企业则仅为少数几家，也使波音飞机的利润向关键零部件的生产、技术研发和销售与服务环节转化。因此，研发与设计、零部件生产、加工组装和销售与服务各环节的利润呈现由高向低再转向高的 U 形。大飞机销售市场的分布决定着产业链各分工环节的选址和定位。为保证在全球航空产业中的支配地位，波音将知识密集型产品的设计与研发、管理服务及营销和品牌管理等高增值环节多集中在母国，而将组装等低附加值工序和环节转移到发展中国家和地区，导致在发展中国家大量进行 CKD（全散件组装）和 SKD（半散件组装）。在航空产业链的利润分配方面，由组装带给发展中国家的利润极为菲薄。而核心零部件的利润则较高，据 Avascent 咨询公司提供的数据显示，以过去 3 年未计利息、税项、折旧及摊销前的收入为例，波音的为 10%，而飞机结构件供应商 Spirit 的利润率为 14%，内饰供应商 B/E 公司的利润率为 20%，发动机供应商普惠公司的利润率达到了 20%，航电供应商罗克韦尔柯林斯的利润率更是达到了 23%。

8.3.4.2　波音公司供应商管理体系

飞机制造是一个极其复杂且庞大的工程。经济全球化背景下，全球的航空制造业里，客机制造商普遍采取了"主制造商+供应商"的运作模式，即主机厂负责设计，供应商则按图加工，主机厂再组装整机。一架波音 737 飞机大约有 36.7 万个零部件，来自全球各地的供应商为波音生产机翼、引擎、客舱内饰、起落架等部件，众多的供应商形成了供应商网络。

波音公司对供应商管理的主体思想是，以波音的先进质量体系为基础，逐步推行 AS9100 系列标准。为了实施对供应商的管理，波音公司制定了一系列要求和标准，提供了相应的质量管理工具（如先进质量体系工具手册、关键特性波动管理评估工具），并建立了供应商绩效测量体系，形成了系统的、可实施的供应商管理体系。

（1）整合全球供应链上的供应商。波音公司庞大的全球供应链每年为其装配厂提供超过 10 亿个零部件，包括从紧固件到整个机翼，涉及 100 多个国家或地区，5400 多家的供应商，约 50 万人为其配套服务。对这个全球网络的管理，如首先决定由谁来供应飞机、导弹或太空卫星部件，然后决定如何在恰当的时间提供物流，是波音管理计划的重点。因此，必须建立一整套全球供应链网络体系。

由于波音公司自身网络供应链比较复杂，任何一个环节的供应状况都对其整个大飞机的生产产生较大影响。因此，波音公司建立了多层级的供应链，由一级、二级和三级供应商组成供应商网络，将波音公司内部的要求进行逐级传递，从而从源头上控制产品质量。波音公司本身掌握了整个系统的集成供应商。一级供应商控制着次级系统的集成供应商，目前波音公司一级供应商的责任越来越重，主要包括项目管理、后期服务、指导综合产品工程和开发、参与开发产品寿命、参与商业管理活动、提出财务管理解决方案，以及与波音公司建立合作的组织结构。另外，二级和三级供应商也逐步发生了转变，更注重与其一级供应商的合作并实现卓越的制造。这样环环相扣的制造程序和供应商体系使得波音大飞机制造所需的产品能够准时生产。由于供应商之间形成了密切联系的网络，每一个阶段的供应商能够掌握上一阶段供应商的需求、生产计划、何时交货等信息，方便自身规划产能，提升生产效率。

鉴于飞机制造业的利润和产能屡屡受限于供应商的状况，各类 OEM 为了获取更多利润和更强的话语权，都纷纷选择实施"整合"战略，通过投资、合资、并购的方式将产业链延伸，其中以延伸至零部件行业者居多。目前，波音正在实施"垂直整合"战略并已取得惊人进展。其纵向一体化格局雏形初现，将与零部件供应商展开正面竞争，机体、电源系统、航电系统极有可能是波音的下一个供应链整合目标。

波音公司供应商网络如图 8-2 所示。

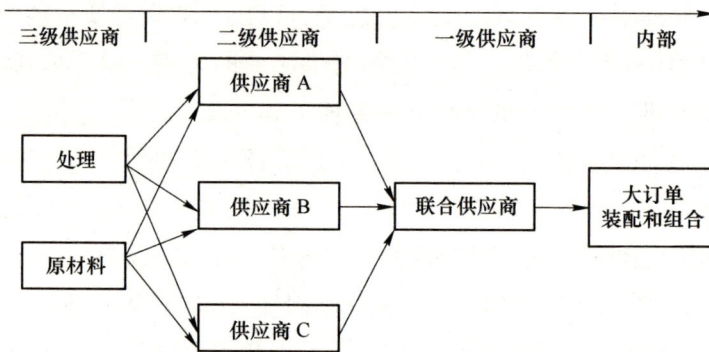

图 8-2　波音公司供应商网络

（2）加强供应商质量管理体系建设。波音公司对供应商有着严格的选择标准，一般应具备三个条件：高水平的研发能力、管理整个供应链的能力和强大的财务支撑。波音公司为了实施对供应商的管理，早在 20 世纪 90 年代就将其质量管理体系的要求贯彻到供应商，制定了一系列以《波音对供应商质量管理体系要求》为核心的对供应商的要求和标准。2007 年初，波音公司重新修订了《波音对供应商质量管理体系要求》，要求其供应商执行 AS9100 系列标准，供应商的检验和试验质量体系要符合 SAE AS9003 对质量体系的要求。该要求给出了关键特性波动管理的管理流程，包括关键特性的统计控制和能力分析、改进机会识别和改进措施实施的要求；规定了波音公司对其软件供应商的质量体系要求，包括设计、开发、安装、采购和维修。同时，波音公司还对供应商提出了非常具体的质量控制要求，制定了《供应商数字化产品定义质量保证标准》《供应商关键过程/敏感机翼硬件质量要求》《供应商不合格品指南》《供应商原材料、标准件质量控制要求》《供应商电子管质量控制要求》等标准和要求，引导供应商进行质量管理。

　　与此同时，为了更好地促进供应商达到波音公司对供应商的要求，波音公司从质量、交付期和总体绩效三个方面对供应商绩效进行测量，建立了供应商绩效测量体系，并设立了波音卓越绩效奖，有效促进了供应商质量管理达到卓越。

　　波音公司供应商等级划分见表8-2。

表8-2　波音公司供应商等级划分

供应商等级	评价	供应商绩效与期望水平	质量要求
金色	优秀	远远超过	交付时间（Q）：12个月内100%准时交付； 质量（Q）：在12个月内波音100%接收其产品； 总体绩效等级（GPA）：≥4.8，且没有黄色或红色等级
银色	合格	满足或超过金色	交付时间（Q）：12个月内98%准时交付； 质量（Q）：在12个月内波音99.8%接收其产品； 总体绩效等级（GPA）：<4.8或>3.8，且没有黄色或红色等级
棕色	很好	满足	交付时间（Q）：12个月内96%准时交付； 质量（Q）：在12个月内波音99.55%接收其产品； 总体绩效等级（GPA）：<3.8，≥2.8，且没有黄色或红色等级
黄色	需要改进	需要改进	交付时间（Q）：12个月内90%交付； 质量（Q）：在12个月内波音98%接收其产品； 总体绩效等级（GPA）：<2.8，≥1
橙色	不合格	不能满足	交付时间（Q）：12个月内交付量<90%； 质量（Q）：在12个月内波音接收其产品<98%； 总体绩效等级（GPA）：<1

注：本表是根据波音公司质量管理手册、供应商工具手册（BEST）和相关网络资源修订完成。

（3）与主要供应商建立合作伙伴关系。在激烈竞争中，先进制造技术的发展要求企业将自身业务与合作伙伴业务集成在一起，形成利益共享、风险共担的利益共同体，站在整合供应链的观点考虑增值，因此，许多成功的大型企业都积极寻求与合作伙伴建立合作关系，使企业能在竞争中获利更多。波音公司与主要供应商长期建立合作伙伴关系，如与日本的 4 家飞机制造公司，Mitsubishi 重工业公司、Kaasaki 重工业公司、Ishikaajima-Harima 重工业公司和富士重工业公司建立了良好的供应商关系，使得波音公司的销售迅速提高，成为全球主导的商用飞机公司，飞机的性能也更先进。同时，与波音的关系也使日本的制造厂家改进了它们的技术能力，从而增加了它们对波音和世界范围内其他生产商的吸引力，这种企业与供应商的合作关系是双赢的。对于波音公司而言，有助于其降低生产成本，实现稳定而有竞争力的价格，提高产品质量，改善时间管理，缩短交货提前期和提高可能性，也能够完成产品设计和对产品变化更快的反映速度。对供应商而言，可以使其具有稳定的市场需求，提升研发水平，提高运作质量和生产质量。

8.3.4.3　舟山航空产业园融入波音全球供应链的战略与路径

（1）实现波音供应链的配套，加快零部件产业的发展。舟山航空产业园应加快绘制波音供应链图谱，充分发挥舟山已有的精密仪器、零部件产业发展基础，重点扶持建立几家规模大、实力雄厚的航空零部件企业。努力学习主要航空零部件巨头的发展模式，让有条件的零部件企业通过自身发展或与主要的零部件巨头合作研发核心零部件，成为一个具备研发能力、能为航空若干零部件生产的独立企业。同时也要加大招商力度，积极引进国内外先进的航空零部件生产企业，加紧实现波音供应链的配套，提升波音工程认证。通过对自主知识产权品牌产品的自主开发、与国外联合开发、本土开发等方式，实现零部件技术创新，设计出高附加值零部件产品。

（2）增强企业的自主创新能力。舟山航空产业要实现与波音项目的供应链全面对接，嵌入产业链中，必须增强自主研发能力，目前可通过以下途径：一是加大对研发的投入。航空生产企业必须消除只顾眼前利益的短视行为，加大开发投入，增强自主创新能力，以作为企业发展的后劲。二是以人为本，企业要深挖自身技术与人才的潜力。通过组织技术团队多方协同攻关，企业可实现部分新技术的突破，培养自己的技术优势。三是重视合作创新，加强与高校、国际航空研究机构等的联合开发。在与国际航空研究设计机构的合作开发中，企业必须派出技术团队实质性地参与联合开发的全过程，为自己积累丰富的设计经验，为企业的自主创新打下坚实的基础。

（3）积极营造良好的营商环境。充分利用好波音供应商大会的契机，加大招商力度。深入推进"最多跑一次"改革，全面提升政府服务效能，引入国际通行的行业规范、管理标准和营商规则，打造法治化、国际化、便利化的营商环境。全面实行外商投资准入前国民待遇加负面清单管理模式，推广"清单化审核、备案化管理"的外商投资企业设立快速审批方式，推动企业注册登记、融资、跨境交易等与国际规则和国际惯例全面接轨，为引入一流的波音供应链企业落户舟山提供专业化、国际化的服务。

9　机场运营评价

9.1　竞争力评价

　　机场是一个城市竞争力和交通运输便捷度的体现。当前浙江省共有 7 个运输机场建成投用，分别是：杭州萧山国际机场（HGH）、宁波栎社国际机场（NGB）、温州龙湾国际机场（WNZ）、舟山普陀山机场（HSN），托管衢州机场（JUZ）、台州路桥机场（HYN）、义乌机场（YIW）。另有嘉兴机场、丽水机场正在筹建。《浙江省航空产业"十三五"规划》指出，浙江将大力发展民用航空机场，提升航空发展能力。为了整合全省机场资源、搭建航空大平台，进而打造民航强省，2017 年 11 月成立了浙江省机场集团，实行省内民用机场统一管理。

　　当前，普陀山机场改造完成后，与国内各城市之间的航线、航班有一定幅度的增加，也即将开通国际航线，同时随着硬件设施的提升，机场的服务水平也随之提高。但是与国内的大型枢纽机场和其他一些发展较好的非枢纽机场相比，舟山普陀山机场在机场竞争力方面仍然存在着较大的差距。本节研究构建了机场竞争力评价指标体系，并采用熵值法对舟山普陀山机场的竞争力进行科学和全面的评价，深入探究舟山普陀山机场在其发展过程中的优势和劣势，从而为普陀山机场的进一步发展提供具有建设性的政策建议。

9.1.1　评价指标

　　目前，国内外已有大量探讨机场竞争力评价体系的文献，相关的结果也非常丰富，但是学者们却忽略了非枢纽机场对于我国机场业全面发展的重要性，很少有学者对非枢纽机场与枢纽机场进行对比，分析非枢纽机场与枢纽机场竞争力差异和比较优劣势。本研究针对上述理论研究的空白，重点关注舟山普陀山机场与同类机场、枢纽性机场竞争力差异分析和竞争力评价指标体系建设，探究普陀山机场整体实力，有助于推动舟山普陀山机场的长久良好发展。

9.1.1.1 构建原则

（1）科学性原则。建立机场竞争力评价指标体系，必须符合研究的目的和任务，基于机场运营的经济特性，严格遵循组成机场竞争力各个因素的内涵和外延的要求，准确分析各个组成因素的具体内容、数量特征以及它们之间的相互关系，从不同侧面设计能够反映机场竞争力形成机理的评价指标，使各个指标设计符合科学、合理、客观的要求，从而满足科学性原则。另外，评价指标是在名称、含义、内容、时空和计算范围、计量单位以及计算方法等方面也要保证清晰明确，没有歧义，从而为后续顺利地完成评价指标体系构建工作奠定一个良好的基础。

（2）系统性原则。机场竞争力的形成机理是异常复杂的，它是机场内部自身因素与外部环境因素相互影响、交互作用的综合结果。机场竞争力的大小，既取决于机场内部的人力、物力、财力等资源的数量、质量和各种资源之间协调程度，又受到外部宏观经济政策、社会文化和地理位置等环境因素的制约与影响。因此，机场竞争力评价指标体系的构建工作必须遵循系统性原则，考虑各种因素的相关性和整体性。

（3）可操作性原则。一是指标评价体系所选用的指标必须可以收集到真实的数据或者获取真实的意见，而且尽可能从国家权威的统计管理部门或者行业专业数据分析机构的统计指标中进行选择，这些部门或机构出具的指标往往有清晰明了的定义和计算公式，这可以有效提高非枢纽机场竞争力评价数据收集的准确性。二是在构建机场竞争力评价指标体系时要做到精而简，在保证能够完整、准确的反映机场竞争力的情况下，应当更多的选择那些便于获取数据的指标，以减少由于数据难于获取而增加的额外工作量。

（4）可比性原则。评价机场竞争力的实质就是对不同机场竞争力的比较，因此竞争力评价指标必须具有可比性。在不同地区的机场进行比较时，机场竞争力评价指标体系应在口径、范围和途径等方面保持一致，从而使评价结果具有可比性。

9.1.1.2 指标选择

本研究在参考国内已有的机场竞争力指标体系的基础上，❶ 结合舟山机

---

❶ 宋昊. 非枢纽机场竞争力评价体系应用研究——以合肥新桥国际机场为例 [D]. 上海：东华大学，2016.

场实际，构建机场综合竞争力指标体系，共分为 5 个二级指标，分别为机场连通性、机场运营管理、机场营运规模、机场建设规模、发展环境，17 个三级指标（见表 9-1）。

表 9-1　机场竞争力指标体系

一级指标	二级指标	三级指标	单位	指标含义
机场竞争力	机场连通性	通航城市数量 C1	个	机场直接通航、有定期航班的城市数量，从连接的广度反映机场航线网络质量
		运营航空公司数量 C2	家	从与航空公司合作角度反映机场航线网络连通性质量
		机场交通便利程度 C3	公里	反映由于便捷的地面交通，客户到达机场的方便程度
	机场运营管理	旅客满意度 C4	分	旅客对机场售票、值机、候机等各项服务环节的满意程度，综合反映机场对旅客的服务质量
		机场航班正常率 C5	%	机场正常放行的航班量与机场放行的全部航班量之比，反映机场对航班正常的保障水平
		机场安全等级 C6		反映机场总体安全管理水平，主要从机场安全管理指标体系、安全组织结构、安全规章制度的建设等方面综合考察
	机场营运规模	旅客吞吐量 C7	万人次	机场年旅客出发和到达的人数，反映机场在航空客运市场中的运输总量
		货邮吞吐量 C8	万吨	机场年内出发和到达的货邮的重量，反映机场在航空货运市场中的运输总量
		飞机起降架次 C9	架次	机场年内起飞和降落的飞机架次，反映机场航班运输情况
	机场建设规模	跑道长度 C10	米	机场用于飞机起飞降落的跑道长度，反映机场单位时间运送飞机的能力水平
		航站楼面积 C11	万平方米	机场现有航站楼总面积，反映机场候机楼服务容量水平
		停机位数量 C12	个	机场停机坪总数，反映机场停靠飞机容量水平
		停机坪面积 C13	万平方米	机场现有停机坪面积，反映机场停靠飞机的容量水平

续表9-1

一级指标	二级指标	三级指标	单位	指标含义
机场竞争力	发展环境	所在城市的 GDP C14	亿元	反映机场腹地城市经济发展水平
		所在城市人口数 C15	万人	反映机场腹地城市人口发展水平
		所在城市旅游人数 C16	万人次	反映机场腹地城市旅游产业发展水平
		所在城市旅游总收入 C17	亿元	反映机场腹地城市旅游产业发展水平

注：我国机场安全等级区分依次是：4F、4E、4D、4C、3C，5 个级别，在统计中我们对 5 个等级按照 5~1 依次赋分。

（1）机场连通性。机场连通性是指机场现有的航线网络情况以及到达机场的交通的便捷程度。考察机场的连通性不但可以反映机场的航线网络满足客户需求的情况，还可以反映由于便捷的地面交通，客户到达机场的方便程度。机场的连通性越好，那么就可以吸引更多的客户选择到该机场来乘坐航班，甚至可以使非该城市的旅客放弃到所在城市的那些到达交通不便的机场乘坐航班，而选择到该城市乘坐航班。考察机场连通性主要是通过以下三个方面：通航城市数量、运营航空公司数量和机场交通便利程度。

（2）机场运营管理。机场的运营能力是指机场在保证安全的前提下，在日新月异的外界环境下，为了扩大营业规模，改善营业能力，提高盈利能力，科学地安排机场企业经营活动和资本运作并获取利润的能力综合。一方面，机场运营能力的提高，可以给旅客提供更优质的服务，提高旅客满意度；另一方面，也可提高航班正常率和安全运营能力。考察机场运营管理主要是通过以下三个方面：旅客满意度、机场航班正常率和机场安全等级。

（3）机场营运规模。机场的营运规模是机场运营的结果，竞争力较强的机场其运营规模也相对较大。近些年，尤其是"十三五"期间，非枢纽机场的运营规模不断壮大，且不断实现新突破。但在非枢纽机场市场营销和拓展方面存在的挑战依旧突出，一是市场受高铁、枢纽机场分流等客观因素影响较大，可选择应对的手段和方法不多，客货流失较为严重；二是航空市场规模仍然偏小，市场竞争不充分，在引进运力、开辟航线等方面存在明显制约；❶ 三是地方政府对非枢纽机场的扶持时间较短、政策力度不强，缺乏全面可持续性政策支持，且已出台的有关政策或意见由于涉及不同利益主体、申报环节多、可操作性不强等原因，在具体落实上存在很大的难度，在很大程度上限制了政策作用的发挥。因此，机场营运规模对机场整体运营能力是有很大影响的。考察机场营运规模主要是通过以下三个方面：旅客吞吐量、货邮吞吐量和飞机起降架次。

（4）机场建设规模。机场的建设规模是非枢纽机场维持一定竞争力的根本保障。为使得机场能够成功的运行起来，非枢纽机场必须具备一定的建设规模，从基础资源上必须具备较大规模的跑道、停机位、航站楼等生产投入要素。要提高非枢纽机场的竞争力就要有基本的建设规模保证，跑道数量的增加可以提高机场单位时间运送飞机的能力水平，足够停机位可以保证机场停靠飞机的水平，而航站楼面积的大小则反映出机场候机楼服务容量水平。❷考察机场建设规模主要是通过以下三个方面：跑道数量、停机位数量和航站楼面积。

（5）发展环境。机场与城市存在着十分密切的关系，机场周边的经济开发又是与机场相辅相成的。因此，机场是城市的重要组成部分，其发展应与城市规划发展相协调。考察机场发展环境主要是通过以下四个方面：所在城市的 GDP、所在城市人口数量、所在城市旅游人数和所在城市的旅游总收入。

9.1.1.3　数据获取

浙江省机场的原始数据主要来源于各地市县（市）统计年鉴，机场建设数据来自各机场官网（其中衢州机场没有官网，数据来自百度最新资料），机场航班正点率和旅客满意度来自中国民航官网数据。为确保数据的正确性，数据第一轮由硕士研究生和本科生搜集获取，第二轮由一位老师抽查数据并复核，第三轮由另外一位老师复核。

---

❶ 陈团生，刘建军. 我国通用航空的发展对策分析 [J]. 交通与运输，2007 (3)：37.
❷ 刘少成，郑兴无，颜明池. 中国民航企业竞争力研究 [J]. 中国民用航空，2005 (7)：17.

9.1.2　评价方法

9.1.2.1　熵值法的方法和原理

信息熵（EM）的概念最先由申农（C. E. Shannon）于1948年提出，随后被广泛地应用于其他的学科和领域。根据信息论，信息是对于系统有序的程度进行衡量和度量，而熵则是对于系统无序的程度进行衡量和度量。熵权法是通过计算指标的信息熵，利用指标的差异程度来度量已知数据中包含的有效信息和指标权重。指标的离散程度越大，其熵值越小，表明其信息的有效价值越大，该指标在综合评价中对目标的影响也就越大。其基本计算步骤如下：

假如有多种状态存在于系统之中，而第 i 种状态以 P_i 的概率出现和发生，由此可以计算所得这个系统的熵值为：

$$E = - \sum_{i=1} P_i Ln P_i \quad (i = 1, 2, \cdots, m)$$

P_i 满足 $0 \le P_i \le 1$，$\sum_{i=1}^{m} P_i = 1$。

熵的基本性质有：

（1）可加性。系统的熵是各个状态熵之和。

（2）非负性。由于 $0 \le P_i \le 1$，所以 $Ln P_i < 0$，因此系统总是有大于0的熵值。

（3）极值性。如果系统各个状态所发生的概率相等，即 $P_i = \dfrac{1}{m}$（$i = 1$，2，$\cdots$，m）时，其熵最大，系统完全失序；当系统仅有一种状态，其概率 $P_i = 1$，则系统的熵 $E(P_i) = 0$，此时熵最小，系统没有不确定性。

9.1.2.2　指标数值标准化

本研究选用的指标均为以个数为单位的效益型指标，越多越好，都为正向指标取值，但为排除各指标的数量级差异对结果的干扰，采用极差标准化方法对各指标数据进行预处理，使各指标值保持在0~1之间。其计算式为：

$$X'_{ij} = \frac{X_{ij} - X_{j\min}}{X_{j\max} - X_{j\min}} a + (1 - a)$$

式中，$X_{j\max}$ 为第 j 变量原始数据的最大值；$X_{j\min}$ 为第 j 变量原始数据的最小值。为保证某些数据的意义，加入常数 a，一般取 $a = 0.9$。所有原始数据经过标准化处理，使得所有的 X'_{ij} 都存在于 $[1-a, 1]$ 区间内。[1]

9.1.2.3 评价步骤

设有 m 个待评方案，n 项评价指标，形成原始指标数据矩阵 $X = (x_{ij})_{mn}$，对于第 j 个指标，其信息熵 e_j 为：

$$e_j = -\frac{1}{Ln(m)}\sum_{i=1}^{n} P_i Ln P_{ij}$$

式中，P_{ij} 为 j 项指标下第 i 评价单位指标值所占的比重，$P_{ij} = \dfrac{X_{ij}}{\sum\limits_{i=1}^{m} X_{ij}}$。

由此得出，如果某系统有两个部分组成，而且指标的变异程度较小，所提供的信息也很少，在综合测评中的作用越小，那么其权重也越小。因此，要想获得较为客观的综合测评结果，可以通过计算熵权得到每个指标变异的程度，之后再根据其贬义的程度赋予不同指标相应的权重，然后再进行加权。

步骤一：根据公式求得 $P_{ij} = X_{ij}\big/ \sum\limits_{i=1}^{m} X_{ij}$，在 Excel 里实现。

步骤二：将上步求得的 P_{ij} 代入公式 $e_j = -\dfrac{1}{Ln(m)}\sum\limits_{i=1}^{m} P_i Ln P_{ij}$，在 Excel 里实现。

步骤三：根据公式 $d_j = 1 - e_j$ 求得 d_j。

步骤四：根据公式 $w_j = \dfrac{d_j}{\sum\limits_{j=1}^{n} d_j}$，将步骤三中的 d_j 代入上式，最后求得每个指标的权重，在 Excel 里实现。

步骤五：用各个指标的权重乘上指标值求得最后的评分值，在 Excel 里实现。

9.1.3 数据处理

9.1.3.1 比重 P_{ij}

基于熵值法的比重 P_{ij} 值见表 9-2。

---

[1] 苏波，郝美梅. 基于熵权 TOPSIS 法的旅游上市公司绩效评价 [J]. 北京第二外国语学院学报，2009，173（9）：47.

表 9-2 基于熵值法的比重 P_{ij} 值

三级指标	舟山	宁波	杭州	台州	义乌	温州	衢州
通航城市数量	0.0541	0.2010	0.3420	0.0501	0.0640	0.2546	0.0342
运营航空公司数量	0.1002	0.2356	0.3010	0.0861	0.0394	0.2076	0.0301
机场交通便利程度	0.1288	0.0851	0.3428	0.1866	0.0343	0.1788	0.0437
旅客满意度	0.0311	0.1988	0.3106	0.0870	0.1988	0.1429	0.0311
机场航班正常率	0.1793	0.1974	0.1171	0.1603	0.2466	0.0748	0.0247
机场安全等级	0.1290	0.2258	0.3226	0.0323	0.1290	0.1290	0.0323
旅客吞吐量	0.0568	0.1568	0.4696	0.0544	0.0600	0.1555	0.0470
货邮吞吐量	0.0521	0.1475	0.5211	0.0574	0.0574	0.1121	0.0524
飞机起降架次	0.0770	0.1542	0.4547	0.0528	0.0596	0.1561	0.0455
跑道长度	0.0777	0.1292	0.4088	0.0998	0.1145	0.1292	0.0409
航站楼面积	0.0585	0.0957	0.4821	0.0585	0.0596	0.1975	0.0482
停机位数量	0.0575	0.1015	0.4279	0.0575	0.0685	0.2445	0.0428
停机坪	0.0509	0.1739	0.4186	0.0499	0.0529	0.2120	0.0419
所在城市 GDP	0.0361	0.2708	0.3445	0.1223	0.0345	0.1513	0.0405
所在城市人口数量	0.0258	0.2171	0.2580	0.1643	0.0295	0.2510	0.0543
所在城市旅游接待人数	0.0862	0.1792	0.2687	0.1678	0.0269	0.1686	0.1027
所在城市旅游总收入	0.0966	0.1981	0.3459	0.1331	0.0346	0.1349	0.0568

9.1.3.2 e_j 熵值

基于熵值法的 e_j 熵值见表 9-3。

表 9-3 基于熵值法的 e_j 熵值

C1	C2	C3	C4	C5	C6
0.8411	0.8751	0.8808	0.8795	0.9268	0.8814
C7	C8	C9	C10	C11	C12
0.8060	0.7728	0.8212	0.8745	0.7929	0.8153
C13	C14	C15	C16	C17	
0.8155	0.8374	0.8640	0.9266	0.8899	

9.1.3.3 W_j 的权重

机场竞争力评价指标权重见表 9-4。

表 9-4　机场竞争力评价指标权重

一级指标	二级指标	三级指标	W_j
机场竞争力	机场连通性	通航城市数量 C1	0.0636
		运营航空公司数量 C2	0.0500
		机场交通便利程度 C3	0.0477
	机场运营管理	旅客满意度 C4	0.0482
		机场航班正常率 C5	0.0293
		机场安全等级 C6	0.0474
	机场营运规模	旅客吞吐量 C7	0.0776
		货邮吞吐量 C8	0.0909
		飞机起降架次 C9	0.0716
	机场建设规模	跑道长度 C10	0.0502
		航站楼面积 C11	0.0829
		停机位数量 C12	0.0739
		停机坪 C13	0.0738
	发展环境	所在城市 GDPC14	0.0651
		所在城市人口数量 C15	0.0544
		所在城市旅游人数 C16	0.0294
		所在城市旅游总收入 C17	0.0441

9.1.4　综合评价

9.1.4.1　舟山机场整体竞争力尚有提升空间

浙江省机场整体可以分为三个层次：第一层次是杭州萧山机场，得分处于高位，达到 0.9846；第二层次是宁波机场、温州机场，这两个机场与杭州机场差距较大，但也比其他机场高出很多；第三层次是台州、义乌、舟山、衢州机场，这四个机场整体差别不大，台州机场整体比其他三个机场高一些，义乌和舟山基本相当，衢州机场最差。在浙江省内 7 个机场中，舟山普陀山机场处于第六位，与义乌机场竞争力相当，然而与杭州、宁波、温州机场的差距较大，高于衢州机场。

浙江各机场整体竞争力指数见表 9-5。

表 9-5 浙江各机场整体竞争力指数

城市	综合得分	排名	机场连通性得分	排名	机场运营管理得分	排名	机场营运规模得分	排名	机场建设规模得分	排名	发展环境得分	排名
舟山	0.1928	6	0.0446	5	0.0451	5	0.0306	4	0.0385	6	0.0340	6
宁波	0.4740	2	0.0883	3	0.0875	2	0.0759	2	0.0805	3	0.1418	2
杭州	0.9846	1	0.1612	1	0.1096	1	0.2401	1	0.2808	1	0.1929	1
台州	0.2482	4	0.0496	4	0.0373	6	0.0273	6	0.0410	5	0.0931	4
义乌	0.1972	5	0.0232	6	0.0791	3	0.0293	5	0.0455	4	0.0201	7
温州	0.4731	3	0.1066	2	0.0500	4	0.0698	3	0.1294	2	0.1171	3
衢州	0.1196	7	0.0174	7	0.0125	7	0.0241	7	0.0281	7	0.0376	5

9.1.4.2 机场运营规模相对较好

在五个指数中，舟山普陀山机场在机场运营规模中得分相对较高，达到0.0306，在全省7个机场中排名第四位。尽管与杭州、宁波、温州机场距离较大，但是在中型支线机场中处于高位，高于其他机场。具体分析，在机场运营规模三个指标中，舟山机场旅客吞吐量远高于衢州机场，略高于台州机场，与义乌机场相当。飞机起降架次中舟山远高于义乌、台州、衢州机场。

浙江各机场旅客吞吐量如图9-1所示，浙江各机场飞机起降架次如图9-2所示。

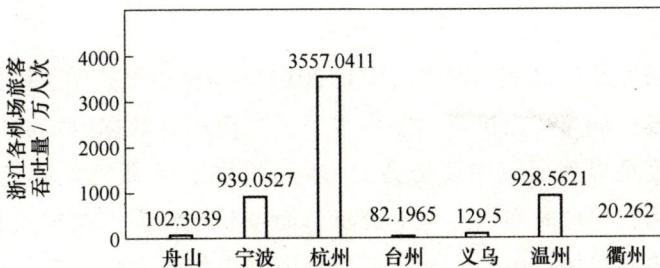

图 9-1 浙江各机场旅客吞吐量

9.1.4.3 机场建设规模和发展环境制约着竞争力

在省内7个机场中，舟山机场的规模相对较小，机场规模指数仅为0.0385，在全省排名第六位，仅高于衢州机场。发展环境指数也影响着竞争力，舟山机场的发展环境指数为0.0340，在全省排名第六位，仅高于衢州机场。

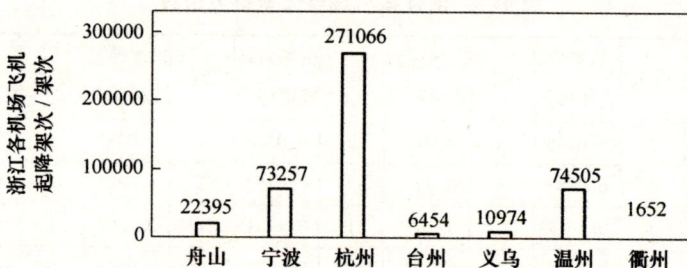

图 9-2　浙江各机场飞机起降架次

9.1.5　结论

本研究将机场竞争力分为 5 个二级指标和 17 个三级指标并引入熵值法对其进行竞争力的横向分析，实现了对收集资料和数据所组成的不同指标的量化、标准化处理及信息熵的分析，不仅能从指标的熵值看出浙江各机场各个指标的发展状况以及发展比较优势，提高其综合竞争力，而且还能够通过政策调整个别指标以突出舟山机场的特色。

通过模型对浙江各机场竞争力进行评价，发现舟山机场与其他省内机场相比尚有很大提升空间；舟山机场在机场运营规模上相对较好，在 7 个机场中处于中等水平；然而在机场建设规模和发展环境指数处于较低水平，制约着舟山机场竞争力的提升。下一步，舟山机场应完善机场建设规模，提升服务水平，尤其是要在软件建设中下足功夫，提高货邮运输，加强空港经济建设。

由于本研究是通过横向调查，仅对 2017 年一年的水平做了评价，难以全面体现浙江各机场与舟山机场的差异水平。如何提高数据收集的完善度和提高计算的精度是以后研究中要努力的方向。另外，本研究仅固定空间维度，对机场竞争力在单位时间内进行了分析，而今后也将尝试在空间和广域时间维度上评价不同机场竞争力，为有针对性的突出机场发展的各项指标，为当地舟山航空经济发展提供现实依据。

9.2　关联度分析

随着经济活动全球化进程不断加深和新经济活动兴起，航空港作为高速交通体系中最重要的节点之一，在推动地区经济的发展中发挥着越来越重要的作用。以机场客货运为核心业务的机场运营活动，会带动区域经济发展；同时，地方经济总量的扩大，也会推动机场业务持续增长。在国外，飞机作为大众化交通工具，机场业发展较之国内成熟，国外学者们也针对航空运输与地方经济发展的关系，展开了一系列研究，大部分研究表明：航空运输将持续作为城市区域经济发展的重要因素，机场投资至少在两个方面影响区域经济。（1）机场基础设施建设的直接投资会带来区域经济收入和就业增加；（2）航空运输可以改变本地区与其他地区间的经济联系。自 2002 年起，国内相继进行了机场属地化改革，其目的之一就是使机场融入当地区域经济，彻底改变机场单一的运输功能，实现机场与区域经济的良性互动。然而，机场与区域经济增长关系究竟如何，是机场带动区域发展，还是区域推动机场发展？机场与都市区不同空间的作用关系又是如何变化的？舟山普陀山机场作为我国华东地区重要的支线机场之一，2017 年旅客吞吐量突破 100 万人次，现已于国内外 18 个城市通航。在国内中型机场中，客运吞吐量均属前列，2017 年旅客吞吐量全国位列 84 位。研究普陀山机场与舟山经济增长的关系，也为地方政府制定较为合理的区域发展政策，提供一定的科学依据。

9.2.1 理论分析

机场与区域关联发展，可分成两个层面。就大尺度空间而言，在全球化时代，机场的长距离快速运输功能，增强了区域与更广阔区域范围的联系，因此，机场对于区域加速融入新的国际分工体系、强化所在区域的全球节点区位，具有重大作用；就较小尺度空间而言，机场与所依托城市区域经济增长的关系，可以概括为 3 个阶段，即吸引期、溢出期与成熟期。❶

（1）吸引期。在机场开通后，机场的航线开通，业务逐步开展，对地区经济将产生直接或间接的影响，如增加了地区的就业机会、政府税收增加等，但由于机场开通时间不长，相关的业务量有限，功能辐射性较小，业务尚未外溢，因此机场对市域经济，尤其是机场周边地区的带动较小。这一阶段，机场自身消化能力尚未饱和，对城市带动较小。

（2）溢出期。此时，机场客货运等业务量已经达到一定规模，人流、货流和信息流集聚度增加，其航空枢纽地位不断强化，因而吸引了新经济产业

❶ 张蕾，等. 机场运营与区域经济增长关联性——以南京禄口国际机场为例 [J]. 地理科学进展，2010，29（12）：1571.

在机场周边聚集。这一阶段表现为机场业务外溢，为地区发展创造了较多的就业机会，带动了周边地区经济增长，使紧邻空港地区能够享受到机场落户于此而带来的效益。❶

（3）成熟期。这一阶段，依托机场资源，周边临空经济区的产业层次趋于高端化和创新化，形成成熟的产业综合体空间，进入了自我强化的良性循环阶段，并与城市发展融为一体，而城市经济的发展也进一步推动临空经济，随着城市就业人口增加以及人流、物流需求的增强，城市对航空服务和航空可达性的要求随之增加，从而推动航空服务向高效高质方向发展，进一步强化了机场枢纽地位，推动机场扩容。❷

9.2.2　评价模型

9.2.2.1　研究思路

舟山普陀山机场位于舟山朱家尖岛，客运吞吐量 2017 年首次突破 100 万人次。通过对朱家尖岛调研发现，机场业务尚未外溢，因此，初步推断其与朱家尖岛经济增长关系密切。然而，普陀山机场旅游吞吐量与普陀山旅游、朱家尖旅游有较大影响。由此可以推断，普陀山机场航空运输需求与地方旅游发展有很大关系。受普陀山机场客货流量的限制，机场区域尚未形成内生成长动力，机场业务增长应受市域经济带动较强，其中又以服务业较为发达的普陀区对机场客货业务的带动更为明显。本书选取舟山本行政区为研究区域，其中普陀区的旅游经济占舟山本市旅游的绝大多数。城市腹地不断增长的经济总量构成了持续增长的出行需求，形成了对机场客货运的有效支撑。

9.2.2.2　研究方法

基于理论分析和研究思路，参考张蕾等人的研究分析思路，拟采用格兰杰因果检验方法，在单位根检验和协整检验的基础上，消除时间序列的伪回

❶ 张蕾，等. 机场运营与区域经济增长关联性——以南京禄口国际机场为例［J］. 地理科学进展，2010，29（12）：1571.

❷ Tsen W H. Granger causality tests among openness to international trade human capital accumulation and economic growth in China：1952-1999［J］. International Economic Journal，2006，20（3）：285～302.

归可能性，随后进行格兰杰因果检验，实证分析舟山普陀山机场与区域经济增长的关系。

格兰杰因果检验是由 Granger 提出、Sims 推广的检验变量之间因果关系的方法。Granger 解决了 x 是否引起 y 的问题，实质上是检验一个变量的滞后变量是否可以引入到其他变量方程中，一个变量如果受到其他变量的滞后影响，则称它们具有 Granger 因果关系。所有检验过程运用 Eviews8.0 软件完成。

9.2.2.3 指标选取和数据来源

为了考察机场与区域经济增长的关联度，选择货物运输量和旅客吞吐量作为机场运营衡量指标，舟山地区生产总值、旅游收入作为区域经济的衡量指标，将 1998~2017 年的面板数据分割为 1998~2017 年、2003~2017 年 2 个时间段，分析航空运输发展与区域经济增长的因果关系。所有数据均来自于历年《舟山市统计年鉴》和《中国民航机场生产统计公报》。

为了综合考虑旅客吞吐量和货物吞吐量，在选取民航运输指标时，选用年工作量（Workload）作为衡量指标，1 工作量单位＝1 个旅客＝0.09t 货物。故年工作量＝年旅客吞吐量+年货邮吞吐量/0.09，并将其记为 WL。考虑到舟山民用机场的旅游作用比较明显，对经济量指标的时候，我们选取 GDP、旅游收入两个维度，作为横向指标，1 个经济量＝1GDP+0.1 旅游收入，并将其计作为 G。由于统计年鉴上得到的 GDP 数据是当年价格，所以要消除物价因素的影响，本书用 1990 年为基期的物价指数对 GDP、旅游收入进行处理，得到具有可比性的 GDP 和旅游收入。对 GDP、旅游收入和 WL 进行自然对数变换，以消除序列中可能存在的异方差，得到新序列 $\ln G$ 和 $\ln WL$。

9.2.3 实证分析

9.2.3.1 1998~2017 年实证分析

A 平稳性检验

时间序列的平稳性是指时间序列的统计规律不会随着时间推移而发生变化。大多数宏观经济数据都是具有上升趋势的时间序列而非平稳的。如果直接将非平稳时间序列进行回归分析则可能造成虚假回归。检验变量是否稳定，通常采用单位根检验，若变量经过一阶差分后变成平稳序列，则用 I(1) 表示，即一阶单整过程。若变量经过二阶差分后变成平稳序列，则用 I(2) 表示，即二阶单整过程。常用的单位根检验方法有 DF（Dickey-Fuller）法、ADF（Augmented Dickey-Fuller）法和 PP（Phillips Perron）法等。本书使用 ADF 法。在方程中加入变量的滞后项，以吸收残差项的自相关，保障残差项为遵从零均值、恒定方差和非自相关的白噪声，对下式进行回归：

$$\Delta y_c = \beta_0 + \beta_1 t + \beta_2 y_{t-1} + \sum_{i=1}^{k} \alpha i \Delta y_{t-i} + \varepsilon_t$$

式中，β_0 为常数项；β_1、β_2 为系数项；t 为趋势项；ε_t 为误差项；加入 k 个滞后项是为了使残差项为白噪声。假设检验：$H_0 : \beta_2 = 0$，$H_1 : \beta_2 \neq 0$。如果接受 H_0 而拒绝 H_1，说明序列存在单位根，不平稳。反之，说明序列存在单位根。

1998~2017 年 WL 和 G 的时间序列数据如图 9-3 所示。

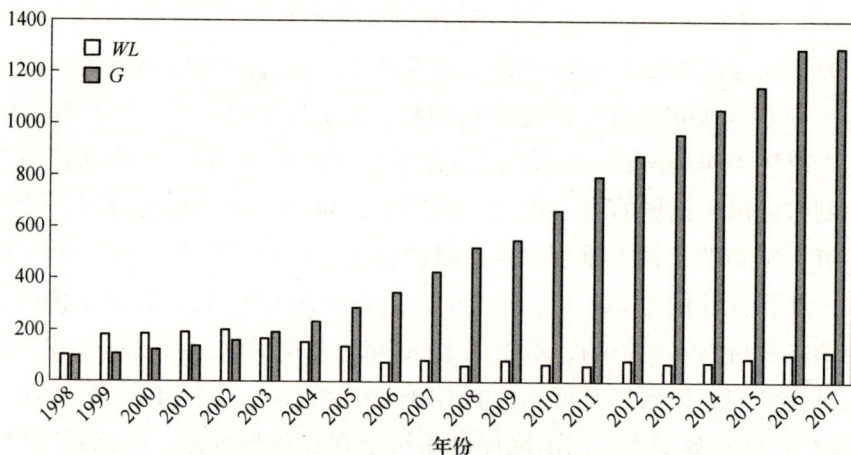

图 9-3　1998~2017 年 WL 和 G 的时间序列数据

1998~2017 年间普陀山机场航空运输量和舟山的经济量都呈现了明显的指数增长趋势，表明变量属于非平稳变量。因此，对 lnWL 和 ln$G$ 进行单位根检验是必要的。运用 ADF 法含趋势项和截距项的模型进行单位根检验。结果显示，各指标的零阶 ADF 值均大于 5% 临界值，表现出非平稳的特征。但一阶差分后 ADF 值均小于或接近 5% 临界值，显著小于 10% 临界值。可见，1998~2017 年的 lnWL 和 ln$G$ 都为一阶单整的时间序列。这为协整检验提供了前提（见表 9-6）。

表 9-6　1998~2017 年 lnWL 和 ln$G$ 的平稳性检验

内容	差分阶数	ADF 值	10%临界值	5%临界值	Prob.	检验结果
lnWL	0 阶	−0. 5912	−2. 2876	−2. 9918	0. 8123	一阶单整
	1 阶	−5. 8329	−2. 4987	−3. 0012	0. 003	
ln$G$	0 阶	1. 9763	−2. 4392	−2. 9918	0. 9961	一阶单整
	1 阶	−3. 6376	−2. 4218	−3. 0123	0. 0124	

B　协整检验

协整是指多个非平稳变量的某种线性组合是平稳的。协整分析对于检验变量之间的长期均衡关系非常重要，也是区别真实回归与虚假回归的有效方法。需要注意的是，协整变量必须具有相同的单整阶数。因此，平稳性检验是协整检验的前提。协整检验主要分为两种：一种是基于回归系数的协整检验，如 Johansen 检验，另一种是基于回归残差的协整检验，如 CRDWDF 检验等。本书采用 Engle 和 Granger 提出的协整检验方法即 EG 两步法。

运用 EG 两步法对舟山普陀山机场的航空运输量和舟山市经济量进行协整检验。

首先建立回归方程：

$$\ln G = \beta_0 + \beta_1 \ln WL + \mu$$
$$\ln WL = \beta_0 + \beta_1 \ln G + \mu$$

进一步对残差 μ_t 进行平稳性检验。如果估计回归模型 R^2 较大且残差平稳（Prob. 较小），我们可以断定 lnWL 和 ln$G$ 是存在协整关系的。检验结果证明 lnWL 和 ln$G$ 两个指标存在较强的协整关系（见表 9-7）。由于估计回归模型的 R^2 高达 0.983，说明二者关系非常密切，是长期均衡的。估计回归模型能很好反映这一相关关系。

表 9-7　1998~2017 年 lnWL 和 ln$G$ 的协整检验

估计回归模型	线差平稳性检验		
回归模型	R^2	μ_t 的 ADF 值	Prob.
ln$G$ = 6. 245+1. 321×lnWL+μ_t	0. 983	−2. 176	0. 0103
lnWL = −4. 274+0. 723×ln$G$+μ_t	0. 982	−4. 819	0. 0002

C　格兰杰因果检验

在经济变量中，一些变量显著相关，但它们未必都是有意义的。Granger 指出 x 是否引起 y，主要看现在的 y 能够在多大程度上被过去的 x 解释，加入 x 的滞后值是否使解释程度提高。如果 x 在 y 的预测中有帮助，就可以说 "y 是由 x Granger 引起的。[1]

同时，Granger 指出，如果两个序列都是一阶单整序列且存在协整关系，则它们之间必然存在至少一个方向的因果关系。为了保持合理的自由度，同时消除误差项的自相关，本研究使用 AIC 和 SC 信息准则作为选择最优滞后阶数的标准。Granger 因果关系检验结果见表 9-8。

表 9-8　1998~2017 年舟山普陀山机场运输量与舟山经济增长的格兰杰因果检验

时间	零假设	F 统计量	P 值	检验结果
1998~2017 年	$\ln WL \neq > \ln G$	0.167333	0.61234	$\ln WL \neq > \ln G$
	$\ln G \neq > \ln WL$	0.238441	0.02745	$\ln G \neq > \ln WL$

1998~2017 年舟山市经济量不是普陀山机场运输量的格兰杰原因概率为 0.0274，即普陀山机场运输量的变化有 96.14% 的概率是由经济量（国内生产总值和旅游收入）的变化引起的。可以证明 20 多年舟山区域经济发展引起了航空运输的发展。但另一方面，航空运输发展对区域经济增长的解释较小，仅有 28.83% 概率。可以认为航空运输是区域经济增长的格兰杰原因。

9.2.3.2　2003~2017 年实证分析

基于上述思路，进一步检验 2003 年后二者的相互关系，以评估普陀山机场的区域经济带动作用。使用 ADF 法对 $\ln WL$ 和 $\ln G$ 进行单位根检验，发现二者均为二阶单整序列，进而对二者进行协整检验，估计回归模型如下：

$$\ln G = 8.322 + 1.078 \times \ln WL + \mu_t$$
$$\ln WL = -7.608 + 0.921 \times \ln G + \mu_t$$

$R^2 = 0.991$，且残差序列平稳。可证明普陀山机场航空运输发展与舟山经济增长协整关系良好。二者格兰杰因果关系检验见表 9-9。

---

[1]　Granger C W J. Investigating casual relations by econometric models and cross-spectral methods [J]. Econometrics, 1996, 37 (1): 424~438.

表9-9　1998~2017年舟山普陀山机场运输量与舟山经济增长的格兰杰因果检验

时间	零假设	F统计量	P值	检验结果
2003~2017年	$\ln WL \neq> \ln G$	2.629831	0.20199	$\ln WL \neq> \ln G$
	$\ln G \neq> \ln WL$	17.83401	0.04198	$\ln G \neq> \ln WL$

结果显示，2003~2017年舟山经济量不是普陀山机场运输量的格兰杰原因的概率为0.04198，普陀山机场运输量不是舟山经济量的格兰杰原因的概率为0.20199，即可以认为，舟山经济量显著引起了普陀山机场运输量的变化，而普陀山机场运输量并不是舟山经济量增长的格兰杰原因。

9.2.4　结论

不论从长期来看还是新普陀山机场修建后，舟山经济发展对航空运输发展均存在单向的格兰杰解释，即舟山经济增长和旅游业发展带动了普陀山机场的发展，而普陀山机场的发展却未能给国民经济的增长带来显著的推动作用。表明普陀山机场目前还处于粗放型增长阶段，但二者协调性在不断增强。格兰杰因果关系描述的是一个变量发生显著变化后是否在一定时滞后引起另一变量变化的现象。因此可以认为，一直以来舟山经济的发展均领先于航空运输的发展，其波动变化对航空运输产生显著影响。但另一方面，舟山航空运输引起经济量变动的概率在1998~2002年为74.19%，2003~2017年下降至62.5%以上。可见，新机场修建后航空运输对国民经济的解释作用在还有待观察。

一直以来舟山航空运输发展与经济增长存在显著的协整相关关系，但航空运输发展对经济量的拉动力在减弱。格兰杰因果检验是从时间先后的角度判断变量间引起和被引起的关系，协整检验则可根据带动系数判断一个变量对另一变量影响力的大小。1998~2003年航空运输对经济量的带动系数为1.314。2004~2017年带动系数下降为1.062，可见新普陀山机场修建后航空运输发展对国民经济的拉动力反而在减弱。

分析原因，主要有以下几个方面：一是普陀山机场的货邮量在前几年呈现上升态势，而后呈现下降态势，且下降幅度较大。二是尽管普陀山机场客流近年来呈现上升态势，但是外流现象也不明显，表现在周边机场对其的冲击力，随着舟山-萧山机场、舟山-宁波栎社机场、舟山-浦东机场的直线客运班车的开通，很大客流被分流。另外，新机场运营时间不长，很多航班和国际航班还未开通，其功能还没有完全体现。

9.3　提升策略

根据舟山普陀山机场的自身运营特征、竞争力评价和关联度分析结果，普陀山机场应该坚持民航业服务于地方经济社会发展的宗旨，牢固树立安全、服务、效益同步提高的理念，进一步解放思想，抢抓机遇，科学制定发展规划，加大政策支持力度，构建民航网络体系，加快发展临空经济，加强基础设施建设，提高服务质量水平，提升安全保障能力，充分发挥航空市场在整个民航运输体系中的战略先导作用。

9.3.1　调整发展思路

舟山普陀山机场站在历史发展的重要转折点上，要以自我发展为主，通过管理创新、培育和提升核心竞争力，不断壮大自身实力，同时根据省内民航机场分布状况，按照政府要求和自身发展需要，适时整合重组区域内机场，形成统筹全省民航机场资源、具有相当规模的民航机场集团。按照建立现代企业制度、完善法人治理结构的要求，积极探索、创新发展模式和手段，本着优化资源、做大做强、规模发展的目标，以强化目标考核、完善薪酬管理为重点，以强化责权利、建构新型产权投资关系为核心，创新舟山普陀山机场生产发展新模式、新体制、新机制，从而适应全新的经济环境。

非常重要的一点是舟山普陀山机场发散新思维，抓住互联网的热度，借力网络平台实体化的进程，打造新型机场服务模式。要寻求和国内顶尖互联网企业开展深度市场交流的机会，借助本地门户机场的优势提供具有独一性的服务窗口，打开新的发展思路；要借助国内主流网络平台，打造全方位网络公众服务平台，以交通枢纽为基础，帮助顾客解决客货运业务、查询以及其他延伸业务。

9.3.2　优化业务结构

从国外的经验看，国外先进机场普遍重视非航空业务的发展，并且一致认为，非航空业务收入即代表一个机场对其潜在有效资源的开发水平。目前，国际上先进机场的非航空性收入占收入比例多数在50%以上，部分甚至超过

70%；且非航空业务收益率水平远远高于航空业务收益水平，非航空业务的收益率水平能够达到20%~50%，而航空收入的收益率仅仅为5%左右，非航空业务已越来越明显地成为机场收入的重要组成部分。因此，舟山普陀山机场应该给予非航空业务足够的重视，以新机场建设运营为契机，创新发展思路和手段，创新发展体制与机制，大力巩固、发展非航空性业务。可以采取以下措施：（1）巩固航空配餐、客票代理、货运业务，确保随主业发展而逐年增长。（2）科学规划、整合机场广告资源，采用对外总包、自营、合作等方式，不断提高广告收入和比重。（3）根据航站楼商业资源规划，结合新机场运营流程和服务特点，以商业贵宾厅、餐饮购物、娱乐休闲为重点，探索形成符合实际、促进发展的开发经营模式，保证相关资源的有效开发和利用，实现其收益最大化。（4）充分利用新机场的空间和土地资源，积极寻求在航空货站、航空维修、餐饮酒店、土地开发利用等方面的对外合作。

另外值得注意的是，舟山普陀山机场还要抓住货物运输的新的发展和增长，以航空货站为核心，大力发展和支持航空货运在本地上下游建设。一方面抓住现有国内货运市场，打造多样化运营模式，支持舟山普陀山机场打造区域性的航空货运中转基地。另一方面加速航空货运市场的培养，鼓励本地航空运输与其他交通运输方式加深合作，拓宽路径，提高服务。联系海关等联检部门，利用机场空港保税区的建设，提高全货机载运货物在货运中的占比，争取省市政府政策，设立快件集散中心，利用航空物流集散地的建立打造功能齐全的临空产业园区。

舟山普陀山机场要加大主业结构调整力度，在确保主业快速发展的同时，大力培育、发展第二主业，切实提高非航业务比重，尤其对舟山普陀山机场商业资源，要科学规划，有效运作，通过特许经营、自营、合作等方式，最大限度挖掘其潜在价值。

9.3.3 增加旅游航线

旅游业和航空运输有着密切的连带关系，舟山旅游资源丰富，航空旅游市场是客运市场的重要组成部分。舟山普陀山机场要与政府、航空公司、旅游企业加强合作，共同规划，扩大旅游市场和新增旅游航线，在"十三五"期间全力将舟山普陀山机场打造成为区域性枢纽机场。针对北京等黄金航线，通过增加航班密度，提供较好的航班时刻，快捷的进出港流程等提升黄金航线的运行品质；对于青岛、厦门等成熟航线，适当增加航班密度，提高市场集中度，增加航线的附加值；对于市场潜力巨大的城市，应当高度关注，加强培育力度。通过与旅游企业、机票代理人、酒店、运输公司合作，为旅客提供空港酒店限价住宿、CIP 易登机等一条龙服务，为旅客的出行提供更加方便、快捷、舒适的服务，从而吸引更多的商务客源和普通游客，逐步做大做强舟山市乃至浙江省的航空旅游市场。丰富优质的旅游资源的开发和利用，需要民航提供有力保障，同时也应为舟山普陀山机场的发展提供源源不断的动力。

9.3.4　争取政府支持

民航运输具有方便、快速、相对投资少的特点，对经济增长有倍增拉动效应。随着国民经济的快速发展，民航需求日趋旺盛，民航运输的优势进一步显现，在综合交通运输中的比重不断增加，地位日益突出。正是认识到民航在拉动和促进地方经济的重要作用，地方政府发展民航的积极性空前高涨，纷纷出台各种政策，在规划建设、运力引进、市场拓展、与其他交通方式配套融合等方面进行全方位、多层次的扶持。

现在舟山普陀山机场面临着前所未有的经济环境，这就要求舟山普陀山机场不断提高自身竞争力水平，从而更好地应对当今的发展机遇。政府对机场的大力支持也正是其中一个至关重要的因素。舟山普陀山机场要加强与政府的沟通，争取政府最大化支持，积极主动引导国家及浙江省、舟山市的政策向对舟山普陀山机场有力的方向发展，从而获取当地政府在航权、空中领域、航线安排、通关效率等多个方面对舟山普陀山机场的政策支持。加强沟通，争取与有关部门的协作和最大化支持。此外，作为公共基础设施，投入大、盈利能力弱、回收周期长、市场开发难度大，舟山普陀山机场的发展离不开政府在资金方面的大力支持，积极争取国家和地方政府对机场的资金支持始终是舟山普陀山机场提高竞争力、实现稳定发展的重要助推器。

10　空港经济发展

10.1　内涵与发展模式

10.1.1　空港经济区与空港综保区

空港经济是指依托大型枢纽机场的综合优势，发展航空枢纽指向性显著的产业集群，对临近地区经济产生直接或间接的影响，从而带动人力、资本、技术等多种生产要素在机场附近集聚的一种新型经济形态，这种新兴产业带有明显的新经济时代和现代服务性的特征。各大枢纽机场在发展空港经济的过程中形成了许多功能相似却特色各异的空港经济区。从世界范围来看，孟菲斯国际机场（美国）、巴黎戴高乐国际机场（法国）、阿姆斯特丹史基浦国际机场（荷兰）等都是全球化时代通过打造空港经济区带动区域经济和社会发展的成功范例。空港经济近年来备受我国地方政府关注，在全国范围内至少有60座城市提出发展空港经济的具体规划。发展空港经济被很多地方政府视为调整优化产业结构、促进经济增长方式转变的新途径。但地方政府在推进空港经济发展的过程中也出现了发展模式单一、同质化严重，临空产业同构、缺乏核心优势，低端重复建设、区域间结构雷同等一系列问题，产生资源浪费、分割发展、恶性竞争等后遗症。

空港综保区是与空港经济区存在紧密联系的另一个重要概念。从本质上说，空港综合保税区是基于"保税制度"而划定的特殊监管区域；空港经济区更多是基于"产业关联"而进行经济区域划分。而两者的共同点则是均位于"空港"这一特定的地域范围。由于地域空间上具有重叠性，空港综保区往往是空港经济区的重要组成部分，甚至于也有可能两者的地域范围完全一致。综合保税区是当前我国开放层次最高、优惠政策最多、功能最齐全及手续最简化的特殊开放区域，依托枢纽机场优势高标准建设综合保税区，大力发展国际中转、国际配送、国际采购、转口贸易及出口加工等多项业务，构建富有活力的国际贸易与保税物流产业集群区，进而影响区域经济的内在传导机制，对诱发和推进区域经济的持续高速增长具有十分重要的意义。

由于空港经济区与空港保税区在空间上往往具有很大的重叠性，目前国内大多城市同时拥有空港经济区和保税区。我国的空港经济区与空港保税区大多实行一个机构、两块牌子、一套班子的管理体制。比如：天津空港经济区和天津港保税区、郑州空港经济综合实验区与郑州新郑综合保税区、广州空港经济区和广州白云机场综合保税区等都是采用这种管理体制。

10.1.2　国外空港经济区的发展

国外典型的空港经济区获得成功有其共性和普遍性的规律，其在发展过程中，据实采取多样化、差异化的发展路径都值得我们学习借鉴。较为典型的空港经济区都具有其独特的产业构成特征以及差异化的产业集聚模式，而产业集聚模式的差异性主要源于其所在区域的区位特征、资源禀赋、产业基础、政策导向等外部条件的不同。

国外典型空港经济区经济模式与功能分区见表 10-1。

表 10-1　国外典型空港经济区经济模式与功能分区

机场 （地区及国家）	空港经济模式	业态及功能分区
孟菲斯机场 （美国）	区位+龙头企业驱动的物流经济	轻工业区、高档零售区、办公商务区、商务酒店、娱乐休闲健身、餐饮服务、高尔夫运动和居民住宅
法兰克福机场 （德国）	空铁联运+腹地驱动的综合经济	货运中心、飞机维修中心、国际博览会、宾馆、购物中心和国际商务中心、服务和物流业
香农机场 （爱尔兰）	政策+规划驱动的园区经济	出口加工区、电子产品制造、通信信息、软件开发
史基浦机场 （荷兰）	空铁联运+腹地驱动的综合经济	国际物流分拨区、高级商务区、工业区、综合商务区、新开发工业园及商务运输枢纽
樟宜机场 （新加坡）	区位+自由贸易驱动的综合经济	总部经济、物流、会展、高科技制造、国际商务、康体休闲

机场 （地区及国家）	空港经济模式	业态及功能分区
仁川机场 （韩国）	区位+自由贸易驱动的综合经济	综合物流中心、全球商务中心、自由贸易区、医疗保健中心、航空城、休闲旅行区
迪拜机场 （迪拜）	区位+自由贸易驱动的综合经济	出口加工和转口贸易、金融、物流、旅游
中部国际机场 （日本）	区位+龙头企业驱动的物流经济	航空物流、航空制造产业、高科技制造、航空支持产业

10.1.2.1 以综合枢纽机场服务为核心的多产业主导、集群化发展模式

适用这种临空产业发展模式的空港经济区大多部署在大型综合性国际航空枢纽机场周边，大型国际机场为空港经济的发展带来庞大的客、货、信息流，此类型空港经济区正是利用"流量"优势围绕枢纽机场建成临空主导产业特色鲜明、产业布局合理且产业间相互支撑的多层次的产业集群体。此类型空港经济区内产业主要由四大行业构成，分别是：（1）临空指向性最强的行业，如航空运输及机场服务业；（2）为旅客出行提供服务的行业，如餐饮、住宿、休闲购物业等；（3）高度依赖航空运输的体积小、重量轻、附加值高的制造企业，如电子信息、生物医药、精密仪器制造业等；（4）航空产业相关的生产性服务业，如航空金融、航空租赁、会展、总部等。此类型空港经济区的产业集聚特征主要体现在两方面，表现为：（1）综合枢纽服务业聚集效应显著。枢纽机场连通洲际及区域具有交通网络便捷的优势，航空公司为利用机场的网络效应，大都在机场附近设立办事处和服务基地，使得与枢纽机场运营直接相关的运输服务业等也聚集在机场周边。（2）休闲娱乐产业日渐成为空港经济区的新兴产业。枢纽机场为空港经济区的发展带来大规模的客流量，大量中转旅客及商务区内的高端商务人士对康体休闲等娱乐服务日渐增长的需求，使得健身、休闲及娱乐业等成为空港经济区内发展较快的产业。

新加坡樟宜机场和韩国仁川机场是以综合枢纽机场服务为核心的多产业主导、集群化发展模式的典型代表。这里以新加坡樟宜机场为例来具体介绍这一发展模式。

　　新加坡樟宜国际机场空港经济区能取得今日的成就，是枢纽型机场所特有的集聚效应与国际贸易发展共同推动作用的结果，而机场在运营和发展的过程中获得的各种优势资源的支持是确保其迅猛发展的重要保障。（1）航空枢纽助推总部经济。新加坡俨然已成为当前东南亚乃至全球最著名的总部聚集地之一，在全球贸易和国际金融业中发挥着举足轻重的作用。新加坡政府为了吸引本国和跨国公司地区总部落户，采取了一系列措施来满足本国及跨国公司设立研发总部的需求。特别是 1998 年新加坡政府设立樟宜商务园，樟宜商务园具有政策和临近樟宜国际机场区位的双重优势，建成后便发展成为制造业公司的管理和经营总部，还吸引了大量跨国物流企业在此设立区域总部。机场便利的航空客货运输，吸引更多跨境企业总部的进驻，使租金等生产成本的增加导致制造业等公司必须把生产环节独立出来，但其总部与科研单位仍留在园区内，共同促进了园区总部经济的构建与发展，带动实现总部经济的变革与升级。（2）航空运输惠及会展活动。随着经济全球化水平的不断提升和国家间合作的日益加深，作为"世界三大无烟产业"之一的会展行业，日益成为衡量城市国际化程度和经济发展水平的重要标准。会展行业的特点是参展商地域分散性强、展品价值高、科技含量高、时间要求强。新加坡国际博览中心和樟宜展览中心临近机场，既能为参展商参与会展活动提供便捷的交通连接和运输途径，又能保证展品安全、准时、可靠地运达。这一优势助力新加坡成为"世界第五大会展之都"。（3）自由贸易推动货运业发展。樟宜机场物流园是由机场引申出来的自由贸易区，随着樟宜机场航空网络的不断扩展，经物流园运输货物的周转时间能降到最低。樟宜机场空港经济区有两大物流园区——樟宜国际物流园、新加坡机场物流园。空港经济区航空物流业之所以能够获得健康稳定的发展，是因为其具备运输速度快、更加安全可靠等显著的优势。此外，航空物流运输的服务对象有其自身的基本属性，如电子商务、高科技相关产业的物流等，航空运输便捷性等特点吸引此类型产业在此集聚。樟宜国际物流园内集中了大量世界级的第三方物流企业，政府在公司经营期间，根据公司具体运营状况及实际要求，完善一系列社会基础设施配套建设，为促进物流产业的发展出台多样的扶持与激励政策。尽管樟宜国际物流园区并非保税区，但企业仍能进行保税牌照的申请，在相关职能部门监督和管理下开展各项保税物流业务。

10.1.2.2 航空物流驱动型临空产业集聚发展模式

在国际上有些枢纽空港的货运业发达但客运业相对较弱,依托这类机场而形成的临空产业集群,被称为航空物流驱动型临空产业集聚模式。该集聚模式的空港经济区主要特征有三个,分别是:(1)区域内物流集散能力是机场能够发展成为大型航空物流枢纽的基础。区位优势突出,交通运输便利,经济腹地广阔且外向性强,存在长期且稳定的物流需求使得该区域具备了强大的物流集散能力,为机场成为大型货运枢纽奠定了基础。(2)利用便捷、高效的航空物流吸引高科技和高附加值轻量化制造产业在经济区内集聚。附加值高、重量轻且对时效性要求较高的产品,例如生物医药、电子通信、医疗器械、鲜花和高端海产品等此类产品需要高效且安全的运输方式。航空运输刚好能满足这些行业的运输需求,因此,航空货运业的发展促进并带动了此类产业在此类空港经济区内集聚。(3)航空物流及其附属产业链带动衍生的新兴产业。全球网购市场巨大潜力被激发,电子商务取得高速发展。航空货运的快捷性及健全的快递网络和完善的设施配套,对新兴产业落户航空产业集聚区具有非常强的吸引力。如美国许多从事电子商务的公司在孟菲斯国际机场周边建立起物流转运中心,以利用机场国际枢纽功能,实现便捷、高效的快递投送。此类型的新兴产业将空港、互联网、快递业三者成功的融合在一起。

美国孟菲斯机场区域(联邦快递所在地)、美国路易斯维尔机场周边地区(联合包裹公司所在地)是航空物流驱动型临空产业集聚发展模式的典型代表。这里以美国孟菲斯机场区域为例来具体介绍这一发展模式。

孟菲斯国际机场曾创造连续近二十年货运吞吐量世界第一的奇迹,世界上最大的几家快递公司(FedEx、UPS、DHL、KLM 等)都在此设立总部或物流机构。全球最大的货运航空公司——FedEx(联邦快递)对孟菲斯临空经济区的发展起到了决定性的作用,FedEx 规模不断扩大使得孟菲斯国际机场成为世界最大的货运机场,孟菲斯市也成为了美国的"航空都市"。现在孟菲斯国际机场发挥其便捷的环球运输网络优势,在航空经济区着力打造高科技产业走廊,吸引新兴产业快速集聚。目前,孟菲斯机场周边已形成了集科研、加工及制造、仓储、物流等于一体的完整的产业增值链。生物医药科技、信息及通信科技等一批高新技术产业快速崛起。依托机场航空快递优势,孟菲斯机场航空城已成为吸引了众多大型跨国公司的全球性分拨中心，如：2016 年在《财富》500 强排行榜中排名第 280 位的美国最大的汽车修配连锁品牌就将其本部设在了孟菲斯；全球最大的角膜银行与眼球中转站——美国"全国眼库中心"也设在此，每年仅通过航空快递就能为失明的受捐者运来3500 多个人类眼角膜；著名的电子专业制造服务供应商伟创力（Flextronics），在孟菲斯设有全球最大的笔记本电脑维修点。此外，惠普、松下、Cingular、Technicolor Video、捷普全球公司、辉端、葛兰素、先进毒理检测中心、Smith 和 Nephew 等知名企业都选择在孟菲斯建厂或设立分拨中心。

10.1.2.3　航空制造业主导型临空产业集聚发展模式

飞机制造业是技术密集型先进制造业，其产业链长，带动效应极强，是国家重点支持的战略性新兴产业的重要组成部分。飞机总装则是飞机制造的核心生产活动之一，飞机的组装及主要零部件生产环节大多在空港经济区内进行，围绕飞机总装和关键零部件生产制造，在空港经济区内形成了以航空制造业为主导的产业集群。以航空制造业为龙头的产业定位主要存在于有较大规模的飞机制造企业的空港经济区内，此类经济区以飞机的总装制造为龙头，吸引与飞机总装相关的产品供应商以及下游服务产业等聚集，从而构建一套完整的航空制造产业链。这类模式的特征是：临空指向性最强的产业之一，其产业链较长、加工环节繁多、复杂程度极高。

法国图卢兹航空航天谷（空客公司所在地）、美国西雅图（波音公司所在地）、加拿大蒙特利尔飞机城（庞巴迪公司所在地）、巴西坎普斯（巴西航空工业公司所在地）等是航空制造业主导型临空产业集聚发展模式的典型代表。这里主要以法国图卢兹的航空航天谷为例来具体介绍这一发展模式。

20 世纪 50 年代，法国宇航和英国飞机公司在图卢兹联合研制"协和"号超音速民航客机，也正是协和飞机以及第一批喷气式飞机的生产使得图卢兹在规模型航空工业园区中的地位得以确立；1967 年 9 月，英法德等国签署谅解备忘录，开始共同研制空客 A300。三年后，空中客车集团成立，其总部也是设在图卢兹。加速欧洲航空航天功能机构和相关企业在图卢兹的集聚，先后有 600 余家科研和高科技类的航空航天等领域的企业落户图卢兹。落户在图卢兹航空航天谷内的机构和企业有：以国家气象中心、法国航空航天中心、国家航天研究中心等为代表的高能级研发机构，以法国国立民航大学

（ENAC）、法国国立机械与航空技术大学（ENSM）、法国航空航天大学（ISAE）等为代表的顶级学府，和以西门子、汤姆森、摩托罗拉等为代表的国际知名企业公司。在各类航空航天要素集聚的同时，图卢兹也成为欧洲的"宇航之都"、世界最重要的航空航天研发成果诞生地之一。

西雅图（波音的故乡）正是依靠波音的两个总装厂形成了集航空研发、制造、服务及展览和旅游企业于一体的产业集聚，构建了完整的航空制造业产业链，拥有世界上规模最大的大型飞机装配基地。截至目前，西雅图地区拥有除了波音以外的 1000 余家波音的相关配套企业，拥有全美 17% 的航空航天产业工作岗位。

10.1.2.4 区域经济导向型临空产业集聚发展模式

此类模式主要适用于机场客货运量皆小，还未能形成较强的流量经济的空港经济区，但经济区所属区域区位优势明显，且拥有得天独厚的资源禀赋。在区域经济和济源禀赋的影响下，机场周边出现了独特的产业集群并与区域产业互为支撑一体化发展的产业格局。此类空港经济区的主要特征为：临空产业与区域经济高度融合，一体化发展水平高；一般享有政府特殊的海关监管政策，很多发展成为自由贸易区。

爱尔兰香农国际机场是区域经济导向型临空产业集聚发展模式的典型代表。香农国际机场客货流量都不大，尚不具备成为国际大型枢纽机场的吞吐条件。在这种情况下，爱尔兰政府于 1959 年设立香农国际航空港自由贸易区，通过采用政府财政手段对机场的临空经济创新发展给予科学布局并不断给予优惠的财税扶持政策，甚至直接给予免税港政策覆盖，使得进出口贸易获得飞速发展，吸引了大量外商投资（尤其是美资），成为爱尔兰外贸窗口之一。自贸区内引进的产业主要是依托区内优惠的税收政策、高效的行政服务、健全的产业配套，进而能够从全球范围内吸引航空制造业、区域总部、重要研发机构、高新技术制造业等集聚。借此大力发展电子信息、通讯技术、航空技术、软件开发等高科技产业。香农自由贸易区是爱尔兰开放的最前沿，自贸区的成功不仅引领着香农市的经济发展，更带动了整个国家开放经济的发展。在自贸区的引领带动下，香农自由区与邻近区域的高校、研发机构及科技园等融为一体，使香农开发区与当地经济发展互为助力，远离"孤岛经济"的发展形态。

10.1.3　国内空港保税区的发展模式与特点

　　与国外空港保税区相比，我国空港保税区的区域功能内涵、发展战略、腹地经济等都有所不同，因此，我国在建设空港保税区的过程中，既要参照国际通行做法，又要结合具体实际，在发展定位制订方面各地也展现出了明显的差异性。

　　舟山港综合保税区空港分区和其他综合保税区功能定位情况对比见表 10-2。

表 10-2　舟山港综合保税区空港分区和其他综合保税区功能定位情况对比

名　称	区　域　条　件	核　心　功　能
舟山港综合保税区空港分区	（1）规划面积 0.85 平方千米； （2）经济腹地以航空制造产业为主； （3）园区属于波音 737 专用型	总装交付、保税加工与物流、保税服务、融资租赁、航空旅游等
天津滨海新区综合保税区	（1）规划面积为 1.96 平方千米； （2）经济腹地以航空制造产业空港国际物流产业为主； （3）园区属于空客 A320 专用型	国际货物中转、国际采购配送、国际转口贸易、国际快件转运、维修检测、融资租赁、仓储物流、出口加工、商品展示交易
上海浦东机场综合保税区	（1）规划面积为 3.59 平方千米； （2）经济腹地以空港服务、融资租赁业为主； （3）园区产业规划以大飞机项目为核心	临空服务、航空口岸物流、贸易和金融服务等功能
河南郑州新郑综合保税区	（1）规划面积为 5.07 平方千米； （2）区域经济以 IT 产业为主； （3）腹地广阔、生产要素成本低	保税加工、现代物流、服务贸易、保税研发、检测维修、保税展览、特色金融
北京天竺综合保税区	（1）规划面积 5.94 平方千米； （2）经济腹地以贸易加工型产业发展为主； （3）园区属于通用型	国际物流、国际贸易、服务贸易、保税加工、国际金融
四川成都高新综合保税区	（1）规划面积 4.68 平方千米； （2）经济腹地以电子信息产业及生物制药产业为主； （3）腹地广阔、生产要素成本低	保税加工、保税物流、口岸作业、综合服务

（1）发展成国际物流枢纽中心。北京天竺综合保税区位于顺义临空经济区内，依托首都国际机场而建，是我国首家空港型综合保税区，也是我国唯一拥有机场货运的口岸。天竺综合保税区是服务北京市乃至京津冀地区重要的功能性基础设施，也是首都机场打造东北亚航空枢纽的重要基础。其作为国内典型的内陆临空型综合保税区，立足于打造"东方经贸航空枢纽"的战略发展定位，构建了集一般贸易、国际快件、整车进口等于一体的口岸功能体系，并在模式创新方面做了积极探索。

（2）发展航空加工产业。天津滨海新区综合保税区的大飞机产业主要围绕空客 A320 总装项目而运行，其主要定位是为空客 A320 总装项目提供系列服务，吸引飞机零部件及机载设配套企业，聚焦航空产业打造集航空、物流等于一体的完整产业链条；上海浦东机场综合保税区，中国商飞总装制造中心设在上海浦东新区，我国自主研制的 C919 大型客机的首架机，就诞生于中国商飞公司总装制造中心浦东基地厂房内。其主要功能定位是重点建设临空功能服务先导区，大力发展航空口岸物流、贸易和金融服务等功能。

（3）发展高科技加工产业。成都高新综合保税区根据政策及比较优势，发展依赖航空运输的高科技产业集群，发展笔记本电脑、平板电脑制造，电子元器件、晶圆制造芯片封装测试，精密机械加工以及生物制药等重点产业。通过发挥政策优势，已吸引英特尔、戴尔、德州仪器等多家世界 500 强及跨国企业入驻园区；河南郑州新郑综合保税区的定位也是发展高端电子产品保税加工业，借助富士康等企业的落户，快速壮大了以智能终端为代表的电子信息产业，发展成为全球最大的苹果手机生产基地，基本建成"整机+配套+核心零部件"手机产业链。

（4）发展现代服务产业。主要发展高价值产业、金融业、商贸及信息服务等产业。海口综合保税区是海口保税区转型发展、区位调整升格获国务院批准设立的开放层次更高的海关特殊监管区域。海口综保区积极拓展和创新保税政策新功能，着力推动保税融资租赁、钻石通关一体化、汽车整车进口、拓展保税功能等四个方面政策功能创新，辐射带动周边区域发展，形成海口乃至海南新的经济增长点。其功能定位为：以保税物流为重点，并带动物流配送、保税仓储、国际贸易和出口加工等业务的发展，逐步形成环北部湾经济圈保税物流企业的结算中心。

（5）发展国际贸易功能。广西凭祥综合保税区依托友谊关口岸而建，是我国第一个在陆路边境线上设立的综合保税区。凭祥综保税区积极拓展国际贸易通道，积极打造综保区—越南海防港、综保区—越南谅山—老挝沙湾拿吉—泰国穆达汉—马来西亚黑木山、综保区—越南河内—胡志明等3条黄金物流线路。拓展连接苏满欧、渝新欧、郑新欧到达欧洲的保税物流线路，实现中南半岛经济走廊与丝绸之路经济带无缝对接。其定位是发展成为广西北部湾经济区保税物流体系的重要沿边节点、中国-东盟合作以及面向国际开放开发的区域性商贸中心。

10.1.4　长三角地区综合保税区发展态势

长三角地区空港保税区呈现出快速发展势头，目前江浙沪共有民用机场18个。其中两个位于上海市，分别是：虹桥机场、浦东机场。九个位于江苏省，分别是：南京禄口国际机场、苏南硕放国际机场、徐州观音国际机场、常州奔牛国际机场、扬州泰州国际机场、南通兴东国际机场、连云港白塔埠国际机场、盐城南洋国际机场和淮安涟水国际机场。七个位于浙江省（建设中的嘉兴机场和丽水机场未包含在内），分别是：杭州萧山国际机场、宁波栎社国际机场、温州龙湾国际机场、舟山普陀山机场、义乌机场、台州路桥机场和衢州机场。选择客货流量较大且具有代表性的六个机场作为研究区域，从空港经济区面积、产业结构、经济增长方式等进行研究（见表10-3）。

表 10-3　江浙沪主要空港经济区产业结构和经济增长模式状况

机场	空港经济区面积/km²	产 业 结 构	经济增长模式
上海浦东	123.5	装卸搬运和运输代理、纺织服装、金属制品、零售、橡胶和塑料制品	区位+自由贸易驱动的综合经济
杭州萧山	16.4	装卸搬运和运输代理、纺织、纺织服装、化学纤维制造、其他制造	空铁联运+腹地驱动的综合经济
南京禄口	28.4	零售、道路运输、专用设备制造、通用设备制造、金属制品	空铁联运+腹地驱动的综合经济

续表 10-3

机场	空港经济区面积/km²	产 业 结 构	经济增长模式
无锡苏南	195.6	零售、金属制品、通用设备制造、专用设备制造、计算机、通信和其他电子产品制造设备	政策+规划驱动的园区经济
宁波栎社	51.9	零售、通用设备制造、纺织服装、橡胶和塑料制品厂、专用设备制造	—
温州龙湾	22.1	通用设备制造、零售、金属制品、专用设备制造、皮革、毛织品和制鞋	—

上海浦东机场发展空港经济具有显著的区位和政策优势。2013 年 9 月，中国（上海）自由贸易试验区正式成立，面积为 28.78 平方千米，上海浦东机场综合保税区属于上海自贸区的重要组成部分，是 4 个海关特殊监管区域之一。这一设立条件与樟宜（新加坡）、迪拜和仁川（韩国）等空港极为相似。杭州萧山、南京禄口空港则与法兰克福（德国）、史基浦（荷兰）等空港有一定相似。就腹地产业而言，杭州中小企业数量庞大，涉及行业面广，电子商务产业发展迅速，已经成为国内电子商务产业链最完善的城市，电子商务、纺织服装、旅游、文创等产业优势明显。南京传统产业主要包括化工、电子、汽车、机械等四大支柱产业，智能电网、电子制造、航空产业等基础较好，2006 年，中国邮政航空速递物流集散中心落户南京，禄口机场北部的江宁高新区、西部的中国邮政航空速递物流集散中心、东部的溧水物流园区共同构筑了强大的腹地优势；就机场综合交通水平而言，南京禄口机场与杭州萧山机场相比略微占优，但两者间差距在不断缩小。两空港整体与法兰克福、史基浦空港相似。无锡苏南机场的客运量较低，相对较小的流量特征与爱尔兰香农机场较为相似，其发展主要优势在于所拥有的政策优势和强大的腹地经济，机场所处的无锡新区在物流通关、补贴优惠等方面具有政策优势，吸引大量外资企业投资落户于此，机场货运比甚至高于南京禄口和杭州萧山机场。香农机场的发展主要得益于爱尔兰政府大力推进自贸区和开发区建设，凭借免税优惠和低成本物流等优势，吸引大量资本和企业进入。步入 90 年代以后，当地政府为吸引高新技术企业入驻园区，在机场附近设立利默里克国

家技术产业园，以发展知识型产业作为技术产业园建设的重心，最终发展成为技术密集型技术产业园区。与上述江浙沪主要空港经济区相比，宁波和温州空港经济区驱动模型暂不显著，发展条件尚未成熟。

10.2　产业发展与政策创新

10.2.1　产业发展

10.2.1.1　发展定位

2016 年美国波音公司首个海外工厂落户舟山，作为波音项目落地舟山的必要条件，2017 年，舟山港综合保税区空港分区正式获国务院批复。空港分区位于朱家尖普陀山机场南侧，规划面积 0.85 平方千米，东至 329 国道、南至石榴江和南塘河、西至机场路、北至普陀山机场。根据《批复》意见，舟山港保税区空港分区主要功能定位是：以干线飞机、支线飞机及通用飞机生产制造等保税加工功能为核心，以航空零部件保税物流和航空保税物流功能为支撑，做强航空检测、航空维修、航空培训、航空研发、融资租赁、保税商品展示等保税服务功能，积极打造空港贸易便利示范区。

基于为舟山航空产业园提供保障与服务的角度，舟山港综保区空港分区应围绕"飞机总装交付"核心功能，拓展保税加工与物流、保税服务、融资租赁、航空教育培训、航空旅游等功能，形成"1+X"功能服务体系（见表 10-4）。

表 10-4　舟山港综保区空港分区"1+X"功能

项　目	主体功能	主要业务开展
"1"	飞机总装交付中心	对从位于美国西雅图波音工厂飞来的"绿飞机"进行客舱安装、装饰、外部喷漆，而后交付客户
"X"	保税加工与物流	发展民用航空产业为核心，按照国家赋予的保税加工、保税物流两大核心功能，以波音飞机转包生产零部件，支线、干线飞机转包生产零部件等保税加工与物流为重点，做强仓储物流、国际采购与分销配送、国际中转、检测和维修服务、研发、加工制造等保税业务

续表 10-4

项　目	主体功能	主要业务开展
"X"	保税服务	探索"保税维修"模式，开展民用航空飞机检测和维修服务、飞机售后服务等业务，鼓励发展民用飞机零部件设计研发等业务
	融资租赁	引入专门从事飞机租赁的大型专业租赁公司，重点开展飞机售后回租业务、公务机等通用航空业务，探索开展大型飞机的经营性租赁业务
	航空教育培训	与民用航空公司、航空类高校等建立合作关系，开展航空基地专业技术人员培训、航空乘务专业知识培训、模拟舱服务技能的实操培训等业务
	航空旅游	依托航空产业园，推出"航空科技博览""航空工业游""航空体验""航空科普教育"等主题旅游产品，大力发展航空主题亲子游、航空夏令营、航空主题婚礼等旅游项目

10.2.1.2　发展问题

物流水平整体偏低。舟山现有的物流企业，在运作时因缺乏专业技术指导，对国际物流业务信息化操作水平较低，对货物无法进行有效的信息化管理，导致整体物流水平参差不齐，很多企业无法承接国际物流相关业务，只能实施装卸、存储运输等低端化的物流作业，而在附加值较高的货物加工、中转、配送等的交易环节上无法进行操作。

货物中转运输能力有待提高。自舟山大陆连岛工程开通后，舟山的集输运条件得到较大改善，公路运输基本畅通无阻，但是大桥通行费过高，增加了公路运输成本。虽然舟山在江海联运方面已经形成了较为成熟的交通网络，空港联动也已运行，但因甬舟铁路尚未开建，缺乏铁路运输的参与，在铁水联运和空铁联动方面存在缺陷。物流企业在舟山进行货物中转时，在货物运输速度和价格等方面缺乏竞争力。

跨境电商发展仍面临问题。舟山电子商务发展速度较快，电商服务功能更加健全。跨境电商成为舟山对外贸易的新兴渠道，海水产品、海洋旅游、大宗商品等成为舟山发展电商的优势领域，海岛电商业也成为创业富民的有效途径之一。舟山电商支柱产业链虽已形成，物流运输相对不便且物流成本较高，加之电商企业转型升级不够及时，导致本土电商企业规模普遍较小。

经济发展不确定因素增加。经过二十多年的快速发展后，世界经济增速放缓，全球复苏之路崎岖艰辛，全球各主要经济体均受到各种发展难题，各类需求明显减弱。随着美国贸易保护主义思潮抬头，美国政府不但挑起中美贸易战，也在世界范围内频频制造贸易摩擦。中美贸易战持续进展下去的话，不仅会影响波音的订单量和生产，也会让波音的供应商以及波音舟山交付和完工中心受到影响。

10.2.1.3　发展路径

按照舟山港综保区空港分区的发展定位与功能配置，其在产业集聚模式上显然主要是"航空制造业主导型临空产业集聚发展模式"。应借鉴天津滨海新区综合保税区的成功经验，主要围绕飞机零部件制造和机载配套设备生产等在机场周边形成了以航空制造为主导的产业集群。空港分区应充分利用空港口岸优势，通过综保区独特的功能和极富活力的贸易与保税物流产业群，打造完整的航空产业链条，推动区域经济量和质的双跃升。

——整合综合物流链与物流服务体系。一是完善航空货运服务网络，进一步扩大航空枢纽航线网络，不断培育壮大航空交通运输业。二是整合航空物流服务链各环节的功能，把揽货、仓储、航线运输、配送等环节连接起来，并与海运等其他运输方式相结合，实现高效的保税物流服务。三是以飞机零部件、精密仪器、电子产品等的保税维修为主线，不断增加维修产品的种类，打造全球飞机维修中心聚集地。四是以海关封闭监管为核心，扩容公用型保税仓库，推进海关出口监管仓库、海关公共保税仓库等载体建设，探索发展保税仓储、转厂服务、港口延伸内移、全球采购和国际配送与国际中转等服务。五是借助智能化的信息管理系统，建立航空物流信息服务平台，全面提高航空保税物流信息化水平。充分发挥舟山航空物流与海运物流优势，依托浙江（舟山）自贸试验区资源和优势，有效降低保税物流成本，积极推进零配件保税物流等航空服务业发展。

——建设飞机内饰和零部件的采购和交易中心。建设"737MAX 飞机展厅"，着力打造飞机内饰和零部件的采购和交易中心，积极拓展航空产业的零部件贸易。吸引国内外的航材进出口贸易公司，将航空发动机、机载设备、飞机零部件和原材料等多种类型的航材作为贸易对象，重点开展航材进出口贸易、销售代理、仓储配送、检验认证等业务，形成区域保税物流网络，打造国内航材贸易中心。同时发挥综保区的优势，开展航空指向性强的商品、奢侈品等销售展示业务，进一步增强综保区的展览、展示、交易功能。

——重点发展飞机租赁业和航空金融业。我国航空市场的蓬勃发展为飞机租赁产业发展提供了强劲动力，飞机租赁业持续壮大，政策环境持续优化也促进飞机租赁业的蓬勃发展。目前，各大航空公司主要通过租赁的方式获得飞机，租赁公司通过金融机构购买飞机，再租给航空公司使用获利。根据现行的国家相关政策规定，租赁公司开展飞机租赁业务必须在飞机实际进入海关特殊监管区域后，才能享受到国家的税收优惠政策，而类似空港分区这样兼具跑道资源和保税优惠政策的区域，全国屈指可数。空港分区要充分利用现有的政策和硬件资源条件等方面的优势，致力于为航空产业链上下游企业提供优质专业化服务，全力打造与国际接轨的航空金融产业环境，在减免税收、外汇监管和保税业务开展等方面进行大胆创新，突破原有政策限制，促成飞机保税融资租赁的落地，深挖航空租赁和航空金融这片新蓝海。

——推进跨境电商航空物流平台建设。空港分区应抓住国家大力实施"互联网+"的战略机遇，协调外经贸、海关、税务、银行、邮政等部门，搭建跨境电商航空物流综合服务平台，通过采用"清单核放、汇总申报"的高效监管模式，"一站式"服务解决部分企业对跨境链条不熟悉、资质和能力有限等实际问题，专门开辟跨境业务操作的"阳光通道"，为舟山自贸区跨境电商开展进出口业务提供服务保障。重点发展以精密仪器、海洋电子、生鲜海产品等为主的出口跨境电商，以及生鲜（水果、海鲜、牛羊肉等）、红酒、化妆品等进口跨境电商，形成集展销体验、物流配送、代理报关、结汇退税等多功能、多业态为一体的跨境电商产业园区，促进舟山 B2C、B2B、B2B2C（保税进口模式）、B2C（直购进口模式）等跨境电商融合快速发展，推动外贸发展方式转型升级。

——打造航空旅游、科普教育基地。建设航空科技博览中心，发展航空博物展示、航空科技文化体验、飞行模拟等高端航空旅游业态，大力发展航空夏令营、航空主题亲子游、航空主题婚礼等旅游项目，以航空文化主题为核心，创造独特的旅游体验，打造知名的航空旅游与科普教育基地。

——探索建设文化保税区。运用保税区的特殊政策，将保税区享有的免证、免税、保税政策扩展到文化领域，进行政策资源整合和制度创新，促进文化对外贸易发展的专门保税形态，在空港经济区构建"文化保税区"板块，传播舟山海洋文化，扩大舟山海洋文化产业"走出去"的辐射面，加快推进舟山建设国际海洋文化名城的步伐。

10.2.2　政策创新

10.2.2.1　空港保税功能

空港保税区是综合保税区重要组成部分和类型。当前综合保税区是开放型经济的重要平台，对发展对外贸易、吸引外商投资、促进产业转型升级发挥着重要的作用。空港分区除了具有对外开放层次高的特点外，还享有最优惠的政策支持和强有力的制度保证。保税、退税、免税等方面有着政府的政策支持，同时，国家海关、金融服务等相关部门根据税区实际情况在运行体制和操作机制等方面不断进行创新和改革，为保税区能够取得快速、良好的发展提供了多种便利。对应的海关、口岸监管和其他相关行政部门都在综保区内设立了分支机构，为综保区维持良好运作提供便利，使得企业通关过程更加简化、快捷。同时，发展综保区空港分区具有平台政策叠加优势，舟山国家级新区、自由贸易试验区、综保区在保税、退税、免税等方面的特殊优惠政策和海关监管、口岸开放、金融服务、产业扶持等方面的体制创新和机制改革，对航空制造企业集聚舟山，融入国际航空供应商链条极具吸引力。

10.2.2.2　政策创新

空港保税区的主要功能在空港物流的发展，如何实现空港保税的政策创新是当前发展舟山港综合保税区空港分区所要面临的重要课题。

（1）空港货物监管创新。推进海关总署批复在浙江自贸区海关特殊监管区域实施的先行先试政策措施。加快在空港分区复制上海自由贸易试验区等自由贸易试验区和国家级空港经济区的监管创新制度。在空港分区开展保税延展业务，对空港分区内的货物实行分类管理。通过信息管理系统的升级改造，满足企业仓储物流配送需要，促进保税货物的快速顺畅流转。创新"批次进出、集中申报"制度，对进出自贸区海关特殊监管区域的货物，尤其是出入海关特殊监管区的波音项目所需的航空零部件材料，实施"多票一报"制度，海关凭企业业务单实现严密监管，既大幅减少企业申报次数，加快企业物流速度，又有效降低企业通关成本。优化舟山综保区"区港联动"模式，扩大试点范围；强化电子账册管理；有效加强对园区与境内区外之间

（二线）进出货物的实际监管；便捷大宗散货在航空产业园区和港口码头间的流转，实现区（港）高效互通；加强海关特殊监管区域数据交换；拓展"属地申报、属地放行"模式。

（2）航空租赁政策创新。航空租赁业务特别是飞机租赁具有较强的资金密集型特点，对海关、税收、外汇等政策层面要求高，往往需要多项政策叠加，尤其是飞机离岸租赁更是涉及多项政策，因此必须加快航空租赁政策创新。第一，海关监管。海关是飞机租赁落地的第一道关口。规范且完善的海关管理政策是飞机租赁业务发展的重要基础，也是保障租赁公司相关业务落地的前提。必须理顺飞机落地后的通关手续的便捷化，保证租赁飞机快速进入保税区。第二，税收。针对租赁领域的税收问题，在《进一步深化中国（天津）自由贸易试验区改革开放方案》中就明确提出，落实与完善促进服务贸易的税收政策，研究融资租赁企业税前扣除政策，为航空租赁业务的开展以及航空公司、租赁企业降低财务成本释放了政策红利。2018 年 6 月，《关于进口租赁飞机有关增值税问题的公告》正式实施，海关对符合条件的进口租赁飞机停止代征进口环节的增值税；租赁公司增值税按月申报转为按季申报，释放了企业的流动资金。第三，优化外汇管理。由于飞机租赁行业的特殊性，需要在境内做一些外币结算。如何使境内、境外双方达成共赢，相关外汇管理政策的制定至关重要。开展租赁产业配套外汇制度创新试点，其中涵盖了深化经营性租赁收取外币租金、简化离岸租赁付汇流程、规范租赁资产交易外汇管理等多项内容。

（3）跨境电商政策创新。积极开展跨境贸易，提升通关效率。相关监管部门创新了跨境电商发展政策，重点实施联合查验、通关无纸化及 7×24 小时无休等便捷服务措施；实行"简化申报、清单核放、汇总统计""税款担保、集中纳税、代扣代缴"等便利化监管措施。检验检疫部门形成了"以贸易便利化为原则，以质量合格假定为前提，以风险监控和质量追溯为核心，以信息化系统为依托"的完整监管思路，出台一系列便利化措施。税务部门推进退税无纸化申报，减少企业申报单证资料，对跨境电商企业实行差别化管理，进一步优化了出口退税服务、提升工作效率。外汇管理部门着力解决制约跨境电商业务发展的收付汇问题，进一步完善跨境电商外汇收支风险防范管理，出台了更多便利化的外汇管理措施。

（4）监管部门协作创新。推动舟山港综合保税区内各海关特殊监管区域和口岸管理相关部门，实现以信息互换、监管互认、执法互助为主的"三互"合作。深入推进关检合作"三个一"（一次申报、一次查验、一次放行）的试点改革。深入推进区域通关一体化改革，提升各海关特殊监管区域间以及与省内各口岸间的海关监管联动水平。争取国家口岸办支持，协调口岸查验单位，积极推动开展国际贸易"单一窗口"工作。启动空港分区内"单一窗口"试点工作，实施业务项目、企业范围和口岸区域内建成"单一窗口"。

10.3　发展策略

10.3.1　明确空港分区发展定位

舟山港综保区未来的发展应以发展其规划目标为主要发展方向，确立其主要区域功能，同时带动货物加工、中转、销售、会展等相关产业环节共同发展，从而增加非主要业务收入，促进综保区总产值的提升。同时，需要及时与沿海地区一些发展势头较好的综保区、经济特区等特殊海关监管单位进行合作，以综保区空港分区为纽带，促进航空经济与区域经济协同发展。依据实际发展要求，利用自身的优势，在不同阶段的不同方面对综保区各商品货物服务项目进行调整和升级，形成有综保区独特的竞争优势。例如，根据综保区独有的政策支持，大力发展航空保税仓储服务，突出空港分区在整个长江三角洲经济圈中的物流特色功能。

10.3.2　稳步推进空港联动发展

根据舟山港综合保税区的发展目标，综保区将会逐渐成为一个国际性的大宗商品货物的仓储、中转基地，同时向商品加工、零售等多方向发展。因此，可以在完善综保区自身海运技术领域不断提高的同时，推动空港分区与本岛和衢山分区的空港联动，实现商品货物进出口的集中处理，解决企业分散申报不便的问题，助推本岛和衢山分区成为国际性的大宗商品货物的仓储、中转基地。同时，加快与自贸区联动建设。得益于自贸区的相关政策，以及强大的资源配置能力，空港分区一方面连接全球经济，另一方面连接区域经济，将其与自贸区结合起来，可以在更大空间中促进资源的自由配置。

10.3.3　推进航空保税制度创新

根据空港分区实际运行情况，尝试将非保税商品与保税商品一同进行集拼和分拨作业，落实海关监管的"仓储货物按状态分类"创新措施。推动企业更好的与国内外两大市场进行对接。同时引进并学习已经在上海自贸试验区实行的"简化统一进出境备案清单""保税展示交易"等创新制度，根据自身综保区发展需要合理调整、优化报关环节，提高企业进出口业务的福利，减少企业不必要的报关环节，加快整体物流速度，为企业节省成本，提升区内企业的竞争力。

10.3.4　引进航空保税经济主体

综保区是我国实行对外开放的特殊经济区域，可享受我国制定的各类优惠政策，尤其在海关、税收、外汇等方面更享有特殊的优惠政策。例如：从境外进入保税区储存的货物不征关税及进口环节增值税、消费税，不实行配额、许可证管理，仓储时间不受限制。保税区内企业使用境外的机器设备、基建物资、办公用品以及为加工出口产品所需的原材料、零配件，不征关税及增值税、消费税，不实行配额、许可证管理等。在促进空港分区产业化快速发展，推动临空产业集群形成和发展的过程中，应利用好政策优势，不断完善企业准入机制，借鉴国内外大型综保区企业准入机制，围绕空港分区的主导产业——保税加工、保税物流仓储、跨境电商等有选择地招商，统一规划布局，有序引导企业入驻，发挥片区产业集聚优势，用准入机制来筛选引导企业项目落地，突出空港分区产业特点。可借鉴发达国家或者地区的先进经验，结合分区实际出台相关的扶持政策，特别是对临空指向性强、产业带动作用大的行业龙头企业应给予最大的优惠，吸引落户空港核心。按照国际惯例提供一流的服务环境，为临空产业集群营造良好的发展环境，积极引导航空保税经济主体落地。

10.3.5　加快跨境电子商务发展

借助航空口岸优势，推进"航空产业+电商"融合发展，加快传统行业升级。积极策划电商企业与相关领域的顶尖企业和相关学校进行深度战略性合作，引进人才和技术。完善电子商务服务体系，形成产业孵化、人才培养、仓储物流、进口服务、客户管理等一体化的跨境电商生态圈。积极引进跨境电商业内的重点企业、重点项目，同时做好与跨境电商产业发展相关的其他重要企业和项目的引进。积极与周边国家、地区中的优秀企业建立电商发展关系，开展精准营销实现 O2O 的产品展销模式，以及实现产品分销的 B2B、B2C 销售模式。加大进出口商品通关服务、结售汇等方面的改革力度，推动跨境第三方支付机构发展，探索建设跨境电子商务综合试验区。加快航空电子口岸建设，实现不同部门、地区、企业间基础信息综合汇总和信息资源的及时交换共享，建设物流大通关平台，提高通关效率，降低通关成本。

10.3.6　打造高端临空产业体系

坚持高端定位和高端特色化发展思路，大力培育发展具有临空指向特点的高端科技、高端制造、高端文化和高端服务，形成以高端产业为特征的空港经济。积极鼓励航空航材、电子信息、生物医药、新材料、精密机械及零配件、高端特色海产品等临空高新技术产业发展。加快现代服务业发展，重点开展航空展会、设计服务、展示展销、艺术创意和文化交流活动，形成重点文化创意产业板块，打造完整的航空文化创意产业链。积极发展与空港经济密切相关的金融租赁、离岸结算、航运保险、贸易融资等航空金融业务。积极推动航空旅游发展，实现航空旅游与航空运输、航空产业协同发展，着力推动波音航空文化旅游基地建设，形成波音文化与空港产业的有机融合。

11 发展思路

11.1 发展目标

11.1.1 总体目标

深入贯彻党的十九大精神，紧抓国家大力发展航空产业的有利时机，以及波音737MAX完工和交付中心落户朱家尖的历史机遇，充分发挥舟山的区域资源优势与特色，以国际成熟技术引进带动自主创新能力，通过整机制造产业发展，带动舟山航空产业生态体系建设，提升舟山在波音国际商业板块布局的战略地位，融入世界航空产业发展链条，将舟山航空产业园建设成为国家航空高技术产业基地、国家航空产业创新发展综合示范区、国际民机产业发展新窗口和中美合作的创新示范基地。

包括：

——建设一个园区：舟山航空产业园；

——建好两个中心：波音737完工与交付中心和舟山民用航空运营中心；

——提升三种能力：设计研发能力、生产制造能力和客户服务能力；

——培育五大产业群：整机制造产业群、零部件配套产业群、航空附属制造产业群、运营保障产业群、现代服务产业群。

到2020年末，舟山航空产业园建设取得阶段性成效，波音737完工与交付中心完成加工、销售、客服等体系；通用航空制造技术和维修技术取得突破；民用航空零部件指导和民用航空生产性服务业有所发展。产业化规模达到百亿产值，形成"四个一批"，即建设一批航空零部件制造企业，形成一批航空服务企业，培育一批航空服务培训中心、培养一批航空生产和维修服务技术工人。

到2025年，波音737完工与交付中心实现产业链延伸，形成整机制造；舟山成为华东区域重要的航空试飞基地，民用航空产业集群形成核心竞争力，民用航空生产性服务业发展壮大，航空产业规模达到 1000 亿元以上，舟山成为国际航空产业链的重要一环，成为世界重要的航空产业制造基地。

11.1.2　定量目标

到 2020 年舟山航空产业规模达到百亿以上，计划到 2025 年，全面形成航空产业链条，实现总装、交付、改装各类飞机 600 架，完成航空配套产业园建设，引进配套企业 20 家左右，航空制造产业形成体系，运营与保障形成网络，衍生与服务初具规模，实现产业链带动效益千亿元。

11.1.3　定性目标

在积极推进波音 737 完工与交付中心建设的同时，培育舟山自身发展特色，深化与中国商飞等机构的合作，引进一大批配套企业，促进有条件的企业在机载电子装备、机内外涂料、机内座椅、飞机轮胎等重点领域进行技术突破，形成结构合理的配套的企业集群。同时有针对性地做好招商工作，吸引国际著名航空企业、各类金融机构参与舟山航空产业建设，搭建其与国内企业进行成熟产品生产或服务的合作平台，较好的推进舟山航空产业园建设。

形成一批具有自主知识产权的干、支线飞机产品组合，成为国内外重要的航空产业零部件制造基地。积极推进波音 737 客机总装基地、研发支线、客服支线和商用飞机等重大项目的顺利实施和布局，并推动航空租赁、物流、金融等配套服务业的协同发展。培养一批掌握国外先进管理理念、配备一批技术人才、拥有一定资助创新技术的企业。

（1）整机制造目标。近期（2017~2021 年）将全力建设好、运营好波音 737 飞机完工与交付中心，加大 2~6 座小型固定翼通用飞机、6~11 座多用途飞机的研制力度，2 吨级以下、2~4 吨级直升机、超轻型水上飞机、生产交付试飞、试验试飞。远期（2022~2030 年），发展 737 系列飞机总装、小型公务机、19 座双发涡扇喷气公务机、中小型涡桨类水上飞机以及飞机适航审定。

（2）大部件与系统集成目标。近期（2017~2021 年）着重发展机体零部件转包生产、工序转包生产，机电液压系统、飞机灯光与照明系统、飞行仪表系统、民用航空器座椅的制造与装配、天花板、行李舱、小桌板、厨房及卫生间，航空漆料、复合材料，航空基础件生产。远期（2022~2030 年）发展通信导航系统、环控系统、燃油系统、电源系统、起落架，客舱整装工程设计、公务机内饰高端定制、通用飞机内饰改装定制，3D 打印技术，航空线缆生产。

（3）航空附属制造目标。近期（2017~2021 年）着重发展航空模具、工装桁架、装卡夹具。远期（2022~2030 年），发展智能装备生产线、飞行模拟器、民航及空管设备等。

（4）航空运营保障目标。近期（2017~2021 年）着重发展民航运输、通航运营。远期（2022~2030 年）发展维修改装、航材贸易。

（5）现代航空服务目标。近期（2017~2021 年）着重发展综合物流、航空金融。远期（2022~2030 年）发展航空会展、总部经济、文化创意。

11.1.4 总体思路

舟山航空产业发展以波音 737MAX 完工和交付中心落户朱家尖岛的历史机遇为契机，充分发挥舟山现有产业基础与资源条件，从航空产业链条、民用机场资源两个角度深入挖掘，搭建特色突出、层次鲜明、协同创新的舟山航空产业生态体系。

一方面，通过航空产业链条带动舟山航空产业的全面发展。通过飞机总装龙头项目，沿产业链条向上拉动系统集成、零部件生产、原材料研制等配套制造产业发展，向下带动试飞交付、售后保障、维修改装等生产性服务业发展，打造一条环环相扣的航空制造产业链条。同时，以航空制造为出发点，向航空研发试验、航空附属制造两个维度拓展，深化舟山的航空产业发展内涵。

另一方面，利用民用机场将航空制造与航空运营有机衔接。舟山普陀山机场既是民航运输航空、通航运营的重大交通基础条件，也是开展飞机试飞交付、维修改装、航空培训等产业的重要场地。优越的机场及空域资源条件，为舟山实现制造与运营的互动发展、民航与通航的协同推进具有积极意义。

11.2 发展内容

11.2.1 产业选择与产业体系

从航空产业链条入手，分析产业门类，一方面剖析各产业组成自身的比较优势，分析产业的市场前景及可持续性；另一方面将基础条件与产业发展需求进行匹配，开展产业区域匹配度分析。综合分析航空产业发展机遇与舟山资源条件，在舟山搭建"金字塔"形的航空产业结构。根据航空制造工艺分工及舟山航空制造产业内涵，搭建整机制造、大部件与系统集成、附属和衍生制造三层的航空制造体系，构造"金字塔"骨架。同时，拓展运营保障、现代服务产业内容，丰富舟山航空体系内容，推动舟山航空生态体系建设，具体包括整机制造、大部件与系统集成、附属制造、运营保障、现代服务等。

舟山航空产业园产业结构如图 11-1 所示。

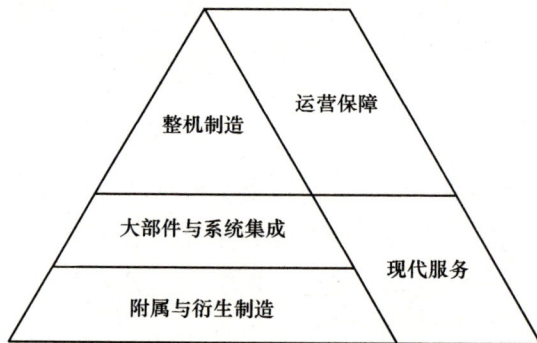

图 11-1　舟山航空产业园产业结构

舟山新区航空产业发展方向与发展内容见表 11-1。

表 11-1　舟山新区航空产业发展方向与发展内容

发展方向	产业发展内容
整机制造	干支线飞机、公务机、固定翼通用飞机、直升机、水上飞机、试飞试验
大部件与系统集成	航空零部件、机载设备、航空内饰件、航空材料、专业化生产
附属制造	航空工装设备、试验与培训设备、民航及空管设备、精密仪器仪表
运营保障	民航运输、通航运营、维修改装、航材贸易
现代服务	综合物流、航空会展、航空商务与金融保险、文化创意

11.2.2　发展方向

11.2.2.1　整机制造

航空整机生产就是通过一系列既定的装配及安装工作，使飞机具有飞行功能或使用功能的完整整体的过程。具体工作包括：机体安装、系统安装、内设安装和系统测试四大部分。作为产品生产最终的集成环节，整机制造的质量和结果直接决定产品的最终性能及最终价值。

A　市场发展趋势

根据飞机的座级数量、应用领域以及技术要求，航空整机生产可分为大型干支线飞机及通用飞机两大类，其市场发展趋势也有着显著的差异。根据波音 2016 年市场战略报告预测，未来 20 年，全球将交付 39620 架飞机，总价值达到 5.9 万亿美元。具体到中国市场，未来 20 年，中国将需要 6810 架飞机，总价值高达 1.025 万亿美元，市场前景广阔。

大型干支线飞机主要为民航客货运输提供服务，为了缓解拥挤、提高经济性，大型化、系列化、高速化、高舒适性仍将是大型干支线飞机产品发展的主要方向。

通用飞机主要为私人飞行、短途运输、娱乐体验、工农作业等领域提供灵活、快速、便捷的服务。随着通航运营市场逐步细化分级，通用飞机的发展也随着应用市场的需求而进行调整，向着高端化、无人化、通用化、娱乐化方向发展，满足用户多样化的飞行体验需求。

B　产业发展路径

充分发挥波音 737MAX 完工和交付中心龙头项目的示范带动作用，深化产业内涵。一方面，积极推进波音后续重大项目落地，提升舟山在波音国际商业板块布局的战略地位。另一方面，借力波音在航空领域的国际影响力，积极吸引国内外航空整机项目入驻舟山，形成干线飞机、通用飞机装配生产能力，丰富舟山航空产品谱系。根据工艺要求，整机制造需要依托机场跑道开展试飞、展示交付等任务，因此舟山整机制造产业发展集中在舟山航空产业园（飞机制造园区）内。

（1）国际合作，推进干线飞机总装交付。根据与波音签订的合作协议要求，波音 737MAX 完工和交付中心已于 2018 年底交付第一架"浙产"波音 737MAX 飞机，建成后的完工和交付中心年交付量约为 100 架。舟山应紧抓波音龙头项目的牵引带动作用，积极寻求与国际航空巨头的进一步合作机会，提升舟山在波音国际商业板块布局的战略地位。

深化合作内容，推进干线飞机总装生产。舟山的波音 737MAX 完工和交付中心是波音第一家海外工厂，具有重要的战略意义。舟山应进一步发挥自身资源优势，同时苦练内功，积极推进与波音的进一步深化合作，力争波音海外第一条总装生产线落户舟山，搭建波音海外总装生产基地，形成年总装交付民用飞机100架的生产能力。

扩大交付产品，实现波音的系列化交付。充分发挥舟山独特的区位优势、优越的自然资源、波音737MAX完工中心与交付中心的示范作用与影响力，进一步争取波音公司其他系列民用飞机及高端公务机的交付中心落地舟山，成为波音面向全球的"海外交付窗口"，打造波音国际交付中心。

（2）特色发展公务机、水陆两栖飞机。以舟山资源条件为出发点，对接国内通用航空产业发展大趋势，通过国内外成熟机型引进模式，开展舟山通用航空产业的特色化、规模化发展。

公务机：未来10年，全球公务机交付量将达到8300架，中国公务机市场达到1600架。舟山依托民用飞机总装与交付能力及国际影响力，适时开展公务机的装配生产，提升舟山通用航空产品价值与影响力。在舟山民用飞机总装生产形成一定的产业实力后，择机开展远程大型公务机、中小型公务机的规模生产，规划年产公务机50架。

水陆两用飞机：充分结合舟山资源条件及产业发展需求，积极引进适合飞行体验、海事作业、航空旅游的中小型、超轻型水陆两用飞机的装配生产，打造舟山通航制造产业特色。规划年产水陆两用飞机50架。

（3）推进固定翼通用飞机、直升机生产。积极响应国内通用航空产业发展趋势，丰富通用飞机产品谱系，提升通航产业能力，开展固定翼通用飞机、直升机生产。

固定翼通用飞机：面向舟山在通航旅游、短途运输、飞行培训等方面的市场需求，积极开展2~6座级小型活塞固定翼通用飞机（<1.5t）和4~10座级涡桨多用途飞机（<6t）的装配生产。规划年生产各类固定翼通用飞机200架。

直升机：以舟山工农渔作业、应急救援、通航旅游等服务市场为牵引，通过成熟机型引进等模式，积极开展2~4座级轻小型活塞直升机（<2t）的装配生产。规划年生产直升机100架。

（4）创新突破航空运动装备、创意航空器生产。航空运动装备：以极限、挑战为主题，面向航空运动市场，并与舟山旅游产业有机结合，开展滑翔机、动力伞、滑翔伞、悬挂滑翔机等装备生产，打造舟山航空产业又一特色。

创意航空器：充分发挥长三角经济圈的人才、经济、创意等优势，提供开放、多元的航空产品孵化平台，吸引国内外优质航空创新创意企业，开展飞行汽车、飞行摩托车、个人飞行器等新型创意航空器的研制生产。

11.2.2.2　大部件与系统集成制造

航空零部件制造产业是指除飞机整机生产、试飞试验以外的航空产品的生产制造过程。既包括框架、蒙皮、梁、标准件等机体零件的生产，也包括发动机、起落架、座椅、航电系统等飞机部件的装配生产，是航空工业发展的重要组成。

A　市场发展趋势

随着航空工业全球化趋势日趋明显，航空大部件与系统集成制造产业也显示出显著的国际化、专业化趋势。一方面，以波音、空客为主的国际航空工业巨头在不丧失技术和市场控制权的前提下，将一部分零部件的研制生产工作分散到既有一定技术实力、又有市场发展潜力的国家，开展世界范围内的航空转包业务，业务涵盖飞机舱门、尾翼、机舱内饰、机翼以及部分机身、航空电子、部件系统集成等。另一方面，各个系统承包商通过技术革新、工艺优化等手段，形成专业化的技术力量和产品能力，加快研制进度、弥补资源不足、降低产品成本、扩大生产规模、占据市场份额，通过专业化分工在激烈的国际航空转包市场中占据有利位置。

B　产业发展路径

舟山大部件与系统集成产业发展以民用飞机整机制造产业发展为牵引，配合总装工艺流程及配套零部件需求，重点开展机体大部件、客舱系统、机载系统的集成配套，搭建本地的系统级供应商网络体系。舟山大部件与系统集成产业发展配套在整机制造产业发展区周边，规划在舟山航空产业园（飞机制造园区）内。

（1）优先开展客舱系统集成配套。以波音737MAX完工中心与交付中心为需求牵引，面向总装生产线的"内饰安装"工艺阶段，积极吸引国内外内饰系统集成供应商或波音优质供应商，开展客舱系统的集成配套。从舟山航空配套产业园或国内外航空产业三级配套供应商集聚航空零部件产品，在舟山航空产业园（飞机制造园区）开展座椅系统集成、厨卫系统集成、客舱娱乐系统集成、灯光照明系统等产品的集成。

（2）重点开展机体大部件的装配生产。配套波音总装生产线建设，以民用飞机总装生产的"大部件对接"工艺阶段需求为牵引，积极吸引西飞、沈飞、成飞等航空工业企业在朱家尖集聚，将蒙皮钣金、长桁、框、梁等机体结构件装配集成，开展机头、机身、机翼、尾翼、舱门、短舱/吊挂等机体大部件装配，在朱家尖形成民用飞机大部件的集聚生产。

（3）协同发展机载系统的集成配套。以民用飞机总装生产的"系统安装"工艺阶段为牵引，积极吸引国外机载系统集成供应商入驻舟山，并鼓励国内机载系统企业自主创新实现从三级供应商向二级系统集成供应商的升级。同时，与舟山航空配套产业园的机载零部件协同发展，重点开展起落架系统、液压系统、燃油系统、环控系统、综合仪表系统的集成配套。

11.2.2.3　航空附属制造

航空附属制造产业是指除航空器及其零部件之外的其他制造工程，包括航空工装设备、试验与培训设备、民航及特种设备、空管及导航设备以及其他相关智能装备等。

A　市场发展趋势

一直以来，欧美航空强国的航空工装设备等产业与航空器制造匹配发展，在精度控制、技术水平等方面优势突出。我国航空附属制造在部分低端产品方面，具有一定的成本优势，但是在高端产品、集成系统等方面能力不足，是我国航空装备产业亟须突破的重点领域。未来航空附属制造将向着柔性化、数字化、集成化、智能化的领域发展，提高航空生产效率与产品质量，发挥航空在高端装备制造产业的引领作用。

B　产业发展路径

由航空技术衍生带动、市场前期广阔、并且能够与舟山航空产业发展形成互动，积极吸引国际高端装备制造产业入驻舟山，带动区域装备制造产业提升，打造国际高端装备制造合作产业区。

工业机器人：结合"中国制造2025"、工业4.0等发展需求，积极开展应用于自动化立体库、柔性加工系统的移动机器人（AGV）研制开发。配合区域装备制造产业发展，积极开展点焊机器人、弧焊机器人、激光加工机器人的集成生产。适时开展伺服电机、减速器、控制器、传感器等工业机器人核心零部件的研制生产。

新材料：一方面与航空漆料协同发展，开展船用、桥梁用防腐蚀涂料的研制生产。另一方面，以产学研项目为突破，适时开展纳米材料的研制生产。

3D 打印：积极开展针对航空复杂零件的增材制造、关键/高价值零件修补等技术的发展。同时，开展面向用户的桌面级 3D 打印定制生产服务

11.2.2.4 航空运营保障

运营保障是航空产品生产交付之后，有关部门开展飞行和作业生产服务、维护航空器正常使用性能的全部活动的总称。其实质就是航空企业为了实现经营目标、体现产品价值而实施的过程，位于航空产业链条的下游，能够实现较高的产业价值收益。

A 市场发展趋势

自我国低空空域改革开放进程推进以来，通用航空产业快速发展，热度不减。航空运营服务以满足运输功能，丰富消费需求为主旨，通过网络化、"通航+"方向的拓展，提升区域城市品质，拉动产业经济、刺激消费活力。另一方面，随着民航运输客货运输量的稳步上升，全球航空维修市场也保持平稳的增长。航空器维修产业呈现了显著的技术提升、国际转移及专业外包的发展趋势，大幅提高了航空器维修的技术水平和管理水平。

B 产业发展方向

舟山普陀山机场跑道长度 2500 米，机场配套设施齐全，空域资源优越。合理分配机场与空域资源，有机协调舟山民航运输、通航运营、航空培训与交付试飞等产业发展，将航空制造与航空运营有机衔接，实现民航与通航的协同发展。

（1）保障民航运输，优先产业发展。完善国内航线网络结构，拓展国际航线网络。立足舟山区位条件及产业发展目标市场，挖掘潜在市场需求，引进基地航空公司，不断巩固国内外干支线航线网络。一方面，加强与西安、天津、沈阳、成都等国内航空制造地区的联系，为国内航空制造产业发展完善交流条件。另一方面，加强舟山与美国等世界航空制造强国或地区的联系，推进舟山国际民机产业发展新窗口的建设。

强化航空货运服务能力。完善舟山航空货运基础设施建设，强化航空货运服务能力，支持航空制造产业的货运专机服务需求，为面向国际的舟山航空制造产业发展提供便利条件。

　　优先保障整机制造产业发展。以波音 737MAX 完工和交付中心及后续总装项目的试飞需求为牵引，同时兼顾通用飞机、公务机等整机制造产业发展，协调机场与空域资源的合理分配，满足整机交付试飞、总装试飞要求，确保整机制造产业对机场资源利用的优先级。

　　（2）适时调整通航运营服务业务。舟山普陀山机场是华东地区通航运营的主要基地之一，目前驻场的通航公司包括精功、幸福通航、中国海监、中信海直等。2016 年，普陀山机场的通航作业小时数将近 2 万小时，起降架次超过 15000 架次，具备了一定的通航运营产业基础。随着舟山航空战略定位的实施以及航空产业发展，对通航运营服务做适当调整。

　　开拓公务飞行、商务包机业务：配合波音国际交付中心建设，以及舟山国际民机产业发展新窗口、中美合作的创新示范基地战略定位的实施，积极加大高端航空服务能力建设，开拓公务飞行、商务包机等服务内容，提升通航运营服务层次，提高服务收益。

　　完善城市安保功能：配合舟山"海上花园城市"建设，提高居民的生活幸福感，积极开展应急救援、空中安全保障、海事监控等业务。

　　适时调整通航运营业务：根据机场及空域利用情况，穿插开展工农渔作业、短途运输、个人飞行等通航运营业务，向影响力更大、经济收益更好、社会效益更突出的领域转型。

　　特色开展通航观光：将通用航空与舟山本地旅游资源、渔港文化深入结合，串联舟山海岛旅游资源，打造精品化的通航旅游品牌，开辟多条特色鲜明的空中岛际观光旅游线路。

　　（3）积极推进航空维修改装产业发展。未来 20 年全球货运飞机需求约为 2480 架，其中客改货飞机将达到 1560 架，中国地区客改货飞机约 300 架。依托舟山总装交付及关键零部件配套资源，积极吸引有资质的航空维修改装企业入驻，开展航线维护维修、飞机维修、客改货、飞机改装等产业发展。实现年改装飞机 50 架的规模。

　　（4）多元化丰富航空培训内涵。以航空专业人才需求市场为牵引，构建航空培训平台。大力发展私照及商照飞行培训，积极开展独具特色的专业模拟机培训，开展多元的航空职业教育培训。同时配合航空维修保障产业发展，开展航空维修与改装培训。开展面向青少年的航空科普教育，以及面向企业领导、政府官员的航空专业培训教育等。

11.2.2.5 现代航空服务

航空现代服务位于航空产业链条末端，但具有较高的附加价值，是航空产业带动效应的具体体现，同时也是航空文化氛围营造、城市航空基因植入的重要渠道。

A 市场发展趋势

航空服务产业发展，推动传统制造业企业向服务型和创新型企业转型升级。通过发展航空服务产业，提升全产业链服务，航空、地面运输、空中运输、地铁地下轨道运输、无人驾驶、无人机，围绕飞机通航服务，推动企业价值服务升级，加强产业与金融的结合，航空企业和制造业企业加快向服务型和创新型企业升级。航空机场建设将有助于推动临空产业、旅游产业、文化产业、航空制造与维修产业、金融服务、低空旅游、航空主题乐园、飞行小镇、游艇小镇、商业与生活配套服务等。2017 年，航空产业迎来了更多机遇。航空产业促进企业物流服务升级，推动产业转型升级，航空产业提升服务，提升产业配送服务，提高企业物流服务。原油价格在之前两年走低，降低了企业燃油费用，大幅降低了物流设备的运输成本，有助于企业降低费用提高服务。

B 产业发展路径

配合舟山航空制造产业发展，充分发挥舟山区域优势，增强区域航空文化氛围，提升面向航空产业发展的生产生活配套服务能力。同时为中美合作、国际交流提供配套服务，搭建完善的舟山航空产业发展生态体系。舟山航空现代服务业与舟山"自由贸易港区先行区、海洋经济发展增长极、海上花园城市"建设统筹，协同发展。

（1）打造航空文化与展示平台。将航空文化与舟山本地旅游资源、文化特色有机融合，构造景点观光、文化宣传、娱乐体验、会展销售为一体的特色航空文化旅游集聚区。

特色航空工业旅游：发挥波音 737MAX 完工和交付中心优势，通过波音海外总装生产基地、波音国际交付中心的建设，参考西雅图波音工业旅游经验，在舟山积极开展特色航空工业旅游。

航空会展：充分发挥舟山本地航空制造产业特色与实力，长期开展各类飞机、航材、高端装备制造产品的静态展示，定期开展航空飞行表演、飞行体验，集聚人气。同时拓展会展商业相关内容，扩大舟山在国际航空产业中的影响力。

通航观光：将通用航空与舟山本地旅游资源、渔港文化深入结合，串联舟山海岛旅游资源，打造精品化的通航旅游品牌，开辟多条特色鲜明的空中岛际观光旅游线路。

航空主题创意文化：将航空文化与舟山本地旅游资源、文化特色有机融合，构造景点观光、文化宣传、娱乐体验、会展销售为一体的特色航空文化旅游集聚区，包括航空主题餐饮、主题影院、文化创意中心等。

（2）突出航空生产性服务能力。面向舟山航空产业发展需求，充分利用普陀山机场、综合保税区、自由贸易试验区等资源与政策优势，加强航空生产性服务能力建设。

综合物流：充分发挥舟山区域位置、交通条件与政策优势，将港口、机场、高铁资源优势最大化，将舟山新区、综合保税区、自由贸易试验区政策优势最大化，积极开展陆运/海运/航运代理，仓储配送等业务，打造"海陆空一体化"的立体综合物流体系。

航材贸易：充分利用舟山航空产业园综合保税区、自由贸易试验区的政策优势，配套航空制造、航空会展等产业发展需求，开展航空发动机、机载系统件、关键零部件的航材进出口贸易、销售代理、仓储管理、产业检验认证等，打造舟山国际民机产业发展的窗口。

金融保险：以自由贸易试验区政策为指引，充分发挥长三角经济圈的贸易、资金优势，创新、拓展航空产业金融服务内涵，开展飞机代理销售、飞机租赁、抵押担保、商业保险等。

（3）创新驱动航空技术能力。充分利用龙头项目牵引作用，结合长三角地区的人才资源优势及区域吸引力，面向生产制造、运营保障、服务配套等环节，积极寻求技术突破与模式创新，力争打造国家级航空特色的科技创新平台。

技术引进与创新：加强与国内外高校、研究机构的合作，积极开展面向生产的新产品研制、关键技术突破、工艺革新等方面的研究。同时，发挥创新型企业灵活、多元、开放的特点，开拓在基础技术、应用领域、行业发展的创新型研究。

技术公共服务：面向舟山航空产业发展内涵，开展适航审定、知识产权、行业咨询、业务代理等技术公共服务。

（4）改善提升生活配套服务。改善现有居住环境：面向园区现有居民，梳理调整区域内的现有居住环境与生活配套，提高生活品质。

开展员工生活配套：为航空技术人才、管理人员、配套员工提供高品质的生活配套。

提升商务配套品质：为航空商务人士、航空体验及旅游消费者就近提供酒店及住宿配套。

11.2.3 发展重点与核心业务

11.2.3.1 波音后续项目落地

舟山航空产业园应积极抓好波音737完工与交付中心项目，以整机制造为目标，积极寻求与波音公司的持续合作。具体而言：

（1）推动波音卓越业载中心项目落地。根据2015年国家发展改革委与波音公司签署的"通过四大支柱合作伙伴关系提升合作的谅解备忘录"，波音将在完工中心的厂址上建立一个"卓越业载中心"，包括引入专机完工和改装，打造面向波音飞机的内饰生产基地、737MAX飞机展厅、客舱与乘客偏好研究中心、以飞机内饰材料研发和飞机部件循环利用为重点的研究中心，在波音飞机上纳入中国研发和中国制造的内饰内容。

（2）谋划建立航空改装维修中心项目。舟山航空产业园在中国浙江自贸区和舟山港综保区范围内，拥有发展境外飞机、发动机进境维修业务的政策优势。积极对接波音争取在航空产业园谋划建设一个面向中国、辐射亚太的波音737飞机改装维修基地，把波音首个海外工厂打造成集完工、交付、改装、维修为一体的世界顶级航空工厂。

（3）谋划建立波音737飞行员培训基地。舟山自贸区和综保区的优势，能为国外培训模拟器在舟山保税运营提供便利条件。依托波音交付中心，充分利用舟山的优势，立足中国，面向亚太，谋划建立波音737飞行员模拟机培训基地，作为中国和亚太航司专门培训737MAX飞行员的重要基地。

（4）积极争取波音737飞机总装项目。飞机总装项目是航空产业核心项目，带动性强。根据和波音的协议在完工和交付中心旁边还预留了20公顷土地，作为舟山波音项目第二期的发展区域。

11. 2. 3. 2　飞机融资租赁

飞机租赁是一个高度资本密集型的产业，需要强大的金融服务业作为支撑。东疆能够成就国内飞机租赁的高地，也正是由于其配套金融服务业的高度发达，浙江自贸区飞机租赁起步较晚，相关的金融服务业配套也较不发达。后期发展应在特色上做文章，补足短板，创造优势。具体而言：

（1）鼓励各类银行在自贸区开设分支机构。各类银行通过开设自贸区分行等形式，能够争取诸如利率市场化、人民币可自由兑换业务、自贸区（FT）账户试点等业务的单项政策，并可以探索与飞机租赁相关的融资结构避税交易，从而最大限度满足区内企业尤其是与飞机租赁产业相关的企业在贸易金融、跨境人民币、跨境投融资等税收筹划方面的需求，为探索金融开放、培育多层次金融市场、推进人民币国际化、创新金融产品和服务，提升自贸区整体开放水平和国际化程度提供全方位支持。

（2）引入国内外知名报关行等中介服务机构。这一类中介服务机构的引入将为飞机租赁产业相关企业提供专业化的中介服务，为飞机租赁 SPV 公司在引进飞机的相关报关手续上提供服务支持，提升产业分工精细化程度，提高自贸区整体通关运行效率。

（3）培育特色商业保理集群。为飞机租赁上下游产业链条中的企业提供包括融资、信用风险管理、应收账款管理和催收等在内的金融服务，起到扩大出口、促进流通的积极作用，便于区内企业之间的资金流动，提高资金利用效率。后期还可以进一步探索租赁保理融资模式。

（4）争取专门保险机构在自贸区设立机构。目前，国内的飞机相关保险基本由航联保险经纪有限公司负责承保，自贸区在开拓飞机租赁业务过程中，应争取适时引入航联保险经纪的相关机构，从而为区内飞机租赁企业提供专业保险经纪服务。

11. 2. 3. 3　飞机零部件维修

航空维修产业又称 MRO（维护、维修、大修），是指对飞机及飞机上的技术装备进行的维护和修理，确保飞机安全的产业。航空维修是飞机使用的前提和必要条件，也是航空业的重要组成部分。预计全球民航维修到 2022 年将增至 849 亿美元，到 2027 年增至 1092 亿美元。随着波音 737 完工和交付中心项目的入驻，舟山航空维修产业面临着非常好的机遇，应当充分结合波音交付中心的基地技术优势和舟山所在的浙江制造业产业集聚优势，大力发展飞机及零部件制造维修产业。具体而言：

（1）聚焦飞机检修领域。特别是停场时间长、修理附加值高的 C 检和 D 检以及飞机结构改装，航电系统升级、褪漆及喷漆、附件修理、起落架大修、部件翻修、器材加工、工程咨询、维修培训与制造和航材销售、地面设备校验等方面的服务。

（2）聚焦客改货及公务机维修改装领域。依托波音交付中心的技术优势（目前全球航空货运市场上有 90% 的货运飞机都是波音飞机），承继国内货运物流市场迅猛态势以及浙江企业家群体众多的现实优势，把舟山打造成波音 737 客改货和公务机改装的重要基地。

（3）聚焦发动机维修领域。发动机维修领域进入壁垒高但利润丰厚，后期可根据波音交付中心职能的不断扩充适时介入和培育。

11.2.3.4　飞机二手拆解及二手交易

根据波音公司预测，随着波音 737MAX 和空客 A320neo 等燃油效率更高的新一代飞机陆续交付，预计未来 20 年全球将需要 37000 架新飞机，与此同时将迎来一股老旧飞机的退役潮，未来十年每年退役的飞机数量将达到 1000 架。目前，每年约有 450 架民用飞机被拆解或回收再利用。随着中国民航市场的不断扩大，大量服役 15 年以上的飞机面临处置，退役二手飞机的拆解和出售的专业技术性较强，未来将形成广阔的市场前景。浙江自贸区具有先天的海关特殊监管区政策，处于中国制造业最发达的省份，毗邻长三角这一技术、人才、资金高地，又有波音交付中心这一独特优势，尽快谋划二手飞机的拆解产业和二手飞机的转让平台，通过政府产业引导政策扶持，以及海关监管政策落地，使这一产业成为自贸区航空产业发展的独特优势。

下一步舟山航空产业园应抓好以下几个重点：一是需要吸引国际知名有丰富经验的二手飞机拆解公司入驻，逐步充实人才和技术能力。二是通过二手飞机产业的逐步发展，以及配套的海关监管、财税等政策扶持支撑，形成较为完善的二手航材交易体系，充分利用产业先发优势，逐步推进国内二手航材拆解的行业标准规范制定，占领产业高地，建成国内有影响力的二手发动机和航材交易中心。三是在形成二手发动机和航材交易中心的基础上，逐步推进二手飞机的整机交易，建设成为国内外知名的二手飞机交易基地。

11.2.3.5　通用航空旅游

舟山享有的低空空域是长三角地区最大的，也是整个华东地区最具有优势的。舟山群岛上空拥有共计约 2000 平方公里的报告空域和朱家尖至嵊泗、朱家尖至东极、朱家尖至衢山、朱家尖至岱山四条报告航线，具备开通通用航空作业飞行、航空旅游、飞行培训、试飞等活动的条件。

依托普陀山机场、朱家尖、桃花、东极东福山、东极庙子湖、岱山、衢山、嵊泗等机场，将通用航空与本地旅游资源深入结合，开辟多条特色鲜明的空中岛际观光旅游线路，打造精品化的通航旅游品牌。积极开展应急救援、空中安全保障、海事监控、公务飞行、商务包机等业务，将普陀山机场打造成为一个集保障、训练、维修、延伸产业为一体的通用航空综合保障基地，力争将舟山打造成一流的通用航空产业集聚区。

11.3　空间布局

11.3.1　规划结构

根据用地空间结构和功能特点，规划结构可概括为："一核四心、一轴一带"。

（1）"一核"：一个波音制造核。位于舟山普陀山机场西南侧，作为整个园区的产业发展引擎，依托正在建设的波音 737 完工和交付中心，发展干线飞机总装制造、大部件与系统集成制造。

（2）"四心"：四个产业中心。在各个功能片区分别形成四个产业中心，包括拓展制造中心、社区邻里中心、商务服务中心、运营保障中心。

其中，拓展制造中心位于朱家尖岛西南围垦区，规划通用飞机整机制造及系统集成制造，是未来航空制造业扩展的重点片区；社区邻里中心，以现有顺母社区为中心，打造社区服务平台，服务产业工人的同时，提升原生社区生活服务水平；商务服务中心位于普陀山机场北侧，是整个地块的门户区域，打造园区商务服务平台，并发展通用航空运营保障；运营保障中心依托于现有普陀山机场服务设施，发展民航运营保障及飞机维修改装等产业。

（3）"一轴"：航空产业发展轴。航空产业发展轴北接朱家尖海峡大桥，连接舟山群岛新区普陀副中心，南至航空产业园拓展制造中心，串联园区波音制造核、运营保障中心、商务服务中心，形成航空产业发展轴线。

（4）"一带"：滨海城镇发展带。沿北、西、南三个方向的滨海一带布局，向东对接蝦蚑嵊码头，向南对接国际邮轮码头，串联商务服务中心、社区邻里中心、拓展制造中心，形成具有航空特色的滨海城镇发展带。

舟山航空产业园一园两区示意图如图 11-2 所示。

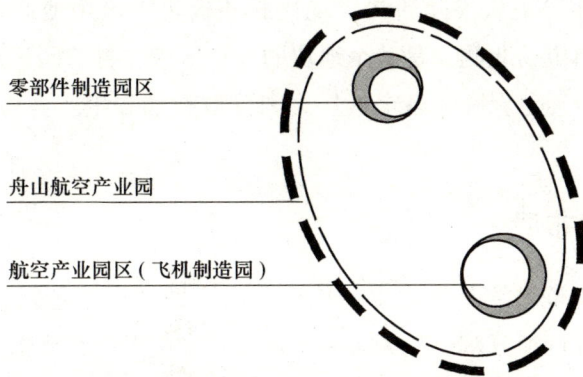

零部件制造园区

舟山航空产业园

航空产业园区（飞机制造园）

图 11-2 舟山航空产业园一园两区示意图

11.3.2 功能布局

舟山航空产业园主要功能板块包括"一个核心板块、四大关联板块"，核心板块为整机制造板块，关联板块包括大部件与系统集成制造板块、附属制造板块、运营保障板块、现代服务板块。

（1）整机制造板块空间布局。依托机场建设波音 737MAX 完工和交付中心，向西、向南拓展整机制造产业用地，产业用地面积 180.5 公顷。波音 737MAX 完工和交付中心用地紧邻机场跑道，满足飞机试飞需要。其他整机制造用地可通过拖机道与机场跑道快速连接，满足试飞需求；用地西南侧与大部件码头及物流用地相连，满足货物运输及物流集散要求。

（2）大部件与系统集成制造板块空间布局。大部件与系统集成板块产业用地面积 84.7 公顷，位于机场西南侧，作为与整机制造紧密相连的核心配套板块，紧邻整机制造进行布局。该板块利用现状为一般农田及部分围垦区用地，其中紧邻整机制造的部分用地用于近期开发，可满足近期紧密配套产业的落地需求。

（3）附属制造板块空间布局。附属制造板块产业用地面积 51.1 公顷，位于用地西侧，紧邻海堤及茶山山脉，用地较为独立，且周边自然景观优美。该板块土地大部分现状为工业用地，但现状产业不符合航空产业发展方向，在近期要严格控制现状产业扩张，在中远期开展工业用地的腾退再利用。

（4）运营保障板块空间布局。运营保障版块产业用地面积148.3公顷（不含机场跑道用地）。依托普陀山机场及其周边用地，发展民航及通航运营保障产业，在西侧滨海处新建危险品码头及航油仓库，确保航油保障。

（5）现代服务板块空间布局。现代服务板块产业用地面积118.3公顷，主要位于普陀山机场北侧，是整个地块的门户区域，打造园区商务服务平台，并发展通用航空运营保障；各个板块之间分散有部分生产性服务业用地及邻里中心等。

11.3.3　产业布局

在功能板块布局的基础之上，从产业内容的发展特色及用地需求出发，将各部分内容进行细分落位，为未来土地开发利用提供具体指引。

（1）整机制造版块产业布局。

波音完工及交付中心：产业用地面积63.7公顷，位于普陀山机场西南侧，紧邻机场跑道。现已完成施工建设，已于2018年底投入使用。

公务机总装/干线飞机总装：产业用地面积52.5公顷，位于机场西南侧，并未紧邻跑道用地，飞机可通过拖机道（工业园一路）快速到达机场跑道，以满足试飞需求。

通用飞机制造：产业用地面积40.4公顷，位于机场西南侧，飞机可通过拖机道（工业园三路—工业园八路—工业园一路）快速到达机场跑道，开展飞机试飞工作，同时紧邻未来水上飞机跑道水域，便于开展水上飞机试飞。

总装物流：产业用地面积10.8公顷，大部件码头选址于西南岸线水域较深处，本片区紧邻大部件码头，可满足总装生产的货物运输及物流转运需求。

保税物流：产业用地面积13.1公顷，位于普陀山机场南侧，属于舟山港综合保税区空港分区，与波音完工及交付中心共同规划建设。

（2）大部件与系统集成制造板块产业布局。

大部件制造：产业用地面积29.2公顷，位于机场西南侧，紧邻大部件路（工业园三路），可满足机体大部件向整机片区的运输需求。

客舱系统集成：产业用地面积15.5公顷，位于机场西侧，紧邻机场路。

航电系统集成：产业用地规模 17.4 公顷，位于南塘河南侧，紧邻大部件制造及临港物流用地。

机电系统集成：产业用地面积 15.2 公顷，位于南塘河北侧，紧邻公务机总装/干线飞机总装用地。

临港物流：产业用地面积 7.4 公顷，紧邻大部件码头，为大部件及系统集成制造板块提供货物运输保障。

（3）附属制造板块产业布局。

国际高端装备制造合作：产业用地面积 32.5 公顷，位于茶山西南侧，紧邻西侧海堤。用地较为独立，且自然景观优美，适宜通过吸引外资，建设较为独立完整的中外合作高端制造园区。

临港物流：产业用地面积 18.5 公顷，紧邻西侧海堤，临近危险品码头及大部件码头，对接零部件制造园区，为整机制造园区提供物流仓储服务。

（4）运营保障板块产业布局。

民航运营保障：产业用地面积 94.1 公顷，紧邻机场跑道，属于机场用地。用以发展航空公司及整机制造试飞的运营保障内容。

通航运营保障：产业用地面积 32.4 公顷，位于机场跑道西北侧。用于拓展包机飞行及公务飞行业务，并适时拓展通用航空运营保障业务。

FBO/MRO：产业用地面积 10.0 公顷，位于机场跑道西侧，运营区南侧。用以发展公务机运营保障及维修改装产业。

危险品码头及航油仓储：产业用地面积 11.8 公顷，位于南塘河出海口北侧，通过输油管线与机场运营服务区相连，保障机场的航油供应。

（5）现代服务板块产业布局。

商务办公：产业用地面积 41.1 公顷，主要的商务办公产业布局于朱家尖海峡大桥南侧，形成园区门户商务节点。此外，在机场运营区西侧，波音737MAX 完工和交付中心西侧，分别规划建设片区商务节点。

航空文化展示：在朱家尖岛门户地区，建设航空文化展示馆及航空文化公园，用地面积 35.1 公顷。根据航空产业发展情况，择机发展航空文化展览展示、航空科普、航空文化旅游等内容，以绿化为主的空间形式，同时展示了朱家尖国际旅游岛的门户形象。

邻里中心：用地面积 42.1 公顷，依托于现状建设情况较好的顺母村，建设邻里中心，为务工人员提供生活性服务设施，布局拆迁安置用地，并为部分务工人员提供居住用地。同时新建小学一处、幼儿园两处，为本地居民子女提供教育服务。

11.4 发展任务

11.4.1 完善航空产业体系

以波音 737 交付与完工中心建设为核心，强化产业支撑，健全产业链，瞄准价值链，引领创新链，促进互联网与产业发展、制造业与服务业深度融合，做大做强高端制造、航空物流、现代服务业三大主导产业，大力发展新技术、新产业、新业态、新模式，建设高端制造业基地、现代服务业基地和新经济发展高地。

11.4.1.1 建设高端制造业基地

突出高端、智能、融合、绿色发展方向，依托波音 737 飞机完工和交付中心项目，争取中国商飞国产大飞机试飞和公务机项目落地，开展飞机集成、总装、完工、交付、试飞等，实现整机制造系列化开展，推进以精密机械制造、人工智能、大型干线飞机、固定翼通用飞机、直升机、水上飞机、客改货等为重点的高端制造业发展，集聚一大批航空装备及零部件制造企业，提升终高端消费品供给能力，积极创建国家新型工业化产业示范基地，争创国家航空高技术产业基地，实施精密机械制造产业培育工程、航空设备维修产业培育工程，形成国内一流的产业创新高地。集聚提升实验区开放门户和人才集聚优势，吸引国内外前端研发设计和后端销售服务"两头在区"、中间加工环节在外的企业集聚，打造全国领先的航空高端研发制造基地。

11.4.1.2 建设现代航空服务业基地

做大做强以现代物流、现代金融、航空租赁、航空维修、商贸会展等为重点的生产性服务业，积极发展金融租赁、离岸结算、航运保险、贸易融资等航空金融产业，培育会展、总部、创意、时尚、旅游等产业，引进国际性专业咨询机构集聚发展，打造现代空港商务区和波音综合文旅区。培育壮大重点产业，实施现代物流提升工程、金融创新工程、商贸会展培育工程，构建特色鲜明的现代航空服务业产业体系。

11.4.1.3　打造航空新经济发展高地

突出新业态发展、新热点培育和新技术应用，加大"旅游+"通航产业发展力度，依托通用航空与军民融合重大项目建设，围绕航空运营服务、通航旅游休闲、飞行运动体验等领域，开展低空旅游、公务和短途运输。筹备拓展航空创意经济，融入通航产业发展热潮。积极培育发展航空试验测试技术，推动航空领域新技术、新产品转化，尝试建立企业技术发展中心，积极参与国家或行业标准制定，促进航空测试产业在军民融合式发展中成为新的经济增长极，形成航空新经济发展高地。

11.4.2　壮大航空研发力量

11.4.2.1　大力引进科研院所

大力支持舟山群岛新区旅游与健康学院筹建好航空系，建设好美国波音737MAX 亚太交付中心员工培训中心；支持浙江国际海运职业技术学院开展航空制造与维修专业群建设。大力引进中国航空综合技术研究所、浙江大学航空航天学院、北京航空航天大学，争取建设舟山分园或技术研发中心。着力培育航空技术人才特别是技能型人才，为航空产业链发展提供人才支撑。

11.4.2.2　壮大航空企业集群

积极对接中国商用飞机有限责任公司、中国航空工业集团、航空发动机集团等央企和波音、空壳、达索航空、俄罗斯联合航空制造公司、庞巴迪航空、法国航空、西锐飞机设计制造公司、达索飞机制造公司、奥地利钻石飞机制造公司等国际知名企业，提升舟山航空企业的研发技术水平。积极壮大炜驰机械、岱山飞舟、舟山岱美等本地航空配套企业，提升企业的研发实力。以骨干企业为核心，凝聚各方力量，实现大飞机制造、飞机运营、国产飞机试飞、通航制造、通航运营、通航+新兴服务业、通航保障等领域关键环节的重点突破和实力提升。

11.4.2.3　提升航空研发技术水平

按照"探索一代、预研一代、研制一代、生产一代"滚动式发展方式，完善各型产品研制技术体系，开展大型飞机零部件、整机制造、水面飞行器

(大型水陆两栖飞机、地效翼船)、浮空器系列产品（系留气球、对流层飞艇、重载飞艇、平流层飞艇演示验证）、通用飞机产品（公务飞机、轻型运动飞机、双发涡桨飞机）的研制，并积极推进民用浮空器系列产品、轻型运动飞机、腐蚀防护产品产业化发展。

11.4.3　实现航空开放发展

坚持开放带动，发挥空港开放门户作用，搭建利用全球资源和国际国内市场的高端平台，促进区域联动发展，提升在全球经济产业链、价值链、供应链中的地位。

11.4.3.1　大力发展口岸经济

加快发展空港经济，建设好空港保税区。发挥机场口岸功能，健全功能性口岸体系，持续扩大各类指定口岸运营规模，提升海关特殊监管区域发展水平，加强口岸与海关特殊监管区域联动发展。整合优化口岸资源，完善监管设施和查验设施，促进货物贸易优化升级、服务贸易提质增量、跨境电子商务跃升发展，推动口岸开放优势向物流、贸易、产业优势转化。完善口岸平台功能，建成完善国际贸易"单一窗口"，探索建立与自贸试验区建设相适应的"大通关"体制机制，推动跨部门、跨区域、跨境通关协作，优化通关流程。

11.4.3.2　持续推进开放招商

大力引进以分享经济、数字经济、创意经济为重点的新业态，打造全省航空新经济高地。围绕航空园重点产业，绘制航空产业链图谱和重点企业招商名录，深化与航空制造业龙头企业、大型物流集成商和供应链管理企业合作，促进产业融合发展，培育壮大产业集群。创新招商方式，突出功能区块整体开发运营招商，探索与周边地区共建产业园区，拓展"贸易+投资""技术+产业"等招商方式，坚持引资与引智相结合，提高招商精准率、成功率、履约率。

11.4.3.3　完善国际化营商环境

围绕提升国际影响力，全面推进人才国际化、企业国际化、功能国际化、公共服务和社会管理国际化。搭建经贸产业国际合作窗口，引导大型骨干企业集团积极开展与航空港经济相关的国际并购、跨国经营，拓展海外生产、销售、研发、服务网络。搭建高水平国际交流合作平台，加强与知名国际组织合作，筹划搭建世界级经贸、文化交流平台，围绕波音供应商、航空货运、临空经济、电子商务、通用航空等领域举办专业化高峰论坛。提升政府服务效能，引入国际通行的行业规范、管理标准和营商规则，打造法治化、国际化、便利化的营商环境。全面实行外商投资准入前国民待遇加负面清单管理模式，推广"清单化审核、备案化管理"的外商投资企业设立快速审批方式，推动企业注册登记、融资、跨境交易等与国际规则和国际惯例全面接轨。

11.4.4 提升航空发展模式

11.4.4.1 主动融入自贸区发展

突出地区特色和枢纽物流优势，围绕加快建设贯通南北、连接东西的现代立体交通体系和现代物流体系，重点开展以航空服务开放、多式联运示范、投资贸易便利化改革等为主要内容的制度创新，在航空物流融合、口岸平台建设、贸易转型升级、产业体系构建等方面与中国（浙江）自由贸易试验区全面对接，打造服务"一带一路"建设的节点。建设波音交付中心，提升交付服务功能和后续跟踪服务体系。构筑保税物流网络，建立保税维修业务范围，打造具有国际竞争力的高技术产品售后维修中心。加快建设波音航空文化旅游园区，将波音航空文旅园建设成为全省乃至全国现代航空技术展示中心。积极复制推广上海等自贸试验区航空产业服务的成功经验，积极实行准入前国民待遇加负面清单管理模式。深入推进商事制度改革，形成对标国际投资贸易通行规则的政府服务管理新模式，营造国际化营商环境。

11.4.4.2 争创国家航空高技术产业基地

加快航空高技术产业领域发展，提升航空高技术产业发展对区域经济发展的支撑、示范和带动功能。尤其是要积极发挥舟山高新技术产业基地的作用，壮大航空产业企业和科研院所的技术力量，提升舟山航空在全省乃至全国的话语权。积极与西安阎良、天津空客、贵州抚顺等国家航空高技术产业基地的对接与学习，提升舟山航空产业园的自身实力。积极发挥特色和优势，积极筹划和申报国家航空技术产业基地。

11.4.5　实现产城融合发展

坚持"产城融合、集约紧凑"发展原则，统筹产业布局、资源利用和基础设施建设，高水平推进城市功能区连片综合开发，打造绿色宜居的生活环境、集约有序的城市空间，形成空港、产业、居住、生态功能区共同支撑的国际化绿色智慧航空城。

11.4.5.1　建设高水平城市功能区

推进城市功能区连片综合开发，高标准建设三大功能片区，推动航空产业园建设波音完工与交付中心、航空金融租赁中心、航空物流园，率先形成航空都市样板区；海洋产业集聚区片区建设生产性服务中心，形成全省领先的航空零部件产业基地；朱家尖片区建设航空大飞机生产、研发设计、交易基地和总部经济基地，形成高端产业集聚中心；机场空港片区建设集大型会展、物流集散为一体的临港型商展物流中心，形成现代服务业集聚区。高标准开展城市设计，严格落实控制性详细规划指标，加强对重点区域和重要地段城市风貌、建筑及其外部环境的规划管控，加快朱家尖大桥引路与蜈蚣峙码头路段城市形象的改造提升，塑造国际化城市形象。

11.4.5.2　打造智慧人文航空城

坚持统一规划、集约建设、资源共享、规范管理原则，加强网络基础设施建设，推动下一代互联网、物联网、云计算等新技术应用，建设功能配套、安全高效的智慧航空城。加速推进信息服务平台建设，整合公共管理信息资源，提升政府公共服务和城市管理信息化水平，实现城市管理网格化、精细化、智能化。提升城市文化品位，梳理城市文化要素，建设兼具海岛文化特色和航空都市文化特色的人文城市，完善城市高端服务功能，塑造时尚、开放、包容的魅力航空城。

11.4.5.3　完善城市高端服务功能

突出航空产业园高端服务功能，积极拓展园区范围，发展高端生活服务业，建成研发设计中心、国际企业中心、航空租赁大厦、航空金融大厦等地标式商务中心，规划建设特色融合航空小镇，打造集商贸、金融、文化、旅游为一体的航空都市 CBD（中央商务区）。积极创建开放公平的宜商服务环境，引进和培育国际化教育与医疗机构、国际化高档生活社区，吸引高素质人才集聚。积极引进科研、信息服务、管理咨询、研发设计等商务服务机构，提升航空金融、商务商贸、中介服务、文化创意等综合服务功能。

12 政策保障

本章研究促进舟山航空产业发展的政策保障，航空产业属于高技术产业，本章第一节对高技术产业发展中的政策体系进行梳理，为研究航空产业的发展提供理论基础，第二节对国内外地方性政府制定的航空产业政策进行研究，为舟山航空产业政策制定提供参考，第三节对舟山航空产业发展提出政策建议，进一步促进舟山航空产业发展。

12.1 高技术产业发展政策概述

产业政策的作用主要体现在弥补市场机制不足、加快经济发展速度、优化产业发展等几个方面。在弥补市场机制不足方面，政府通过产业政策可以克服市场垄断造成的资源配置不完美的情况，在市场出现垄断情况后，市场机制很难自我调整进行修复，只有通过产业政策的引导和调节来达到社会资源优化配置；在加快经济发展速度方面，德国经济学家李斯特认为工业化起步晚的国家，可通过产业政策来培育国家的优势产业，从而加快经济发展速度，赶超发达国家。再次，产业政策在优化产业发展方面，能够调整产业结构，促使产业均衡发展，同时还能够鼓励产业新技术的发展等。高技术产业的发展离不开政府产业发展政策的支持，政府政策的扶持一般包括必要的财政政策、金融政策以及人才、信息等相关服务，财政政策和金融政策是高技术产业发展的两项重要政策。❶

12.1.1 政府财政政策

财政政策是指政府变动税收和支出以便影响总需求进而影响就业和国民收入的政策。变动税收是指改变税率和税率结构。❷ 变动政府支出指改变政

---

❶ 韩霞. 高技术产业公共政策研究 [M]. 北京：社会科学出版社，2009.

❷ 高鸿业，刘文炘，冯金华，等. 西方经济学 [M]. 北京：中国人民大学出版社，2007.

府对商品与劳务的购买支出以及转移支付，它主要可以分为政府购买和政府
转移支付两类。财政政策是政府扶持产业发展最为常见的形式，最为常见的
形式有财政资助、税收优惠。

12.1.1.1　财政资助

政府财政资助的主要方式分为直接资助和间接资助两大类（见表12-1），
直接资助包括直接财政补贴、低息贷款等，间接资助包括政府担保、贴息等。
财政补贴是政府向企业无偿转移收入的一种活动，企业得到的补贴，可以弥
补企业部分成本，或获得稍许利润，维持企业生存。对高技术产业实施财政
补贴，有助于扶持和促进产业的发展，有助于促进地方产业结构的优化和升
级。政府对高技术产业提供财政补贴，主要集中在新技术的研究开发活动，
这主要是由于研究开发活动是高技术企业风险密集时期，而且该阶段需要资
金量大，信息不对称也限制了高技术企业的融资活动，政府通过财政补贴的
方式可以帮助高技术企业开展研究开发活动，支持产业研发活动的开展。

表 12-1　政府财政资助政策的形式

财政政策形式		具　体　内　涵
直接资助	财政补贴	政府向企业无偿转移收入的一种活动
	低息贷款	向企业提供低息或无息贷款
间接资助	担保	利用政府资金为企业和风险投资机构提供融资担保
	贴息	政府对指定用途的贷款补贴其利息支出

政府还可以为企业提供无息或低息贷款的方式来资助高技术企业研究开
发活动，无息或低息的贷款属于政策性贷款，一般也称为政府的"软贷款"，
这种方式主要用于技术含量高，风险大，具有重要战略性的高技术产品的研
究与开发，如果产品开发后收益并不理想，企业可以免于偿还贷款，大大降
低产品研发的风险。

除直接提供补贴外，还可以利用政府资金为高科技中小企业和风险投资
公司提供担保，高技术企业通常都是由中小企业发展而来，经营历史较短，
企业资金实力十分有限，而且从事的大多数高投入高风险的技术创新活动，
使得企业在投融资方面面临着诸多困难，且一般很难得到担保，也难以获得
抵押，市场本身难以为其提供分担风险的有效机制，因而不能为其发展筹集
到足够的外部资金，政府利用财政资金为高技术企业提供经济担保，可以为

其融资活动提供一定的便利，降低其融资风险。贴息是指政府对指定用途的贷款补贴其利息支出，也是政府提供资金扶持的一种方式。

12.1.1.2　政府税收优惠

税收优惠政策，主要是税法中规定的给予某些活动，某些资产某些组织形式以及某些融资形式，以优惠待遇的条款，其目的主要是以此来扶持某些经济活动，引导资源要素的合理配置，税收优惠政策是政府激励高技术产业发展的一个重要政策工具，税收优惠政策相比其他政策工具更灵活，更隐蔽，更具有针对性。

高技术产业的税收优惠政策，实际是政府根据经济科技发展需要，为实现特定的战略目标，针对高技术领域所开展的活动以及高技术人员所采取的激励性措施，其主要目的是扶持和引导技术创新活动，推动高技术产业的发展，而这种扶持和引导是通过市场机制的传导来发挥作用，对市场造成的扭曲小，而且具有很强的激励性，通过实行税收优惠政策，引导创新要素流向高技术领域，实现社会资源的有效配置和高度集聚，为高新技术产业发展提供了重要的支持。

高技术产业的高风险是新时期最显著的特征之一，特别是在高级技术早期研发以及高新技术产业成果产业化过程中，风险因素是影响其发展的重要因素。政府将一部分税收收入让渡给高新技术企业，针对高技术领域实行的税收优惠政策可以在一定程度上降低高技术企业的应税所得，从而增加相应的收益，而增加收益能够更好地弥补高技术产业发展中的高投入和高成本，实现产业发展的良性循环。

税收优惠政策，主要有税收豁免、优惠税率、免税期、加速折旧等形式（见表12-2）。

表 12-2　政府税收优惠政策的形式

政策形式	内　　涵
税收豁免	豁免关税和流转税、免除所得税，增加企业投资利润
优惠税率和低税率	降低资本使用成本
免税期	使高技术产业在早期发展阶段，一定时期内税率为零，减轻其负担支出
纳税扣除	扣除研究投资支出的部分或全部金额
盈亏互抵	所得税领域，亏损从以后或以前年度中的盈余扣除

续表 12-2

政策形式	内　　涵
准备金制度	为将来发生的费用或投资有资金来源，企业所得中作为某种特别用途的所得作为准备金而不纳税
税收抵免	投资税收抵免、国外税收抵免
退税	出口退税、再投资退税
延期纳税	相当于无息贷款，适用数额特别大的税种
加速折旧	对于投资周期较长的高技术产业具有很强的激励效应

　　税收豁免指在定期间内免除某些纳税人或纳税项目应纳的税款。税收豁免有两类，一类是豁免关税和流转税，另一类是免除所得税。免除机器设备和建筑材料的进口关税，可以使企业降低固定成本；免除原材料及半成品的进口关税，可以降低企业的变动成本，增加在国内市场的竞争能力；免除流转税，同样可以降低企业的生产成本，增强企业在市场中的价格竞争力。豁免所得税可以增加投资的利润，使企业更快收回成本，减少投资风险，以刺激投资。

　　优惠税率和低税率，公司税率的逐渐降低对资本使用成本有三种影响：直接影响、间接影响和总体影响，直接影响是降低资本成本，间接影响是减少资本消费扣除的限制，从而增加了资金资本成本，但由于是逐渐减少资本消耗扣除的限制，随着时间的推移将进一步降低，从而对目前的投资产生刺激，总体影响是使当前投资更具有吸引力。

　　免税期是发展中国家最为常用的一种税收优惠措施，企业在免税期内的税率为零，而在免税期结束后的税率为正。在免费期内税率对投资的影响是正的，而折旧扣除限制的减少和随着趋近免税期末这些折旧扣除价值的提高，会抑制投资。

　　纳税扣除又称费用扣除，直接扣除法是允许纳税人将某些规定的项目所发生的费用直接、全部或部分扣除，费用加成法允许企业对某些费用的列支可以超过实际支出数额也降低税收负担。

　　盈亏互抵对于具有高度冒险性的投资，具有相当大的激励效应，按照规定可以从以前或以后年度的盈余中得到补偿，盈亏互抵只用在所得税领域。

　　准备金制度是指政府为了使企业将来发生的某些费用或投资有资金来源，在计算企业应纳税所得时，允许企业按照一定的标准将一定量的应税所得作为准备金处理，从应税所得总额中扣除，不必纳税。准备金的种类很多，有投资准备金、技术开发准备金、出口损失准备金、价格变动准备金、国外投资损失准备金等。每一项准备金都有其法定的内容。

税收抵免有投资税收抵免和国外税收抵免，投资税收抵免是为鼓励投资而刺激经济复苏的短期迅速措施。出口退税是政府为了鼓励出口给予的纳税税款的退回，而投资退税是为了鼓励投资者将分得的利润再投资而退还纳税人再投资部分已经缴纳的全部或部分税款。

延期纳税，指允许纳税人将其应纳税款延迟缴纳或分期缴纳。其实质上相当于在一定时期内政府给予纳税人一笔与其延期纳税数额相等的无息贷款，这在一定程度上可以帮助企业解除财务困难。

加速折旧，指政府为鼓励特定行业或部门的投资，允许纳税人在固定资产投入使用初期提取较多的折旧，以提前收回投资。加速折旧从量上并不能减轻纳税人的税负，它所起的效果是使企业的纳税时间向后推延。这一点类似于延期纳税。对于纳税人而言，尽管其总税负未变，但推迟纳税的结果是相当于从政府那里得到了一笔无息贷款。企业纳税所得额就越小，企业的税负就越轻。

高科技产业发展过程中，免税期政策是发展中国家促进高技术产业发展最常用的一种税收激励政策。实行免税期政策可以使高技术产业在早期发展阶段，一定时期内税率为零，减轻其负担支出。对国外资本也有很强的吸引力，能够使高技术产业获得其发展所需要的资本，局限在于他对于短期资本的激励要优于长期资本。另外，税前支出扣除是发达国家在鼓励高技术产业发展方面所普遍采用的税收措施，而研究和开发环节又是税前支出扣除应用最广泛的环节，主要是允许企业从应缴税额中扣除研究投资支出的部分或全部金额，在一定程度上鼓励企业增加研发支出。加速折旧也是制造业中普遍采用的一种刺激企业投资开发创新的措施，加速折旧和投资性贷款相比，在增加投资收益率的同时，更有利于长期投资，这对于投资周期较长的高技术产业具有很强的激励效应。❶

12.1.1.3　政府采购

政府采购是指各级政府为了开展日常政务活动或为公众提供服务，在财

❶　韩霞. 高技术产业公共政策研究［M］. 北京：社会科学出版社，2009.

政的监督下，以法定的方式、方法和程序，通过公开招标、公平竞争，由财政部门以直接向供应商付款的方式，从国内、外市场上为政府部门或所属团体购买货物、工程和劳务的行为。

　　高技术产业的发展不仅需要市场需求的拉动，还需要相应的市场引导和培育，大多数发达国家在推动本国高技术产业化过程中都非常重视对高技术产业的市场培育和引导，政府采购是政府支持高技术产业化，培育高技术产业市场的有效措施。

　　美国政府采购中，对于本国产品的采购份额大，政府采购一度达到制造业的40%，而且采购价格大多高于商业市场价格，并针对不同的采购对象实行差别化的价格优惠政策，其实质是一种价格补贴，可用来补贴一定的固定成本。另外，美国还通过研发合同制为承担采购合同的单位提供大量的科研经费，使其在研发费用和市场方面都得到政府的有力保障。

12.1.2　金融支持政策

　　高技术产业发展的过程中，尽管科学技术起决定性作用，但资本在高技术产业发展的过程中非常重要，高科技产业发展的不同阶段都需要持续的资金投入，早期研究开发阶段和后期的产业化阶段则需要大笔的资金投入。另外，高科技产业的发展面临着一系列的技术风险、市场风险、管理风险，充满各类风险，未来收益具有极强的不确定性，使得其很难从传统的金融机构获得资金支持，政府需要制定金融扶持政策。金融支持政策是政府实施管制性金融剩余动员，并通过银行信贷干预、差别化贷款利率管理等措施，为特定的经济部门配置超过市场竞争均衡水平的信贷资金并相应提供金融租金补贴的一系列制度安排。需要政府制定政策，引导更多金融资源配置到高科技产业发展的重点领域和薄弱环节。

　　风险投资是一种可适应长期性投资、高风险和高收益相伴的股权投资。风险投资的对象通常是初创企业或者成立时间较短的企业，主要投向高技术领域，评估投资对象的技术和发展潜力，通常投资风险都较大。风险投资的投资主体主要是保险基金、退休基金等长期收益类机构投资者和少数富有家庭，风险社会化，减少创业者和常规金融机构承担的风险。风险投资在向高技术企业投入资金的同时，通常会参与企业的经营管理，给企业提供各个阶段所需的如财务、法律、人事、管理等专业性知识，不断培育发展企业，帮助企业运营。风险投资收益不是来自于分红，其目的在于获取长期收益，当投资的企业在市场上获得较好的发展，风险投资通过企业购并、股权回购、股票市场上市等通过股权出售方式获得收益，该资本收益税一般比公司所得税低，低税率使得风险投资产生更大的收益。

风险投资有利于推进高技术产业进行创新型活动，是推进高技术产业技术创新的重要动力，它参与到技术创新从研发到市场化的各个阶段，不断注入资金，保证技术创新对资金的持续需求，同时，给高技术企业提供各类专业知识、信息以及发展的资源网络，高新技术企业高效的进入市场，促进高技术企业成长获益，风险投资有利于高技术成果的市场化、产业化。

风险投资的主体主要有风险投资公司和风险投资基金两大类。风险投资公司是以风险投资为主要经营活动的非金融性企业，其主营业务是向高新技术企业及科技型中小企业进行投资，转让由投资所形成的股权，为高新技术企业提供融资咨询，参与并鼓励非国有企业、个人、外商及其他机构投资入股。风险投资公司主要采取有限责任公司、股份有限公司、有限合伙制等公司制形式，有限合伙制是目前公认的实践证明行之有效的风险投资组织形式，允许风险投资公司运用全额资本金进行投资。风险投资基金是专门从事风险投资以促进科技型中小企业发展的一种投资基金。为适应风险投资的特点，风险投资基金一般采取私募方式，向确定的投资者发行基金份额，其募集对象可以是个人、企业、机构投资者、境外投资者，应拓宽民间资本来源；同时，对投资者的风险承受能力应有一定要求，投资者所承诺的资金可以分期到位。在美国采取有限合伙制的风险投资基金，可以获得税收上的优惠，政府也通过这种方式鼓励风险投资的发展。

政府应促使风险投资机制积极发挥作用。政府应出台政策鼓励地方、企业、个人等各类投资者参与风险投资业；鼓励商业银行等金融机构在实施风险管理和风险控制的前提下，开展与风险投资相配合的科技贷款业务；借鉴国内外风险投资的成功经验和案例，广泛吸引大型企业集团、股份制上市公司、各类基金及证券公司参与风险投资，并积极探索吸引保险公司、养老基金等闲置资金进行风险投资。

12.1.3　人才集聚政策

高技术产业是高度知识密集型行业，对智力资本需求量大，要求高，人才对高技术产业的发展起着至关重要的作用，高科技人才的引进、培养、激励，直接关系到高科技产业的可持续发展。

人力资本存量及其增长是衡量区域创新能力的重要指标，人才是创新活动的源泉，人才的知识水平、智力水平及其创造能力，对创新活动开展至关重要，在高科技产业发展的过程中，创新成果产业化、市场化，也需要高技术人才。高技术人才具有高度专业化的知识，极具开拓性、创新性和冒险精神。

从人才结构来讲，要注重人才资源的合理配置，促进高技术产业的良性发展。高技术产业作为技术密集型产业，对从业人员的智力水平、知识结构毋庸置疑有很高的要求。同时，它对人才结构的层次性也有很高的要求。产业的发展不仅与人力资源总量有关，而且与人才分布、人才结构也有很大关系，在高技术领域，产业发展既需要具有专业特长和管理技能的高级人才，也需要大量从事基础性技术工作的技能人才。人力资源配置结构不合理，不能满足产业发展所需要的各层次类型的人才，将直接影响产业的运作，因此，为了能够促进高技术产业各个阶段均衡持续推进，需要配置合理的人才体系，能使整个行业具备规模化协调作战的能力。既要重视各种高级专门人才的合理配置，也要重视技能工人的配置；既要强调人才的专业性，也要注重人才的综合性和交叉性，建立复合型多层次多梯队的人才队伍。因此，要重视高科技人才的合理配置，针对性地建立高科技产业人才目录，根据产业发展需要，建立合适人才吸引机制。

从人才吸引来讲，国外制定的人才引进政策主要集中在国家层面，为了争夺海外的优秀人才，西方发达国家采取的措施主要有：以高额奖学金和优质科研条件吸引大批海外人才来进行科学研究；修改移民政策，简化高层次人才申请永久居留权和国籍的条件与程序，直接引进人才；鼓励本国的企业进行海外投资，在其他国家兴建跨国研究机构，在当地聘用各类高技术人才。国内各地方政府则围绕推动高技术产业的快速发展，制定人才目录体系，出台人才吸引政策，大力引进高技术产业发展的各类人才，从创业资金、融资、购房补贴、津贴、住房、教育、医疗、继续培训等各方面给予支持。

从人才培养来讲，人力资本的形成是一个长期的过程，要加强高科技人才的培养。一是要重视研究型人才的培养，结合经济社会发展的需要，促进教学和研究的结合，加强研究型人才培养，为高技术产业提供具有探索性和创新性的人才供给。二是要加强复合型人才的培养，开展跨学科教育，促使学生尽可能了解其他领域的相关知识，培养复合型人才。三是要建立高层次人才培养制度，从源头上保证创新人才的供给，特别是研究生教育和博士后制度等发挥着重要的作用，鼓励学生在学习知识的同时，广泛地参与到科学研究中，使其更多地建立在研究学习的基础上，要重视教学实践环节，加强对学生实践能力的培养。四是要通过不断培训，加快知识更新，推动理论和实践的结合，要适应高技术产业不断变化发展的要求，在人才培养上不断地更新知识和观念，不断地吸收现代科技发展的最新成果，使人才更具有适应性和竞争力。建立高技术人才的培训机制，除了正规的学习学历教育外，非学历的培训教育也是高技术人才培养、员工培训和再教育的重要渠道。鼓励当地人员参与高技术领域人才的专业培训。

高科技产业的发展离不开人才的支撑，需要切实制定各类措施，营造良好的氛围，吸引并留住人才，最大化发挥人才的作用。

12.2　国内外航空产业地方政策

12.2.1　国外航空产业地方政策

航空产业的发展是以一定的政策工具为载体进行的，国外航空产业发达的地方政府非常重视制定各类产业政策，扶持航空产业的发展。下面从财政资助、税收优惠、金融支持、人才扶持等方面研究美国华盛顿州、加拿大魁北克省和安大略省的产业政策。

12.2.1.1　采用组合政策

在支持航空产业发展中，国外地方政府能采用的政策主要是财政政策，财政政策包括财政资助和税收优惠。三个地方政府既采用了财政资助政策，也采用了税收优惠政策，华盛顿州采用的是财政补贴、信用担保和低税率三种方式；加拿大魁北克省则采用财政补贴、纳税扣除两种方式，加拿大安大略省则采用低息贷款、研究基金、税收优惠、纳税抵扣和退税等五种方式，加拿大安大略省的政策力度最大。

通过表 12-3 可以看到，财政资助政策主要用到了财政补贴、信用担保、低息贷款、研究基金等几种方式，其中信用担保、研究基金也带有金融支持的性质。对研发项目采取贷款优惠、贷款担保等方式，可以有效减轻企业的资金压力，吸引企业前来投资。航空产业所需的资金量巨大，产业周期长，地方政府在金融上的扶持对航空企业的发展非常重要。

表12-3 国外航空产业地方财政资助政策

政策类型	政策主要内容	政策目的
财政补贴	美国华盛顿州：通过基础设施建设的方式，向波音公司提供政府补助	促进航空产业发展
	加拿大魁北克省：2006～2016年航空航天产业战略实施期间，累计投入7亿加元用于支持企业和项目发展	
信用担保	美国华盛顿州：州政府为企业研发投入融资提供信用担保	促进企业进行研究投资
低息贷款	加拿大安大略省：为先进制造业符合条件的项目提供最高可达项目成本30%的贷款（上限1000万加元），利息为安大略省政府借款利息加1%；先进制造业投资战略基金（AMIS）提供5亿美元无息贷款支持开发新技术和新工艺	促进研发投资，降低运作成本
研究基金	加拿大安大略省：设立研究基金，为研究机构的科研基础设施建设提供资金支持。新一代创业基金（NGJF）提供11.5亿美元支持R&D	促进基础领域研究，促进研究开发活动开展

通过表12-4可以看到，税收优惠政策主要有优惠税率和低税率、纳税扣除、退税等几种方式，加拿大安大略省的税收优惠幅度最大，不仅整体税率低，而且纳税抵扣的幅度大，还采用退税的方式；魁北克省主要采用纳税抵扣的方式，美国华盛顿州则主要是采用低税率的方式。

表12-4 国外航空产业地方税收优惠政策

政策类型	政策主要内容	政策目的
优惠税率和低税率	美国华盛顿州：针对航空制造业制定专门的低税率，华盛顿州为波音787总装线项目专门修改了对航空航天企业的税率	降低航空产业的运作成本
	加拿大安大略省：进行全面税制改革，大幅削减了营业税，企业所得税综合联邦政府和省政府总税率26.5%，低于美国平均水平，低于G8和G20的平均水平	

政策类型	政策主要内容	政策目的
纳税扣除	加拿大魁北克省：公司研发支出中工资总额可以抵扣所得税17.5%；企业和大学合作进行的科技研发可享受28%的税收减免；私人合伙企业进行的科技研发支出税收减免35%；向研究团体支付的应付款和报酬的35%可用于税收减免；给予国外专家和从事研发工作的外国雇员最长5年的个人所得税减免	鼓励航空产业开展研究开发，降低企业的运作成本
	加拿大安大略省：对省内企业的研发投入可以进行税收抵扣，R&D费用当年发生额的减免比例是25%（大公司）和35%（小公司）；R&D费用增加部分（超过上三个纳税年度平均额并符合条件的部分R&D费用减免比例则为37.5%（大公司）和52.5%（小公司）；对中小型公司的"技术创新"投资给予10%的所得税抵扣，如果企业当年无足额应缴税用以抵免，仍可以现金方式返还，每年最高30万加元	
退税	加拿大安大略省：研究机构履行的研发合同可享受20%退税（每年最高400万加元）	鼓励研究机构展开研究开发活动

12.2.1.2　研发支持力度大

不管是财政资助，还是税收优惠，三个地方都非常重视研究开发投入环节，给予研发投入很大的资金支持力度，主要在于航空产业是高技术产业，产品开发周期长，研究不确定性大，企业在研发阶段难以获得外界的资金支持，资金容易匮乏，政府对企业研发活动或者项目提供各种形式的资金支持，是国外通行的做法。华盛顿州采用信用担保的方式确保研发环节的资金投入；加拿大魁北克省将研发支出纳入税收抵扣的环节，鼓励企业和研发机构合作，研发的人员投入可以享受税收减免政策，鼓励企业多开展研发活动；加拿大安大略省对研发环节则给予低息贷款、设立研发专项基金、纳税扣除、退税等多项政策鼓励企业进行研究开发活动，对研究开发投入的支持力度最大。

12.2.1.3　注重人才政策

航空产业是知识密集型行业，人才对航空产业的发展非常重要，为吸引更多高科技人才，三个地方政府都非常重视人才政策，表12-5是三地的人才政策。美国华盛顿州规定从事开发和设计商用飞机或零部件的人员均可享有税收减免待遇，加拿大魁北克省对外国专家和研究人员的税收减免，加拿大安大略省则重视人才的培养，建立了涵盖从本科到博士的航空专业人才培养体系，为航空产业的发展提供人才支撑。

表 12-5   国外航空产业地方人才政策

政策类型	政策主要内容	政策目的
个人所得税减免	美国华盛顿州：规定从事开发和设计商用飞机或零部件的人员，均可享有税收减免待遇	降低研发成本，吸引航空研发人才
	加拿大魁北克省：对外国专家和研究人员的税收减免，在特定条件下，最长可享受 5 年的免缴个人所得税待遇	
人才培养	加拿大安大略省：在本科、硕士、博士三阶段教育中都能够开设航空工程课程	促进航空人才培养

12.2.2   国内航空产业地方政策

国内地方政府对航空产业的扶持政策主要通过财政政策来实现，并辅以金融、人才等方面的扶持政策，以下主要选取了我国航空产业发展的重点地区（如西安、上海、天津、珠海等）进行分析。

12.2.2.1   财政直接资助力度大

在国内各地的财政资助政策中，一般都是针对高新技术企业设立优惠政策，直接针对航空产业设计政策的并不多见，西安、天津主要是集中高新技术产业方面，但上海、珠海等地方政府针对航空产业专门出台了扶持政策，重点扶持航空产业的发展，财政直接资助力度非常大。

通过表 12-6、表 12-10~表 12-12 可以看到，各地方政府针对不同的航空产业的发展，特别是项目引进、技术研发等环节进行了直接财政补贴，对总部企业、融资租赁企业、重大制造项目等重点发展的领域给予开办补贴、房租补贴，并根据企业的具体表现给予一定的奖励。

西安根据航空产业发展的特点，设立了企业孵化器专项建设经费，给企业孵化项目提供资金扶持；为支持园区企业融资，给中小微企业提供担保业务；提供新三板挂牌扶持资金，专项用于弥补完成挂牌企业支付给证券服务机构的相关费用，挂牌企业通过新三板定向增发融资或直接融资用于项目建设支出。由政府投入部分风险补偿金，与金融机构合作开发面向航空企业的"助保贷"、小微贷、融资租赁等产品，政府、银行、企业三方风险共担，降低企业融资门槛，解决中小企业融资难问题。

表 12-6　国内航空产业地方财政直接资助政策

政策类型	政策主要内容	政策目的
财政补贴	珠海：设立航空（航天）产业发展扶持专项资金（以下简称扶持资金），由市政府每年安排不少于 5000 万元，主要用于入园航空航天产业项目的引进、技术研发、贷款贴息、人才培训等方面	促进企业引进与积聚、降低企业成本、帮助企业融资等
	天津：天津经济技术开发区设立"泰达科技发展金"，开发区管委会每年拨出可支配财政收入的 5%扶持高新技术的发展。对总部企业、制造企业、航空融资租赁企业等重点发展领域提供开办补贴、房租补贴等	
	西安：到 2016 年，西安市科技局投入科研资金 5000 万元，航空基地管委会、阎良区政府投入 1 亿元，共同支持创新型航空产业集群建设。航空基地专项资金有：内外资落户奖励专项资金、企业研发补贴专项资金、厂房租金补贴专项资金、金融、商贸、服务经济发展专项资金、新三板挂牌扶持资金。设立西安高新区科技保险补贴专项资金 1000 万元。按企业纳税总额的 10%或 5%给予企业孵化器建设专项经费。政府投入部分风险补偿金，解决中小企业融资难问题	
	成都：对总部企业、制造企业、航空融资租赁企业等重点发展领域提供开办补贴、房租补贴等	
	上海：对航空融资租赁企业提供开办补贴、房租补贴等	
信用担保	西安：支持园区企业融资，为企业提供担保业务	
上缴财政返还	天津、成都、西安：对总部企业、融资租赁企业、重大制造项目上缴地方政府的财政收入根据企业具体表现部分返还或予以奖励，也叫效益贡献奖	降低企业成本，促进企业进行技术研发投资
	珠海：按照投资项目投产后的增值税地方留成部分的 50%比例在扶持资金中给予投资项目技术研发补助资金，补助年限为 3~5 年；对于获得国家和省批准的技术创新资金支持的项目，园区给予其不低于 50 万元的配套资金	
	上海：对航空融资租赁企业按贡献给予奖励等	

12.2.2.2　税收优惠涉及面广

在表 12-7 中，税收优惠的对象和范围都相当广泛，可以充分发挥市场力量，由企业根据实际需求自行决定研发的投入项目和金额，避免由政府主观决定。由于目前我国企业的各种税负相当沉重，减税对于企业来说可以有效地降低研发成本，实现激励企业加大研发投入的目的。西安出台了较多的税收优惠政策，主要采用优惠税率和低税率、税收豁免的方式，上海则采用纳税扣除的方式，加大技术开发费的纳税抵扣力度。

表 12-7　国内航空产业地方税收优惠政策（一）

政策类型	政策主要内容	政策目的
优惠税率和低税率	西安高新区对独立核算的研发中心可以享受高新技术企业的税收优惠政策	降低企业成本
	西安阎良对进入基地的航空及相关高技术企业其主业收入超过 70%，企业所得税减按 15% 征收	
税收豁免	西安阎良对航空企业进口所需的相关设备给予免征关税	降低企业成本
	西安阎良对航空企业从事技术转让、技术开发业务及与之相关的技术咨询、技术服务取得收入的企业和个人，经批准后免征营业税	降低企业成本
纳税扣除	上海允许航空企业按当年实际发生的技术开发费用的 150% 抵扣当年应纳税所得额	促进研发投资，降低企业成本

12.2.2.3　金融支持方式多样

航空产业投资周期长，资金需求量大，从研发到产业化、市场化，都需要有长期且稳定的资本投入。表 12-8 表明，既有航空产业风险投资基金、主板和创业板上市扶持等直接融资方式，也有贷款担保补贴、发行企业债券等间接融资方式。

表 12-8　国内航空产业地方税收优惠政策（二）

政策类型	政策主要内容	政策目的
引导投资方向	西安阎良鼓励民营企业设立和参与风险投资基金或公司，风险投资基金或公司参与航空产业项目投资所取得的收益，享受航空企业的有关优惠政策	创造良好投融资环境

政策类型	政策主要内容	政策目的
拓展融资渠道	西安高新区提供贷款担保补贴，鼓励科技型中小企业上市，设立 5 亿元的创业投资引导资金，按企业当年纳税额中西安高新区留成部分的 50%给予其创业投资风险补贴；按照企业当年纳税额中西安高新区留成部分的 10%给予其董事长和总经理创业风险投资经营贡献奖励	促进企业融资
	西安阎良优先支持符合条件的航空企业上市公开发行股票，包括主板市场和第二交易系统发行股票直接融资，支持航空企业发行企业债券	
	上海将已向国家承诺筹措的 100 亿元航空产业发展资金，聚焦民用航空制造业重大项目	

12.2.2.4　重视人才引进、培养

航空产业是高技术产业，对各类人才的需求量大，各地人才争夺激烈，从表 12-9 中可以看到，各地从才引进、激励到培训都出台了相应的鼓励政策。不过这些政策既注重对高层次人才的吸引，对于同样重要的高级技工等专业人才也出台了扶持政策，具体见表 12-13。

表 12-9　国内航空产业地方人才政策

政策类型	政策主要内容	政策目的
人才引进	天津、西安、成都：出台高精尖人才引进扶持政策，给予人才配套经费资助、生活补贴、租房补贴等	吸引人才落户
	天津：对企业新引进落户新区的全日制大学本科以上学历的人员和归国留学人员，连续 3 年发放租房和生活补贴	
	西安：引进人才的配偶安置给予帮助，对子女入学给予照顾	
人才激励	成都：对市域实体经济和新经济领域年收入 50 万元以上的人才，按其贡献给予不超过其年度个人收入 5%的奖励	发挥人才作用
	天津：对有突出贡献的专业技术人才实施重奖，鼓励科技人员以技术成果作价入股参与收益分配；对特聘专家给予较高的待遇和专门的研究经费支持等	
	天津、成都：对高级技能人才给予奖励	

政策类型	政策主要内容	政策目的
人才培养	珠海：对于在航空产业园内工作的大型企业高级管理人员及高级技术人才，每年按其在工资收入总额的 10%，由扶持资金安排专款补贴给企业，定向作为企业对其再培训的专用资金	提高人才素质
	成都：支持在蓉高校和职业技术（技工）院校根据成都产业发展需要调整学科（专业）设置给予最高 2000 万元补贴。鼓励在蓉企业与高校、职业技术（技工）院校合作开展人才培养，给予最高 500 万元补贴。对合作建设学生实训（实习）基地的，给予其最高 100 万元补贴	
	西安：鼓励企业高级管理人员参加 EMBA 学习，对符合条件的资助对象一次性资助 10 万元	
个税优惠	西安：市财政给予引进人才的一次性资助，视同政府奖金，免征个人所得税。5 年内，工资收入中的住房补贴、伙食补贴、探亲费、子女教育费等，按照国家税收有关法律规定，予以税前扣除。进境少量科研、教学物品免征进口税收	吸引人才落户
	成都：年工作收入为 50 万~100 万元，凭借个税完税凭证，可获得政府 60% 的个税奖励；年薪超过 100 万元（包括 100 万元），实行全额个税奖励	

人才引进方面，天津、西安、成都针对高精尖人才都出台了扶持政策，给高精尖人才配套经费资助、生活补贴、租房补贴等；天津专门出台了储备人才的政策，给储备人才发放租房和生活补贴；西安则另外给予高精尖人才配偶安置并且子女入学也给予了优惠政策，解决人才的后顾之忧，出台了引进人才的个税减免政策。

人才激励方面，天津和成都对高技能人才同时出台了激励政策，鼓励技能人员提高自身的技能。天津对突出贡献的专业技术人才给予收益分配权，激励专业技术人才不断进行科学研究开发。

人才培养方面，珠海鼓励企业引进高级人才，给予配套的培训补贴；成都则给予院校补贴，鼓励学校培养航空专业方面的人才；西安鼓励管理人员进修，提高自身的管理水平。

12.2.3　国内外航空产业地方政策比较

我国航空产业地方性政策和国外相比有很多类似的地方，从整体上看，我们的政策在力度和范围上丝毫不比国外的地方政策逊色，但是在以下具体的政策细节上，国外地方政府的做法还是值得借鉴。

（1）国外以间接的税收优惠为主，国内以直接财政资助为主。财政激励政策工具主要有直接财政资助和税收优惠两种。直接财政资助是指政府直接设立基金或者拨款，通过财政补贴、低息贷款、担保等方式，投入到航空产业的建设中，可以直接降低企业研发成本，刺激企业加大创新的投入。直接资助的效果很显著，我国地方政府采用直接财政支持多，且支持的力度很大，但是这种方式会使政府保留对企业研发的控制权，企业很有可能采取一些行为获得政府补贴，背离政府发放补贴的初衷。国外地方政府也采用直接财政补贴的形式，但是大多数政策是采用间接的税收优惠方式，这样可以最大程度上减少政府对企业研发活动的直接干预。国内地方政府习惯采用直接拨款的方式支持航空产业的发展，这种方式不仅需要增设部门和人员进行管理，而且资金运用效率很可能没有税收优惠高。

（2）中小型企业是支持的重点。国外中小型科技企业是技术创新的主力军，所以各种扶持政策都非常注意向中小企业倾向，航空产业也如此，加拿大安大略省的政策明显倾向小企业，我国地方政府的政策中明显不体现。我国的航空产业由于长期以来一直是以国有大中型企业为主，中小企业普遍存在科技创新动力不强、研发能力薄弱、资金不足和相关信息缺乏等问题，得不到政府的足够重视，导致开展研发活动存在困难。为此，更有必要制定针对性的优惠政策鼓励其开展研发活动，否则在我国航空产业中，即使大企业的研发能力得到了提升，但是没有数量众多的中小企业支持，也会大大减缓技术创新的步伐。

（3）鼓励多种形式的合作研发。航空产业和航空科技的发展，不可能只是依靠企业本身的技术创新，还需要高等院校、科研机构及国外同行的联合攻关与通力协作，这方面国外地方政府就出台了明确的政策，鼓励合作研发以使参与公司获得相关研究成果，避免重复投入造成不必要的浪费，加速了研发成果市场化。国内地方政府在推进产学研协同创新方面的政策几乎是空白，虽然现在国家大力提倡协同创新，但是地方政府在政策设计时没有将其纳入到范畴内，导致国内航空产业的研发不能有效地借用全社会的研发力量，仍然以内部配套和研发为主。❶

　　❶　严海宁，李金滟．航空产业地方性创新政策的国际比较及启示［J］．太原理工大学学报（社会科学版），2014，32（1）：5~8.

12.3　舟山航空产业政策

政府的支持程度和政策环境的宽松程度，将直接影响舟山航空产业园区的吸引力和影响力。要衔接国家和省级层面对航空产业的发展政策，制定促进舟山航空产业发展的法律法规和政策措施，对涉及航空产业发展的各个要素（如财政、税收、土地、金融、服务、人才等）提供全方位的保障支撑，促进航空产业不断发展。

12.3.1　产业支持政策

12.3.1.1　土地支持政策

根据"总体规划、分步实施、按项目供给土地"的土地供应基本原则，制定航空产业相关的土地政策，为企业建设投资提供基础保障条件。优先保障航空产业项目建设用地指标，对于航空产业市级重大项目纳入重点项目管理范围，申请项目专项用地指标；其他项目建设用地由舟山新区统筹优先安排。降低企业用地成本，符合条件的航空制造及维修类项目可实行"净地"供应，可按项目总用地土地基准价的70%确定挂牌起始价，优化航空产业项目建设审批流程，在开发、建设、注册等审批环节开辟"绿色通道"，优先报批项目用地及配套设施用地，报批流程从简从快，最大限度压缩审批环节和时间，支持项目早落地、早建设、早投入使用。

12.3.1.2　财税支持政策

设立"舟山航空产业引导基金"，提供产业发展金融服务配套，进一步引导社会资本加大对舟山航空制造及维修、航空运营、航空金融、航空培训科研等产业的投资，以政府投资撬动社会资本，广泛吸收社会战略性投资，鼓励引导各类社会资本、金融资本投入舟山航空产业，以有限合伙形式共同建立舟山市航空产业发展基金，政府财政可按年度进行合理的补充与调整。

设立"舟山市航空产业专项扶持资金"，专项资金规模由市财政统筹安排，以基础设施建设、航空企业吸引和扶持、专业人才引进和培养为投资重点弥补产业环境短板，重点对航空制造及维修、航空运营培训、航空融资租赁企业、航空企业运营总部、航空地面服务、航空科研机构等给予支持。

产业引导基金和专项扶持资金的设立坚持扶持实体落地项目、精准对接的原则，根据具体项目落地情况实施精准扶持，起到切实推进项目的作用。

美国、欧洲大型科技的发展无不渗透着国家财政补贴的大力支持，参照国外民用航空产业补贴政策，可考虑的具体措施有：（1）直接补贴，可提供开发基金、资本投入、低利率贷款、担保借款、开发及生产成本补贴、保障汇率和经营损失补贴等。加大信贷支持力度，鼓励担保机构支持中小企业；加大对新注册设立且经认定的总部或区域性总部企业支持，按照注册实收资本给予一定的财政补贴；加大对航空领域中小企业的财政支持力度，安排培育扶持资金；对各类新开办的航空企业给予房租或办公用房购置补贴；支持企业通过参加各类推介会、展会拓展市场。（2）间接补贴，可通过基础性研发投入为产业提供间接补贴，通过国家和地方资助的基础研究和高新技术项目给予航空企业资金支持。（3）税收优惠，对引进的航空类龙头企业和特色企业，自投产之年起形成的地方财力贡献部分，前三年全额予以返还，后两年减半返还，五年之后根据其当年缴纳的"三税"（增值税、所得税、营业税）所形成的地方财力贡献按情况给予一定的奖励，降低企业税负；对投入产出大、科技含量高的项目，在政策允许范围内再给予优惠；提高增值税起征点优惠，落实固定资产进项税额抵扣优惠；落实中小企业在企业所得税、个人所得税、免征行政事业性收费等方面的优惠税收政策。鼓励进行协同开发研究，对研发费用支出或者与研发机构的合作开发费给予税收抵扣政策。

12.3.1.3　金融支持政策

引导金融机构加大对航空类重大项目的信贷支持力度。支持各类投资主体创新投融资方式，鼓励开展股权融资、债券融资，拓展直接融资渠道。引导企业资产重组、合资合作、融资租赁以及引进产业投资基金、创业风险投资基金等境内外股权投资。支持舟山市保险机构拓宽业务范围，创新航空类服务产品。

对航空类龙头企业和优势特色企业，在应急周转金、信用贷款、融资租赁等方面给予支持。引进对舟山航空产业发展具有重大带动作用的重大项目，可采取"一事一议"的办法给予特殊政策。

引导开展多种金融产品支持航空产业。引导商业银行为航空工业企业提供综合性金融服务，提高运作效率。在银行间市场发行航空工业企业短期融资券；发行航空工业企业中长期债券；积极开展融资租赁；充分利用燃料油、外汇与利率相关衍生品规避风险。

12.3.1.4　人才支持政策

航空产业的发展离不开人才的支持，舟山应进一步加强航空专业人才的队伍建设，优化人才结构，以吸引、培养、使用激励航空高层次人才为重点，吸收和选拔国内外优秀的人才，造就一支专业素质过硬、结构合理的人才队伍。

落实舟山群岛新区"5313"行动，主动遴选在设计、研发、管理方面的国内外高级人才和领军人物；充分利用已有人才集聚工程及平台，针对与航空产业发展密切相关的重点领域引进技能型、技术型和管理型人才，鼓励以岗位聘用、项目聘用、任务聘用、项目合作等方式引进高层次人才。创新人才柔性流动机制，形成多种形式的"人才驿站"，让更多的高级人才通过短期聘用、技术合作、人才租赁等方式为舟山航空产业发展服务。中高级人才和技术骨干的培养在立足本国的同时，创造条件让他们赴海外学习，接触世界上先进的技术，锻炼和培养人才。另外，可以把航空界的老专家组织起来，建立航空人才智库，依靠他们的经验和技术积累推动人才队伍建设。

优化国际化人才发展环境。公安出入境机构对外籍高层次人才开辟绿色通道，依托"单一窗口"服务体系，简化办证手续。借鉴天津等其他自贸试验区经验，对在舟山工作的外国人，如其已连续两次申请办理工作类居留许可，且无违法违规问题的，第三次申请工作类居留许可，可按规定签发有效期5年以内的工作类居留许可，满足外国人才在舟山长期工作居住的预期。加快舟山航空口岸对外开放，实现航空全产业链在航空产业园的集聚，在舟山开展外国口岸签证业务，为飞机和人才的出入境提供便利。

具体措施包括：（1）加大"高精尖"航空产业人才引进力度。对新引进的航空业界国际级顶尖人才，给予最高不超过200万元的奖励；对新引进的国家级杰出人才给予 1∶1 配套奖励，最高不超过 100 万元；对新引进的省部级领军人才给予 1∶0.5 配套奖励，最高不超过 50 万元。鼓励用人单位另行给予配套奖励。（2）大力引进航空产业发展急需的高技能人才。对获得技术等级职业资格证书的人员根据其技能等级实行一次性奖励，对引进外籍专家的航空企业，经认定后给予用人单位年薪补助，每人每年最高不超过 50 万元，补助期限最长不超过 3 年。（3）根据人才不同层次享受购房补贴、安家补贴、政府津贴、个人所得税优惠等。分层分类向符合条件的航空产业人才提供限价房、一定期限的公租房或租房补助、一次性的购房补贴等住房保障服务；按舟山市人才子女就学政策，优先保障航空产业人才子女就学。（4）地方财政奖励。对航空产业园辖区内就业的高端航空产业界人才，按照所缴纳的工资性收入个人所得税地方留成部分，前三年给予全额奖励，后两年减半奖励。（5）支持航空类企业与大专院校共建创新载体，培养创新性人才。实施航空专业人才培养计划，对定向培养航空类人才的大专院校和科研院所给予一定的奖励，为航空产业的发展提供创新动力和人才支持。

12.3.1.5　优化公共服务

充分利用舟山公共服务平台，针对航空类项目的所有审批事项实行"一站式服务"和"单一窗口"建设，落实企业项目"零审批零收费"制度。通过对各类金融机构和中介服务机构的招商和引进，为各企业提供融资、贷款等金融服务，以及招聘、咨询、法律、劳务派遣等中介服务，在为航空企业在市场拓宽、产品开发、财税管理、人才培训、市场营销、循环经济发展，以及税收、政策等诸多方面，起到承上启下、拓外开内的现代企业服务作用，拓展服务品牌与效益。

积极争取舟山普陀山机场航空口岸对外开放，提升机场口岸服务能力，为波音项目的顺利推进和航空融资租赁业务发展提供更完善的服务。一是支持融资租赁企业在自贸试验区设立特殊项目公司。准予航空产业园飞机租赁企业以绝对控股方式设立单机项目公司，准予隶属于同一母公司的单机项目公司实行住所集中登记，且与母公司住所相同，准予飞机租赁企业设立飞机专业子公司，飞机专业子公司可持续经营多个飞机项目。按照单一窗口的建设要求，开展限时办理相应飞机租赁企业设立、登记、备案服务试点工作。借鉴天津自贸试验区东疆保税港区的试点经验，在租赁公司的引进、设立以及相应服务体系的建立方面，为航空产业园的大飞机融资租赁业务发展提供更大便利。二是积极开展内资融资租赁企业试点。将自贸试验区内的内资试点融资租赁公司的审批权限下放到浙江省。鼓励航空产业园区内资飞机融资租赁公司申报内资试点融资租赁公司，享受税收优惠。三是创新租赁飞机出入境政策。根据《出境入境管理法》《卫生检疫法》中有关指定地点边防检查、检验检疫的规定，在舟山普陀山机场设置临时区域用于以租赁方式进口飞机停靠及办理出入境相关手续，为园区境内外融资租赁企业开展相关飞机租赁业务提供便利。四是创新跨关区海关异地委托监管。借鉴天津自贸试验区经验，由杭州海关牵头，协调宁波海关等相关港口海关，在确保有效监管和执行现行相关税收政策的前提下，争取实现与融资租赁有关的飞机跨关区委托监管，为注册在航空产业园内的融资租赁企业开展相关业务提供便利。五是完善公共服务体系。借鉴天津东疆保税港区租赁业试点经验，成立飞机专业租赁协会，组织专业培训，制定行业规则，引入经验丰富的飞机租赁服务团队和专家团队，加强与国内外租赁协会的交流合作，引导产业园飞机融资租赁企业参与国际竞争。建议由海关、外汇、商务、税务等部门联合组队，为租赁业提供高效的公共服务。六是通用航空器资产评估。建议允许注册于航空产业园区的通用航空运营企业，利用自有航空器开展通用航空器资产评估业务，并出具由注册资产评估师签署的通用航空器资产评估报告，为企业利用自有产权的航空器开展融资、贷款、抵押等业务开拓合法渠道，保障通航企业和相关金融机构等参与方权益。

12.3.1.6 创建国际化营商环境

鼓励航空口岸发展，满足波音飞机出入境的时间要求，实施 24 小时通关值班制度，优化海关特殊监管区域和保税监管场所卡口通关手续，提高通关效率。海关、检验检疫、外经贸主管部门、运输、仓储等国家执法机关和商业机构等机构部门，建立快捷有效的协调机制，减少审批程序和办事环节，提高航空口岸通关效率，特别是要为入境时货物的快速检验检疫提供便利，真正实现"快进快出"。尤其是对波音项目所需的入境木质包装、波音飞机组装所需的油漆等特殊物品的快速检疫。建议实施预先申报、集中查验、快速放行模式，对油漆等危化品实施"监督抽查、验证管理"的工作方式，简化相关手续。可在舟山机场设置临时区域用于以租赁方式进口飞机停靠及办理出入境相关手续。

　　探索在将来的自由贸易港里建立国际航空制造开放示范区，就外商投资航空制造准入放宽、飞机租赁、税收、监管方式、外汇管理、科技研发、知识产权保护、适航认证国际合作等方面大胆探索。要用足自贸试验区政策，对有保税需求的重点企业，优先安排综合保税区项目用地、保税库、写字楼；在航空融资租赁、放宽外汇管制限制、离岸金融业务开发、拓宽金融服务主体、区外保税展示交易、监管模式创新、管理流程简化等方面寻求政策突破。

　　允许航空维修企业在海关特殊监管区域外按照保税监管方式开展全球航空维修业务，争取调减重要进口航材的关税；及时和全面复制国务院向全国复制推广的飞机租赁领域改革试点经验，参照和对标天津与上海出台的飞机租赁产业发展政策，缩短与先进地区在投资、通关、金融、法律等方面的差距；全力争取航空口岸持续临时开放，协调保障飞机租赁发展所需的口岸通关便利。加大航空科技型企业的培育扶持力度，鼓励航空企业实施技术创新项目。借鉴天津滨海新区航空产业发展经验，成立航空产业支持中心，支持航空产业公共服务平台建设，建立与国际投资、贸易通行规则相衔接的营商环境。

12.3.2　产业专项扶持政策

12.3.2.1　航空制造及维修类企业专项支持政策

　　对入区购买土地的航空制造及维修类企业，降低企业用地成本，符合条件的航空产业项目实行"净地"供应，可按项目总用地土地基准价的70%确定挂牌起始价；给予新办企业地方财政贡献奖励扶持，凡是新办企业投产后前三个自然年度内，全额奖励企业所得税和增值税地方留成部分，第四年至第五年对实缴企业所得税、增值税总额（含免抵退部分）超过10万元/亩以上的，给予地方留成部分50%的奖励。

　　对世界五百强及国内龙头制造维修类企业，对投资规模大的世界五百强及国内龙头企业项目，采取"一事一议"方式确认扶持额度。对开展核心零部件制造、维修业务的企业，给予其生产必需的设备、工具、原材料进口补贴，按进口总额的5%计算，具体补贴金额以企业当年度地方财政贡献为上限，且最高金额不超过200万元，当年不足兑现部分，在政策执行期限内，允许在下一年继续兑现。企业取得中国民航局颁发的维修许可证后，按企业地方财政贡献为上限，给予 20 万元奖励，取得 FAA 或 EASA 颁发的维修许可证后，给予 30 万元奖励。

根据《国务院办公厅关于促进通用航空业发展的指导意见》和《国务院关于发布政府核准的投资项目目录（2016 年本）的通知》附件八的有关规定，建议省发改委下放 6 吨/9 吨及以下通用飞机、3 吨以下直升机制造项目核准权限给舟山市政府有关部门，减少不必要的行政许可障碍，增强产业竞争力。

积极拓展航空产链，打造国内领先的航空高端研发制造基地，在航空维修再制造项目创新政策。借鉴天津自贸试验区经验，建议商务部将浙江自贸区境内外保税航空维修再制造项目核准权限下放给舟山市商务局，由舟山市商务局核准航空产业园区相关企业开展飞机保税维修业务，提高核准审批效率，为相关企业提供更大便利。

航空维修人才职称制度改革。建议在浙江自贸区建立航空维修业职称改革试点，对航空维修业职称认定体系进行改革，提高航空维修人才的引进和培养力度。

12.3.2.2　航空培训类企业专项支持政策

对租赁办公物业开展业务的航空培训类企业，前两年年营业收入在 500 万元（含）以下的，给予 50% 租金补贴，补贴面积不超过 500 平方米；年营业收入在 500 万元以上的，给予 80% 租金补贴，补贴面积不超过 1000 平方米。对购置办公物业开展业务的航空培训类企业，给予 500 元平方米购置补贴。企业年营业收入在 500 万元（含）以下的补贴面积不超过 1000 平方米，企业年营业收入在 500 万元以上的，补贴面积不超过 2000 平方米。企业在完成注册并投入运营后，给予 100 万~200 万元的开办费补贴。

按照企业年度的实际贡献，经认定年营业收入超过 500 万元的，其缴纳的增值税、所得税地方留成部分在兑现物业补贴及开办费奖励后，余部分前两年给予全额奖励，后三年减半奖励。对于投资强度大、带动性强的飞行员培训中心项目，可根据项目情况提供装修、运营、设备进出口等补贴，以及贷款贴息等"一事一议"政策。

12.3.2.3　航空公司总部类企业专项支持政策

对租赁办公物业的航空公司总部给予租金补贴：前两年给予 100% 租金补贴，第三年至第四年给予 50% 租金补贴，补贴面积不高于 3500 平方米。对购置办公物业的全国总部型航空企业，在企业取得中国民航局颁发的公共航空运输企业经营许可证后，按照 1500 元平方米标准给予一次性购置补贴，补贴面积不超过 3000 平方米。

对新注册的全国总部航空企业，在取得中国民航局颁发的公共航空运输企业经营许可证后，给予不高于 300 万元开办费补贴，对新注册的区域性总部航空企业给予不高于 200 万元开办费补贴。对全国性航空公司总部或区域性总部，经认定年营业收入超过 300 万元的，其缴纳的增值税、所得税地方留成部分在兑现物业补贴及开办费奖励后，剩余部分前两年给予全额奖励，后三年减半奖励。支持并协助航空公司向省政府申请新开航线及运营补贴。

12.3.2.4　航空地面服务类企业专项支持政策

支持航空地面服务类企业在舟山港综合保税区注册，入驻舟山港综合保税区的企业当年实缴的企业所得税、增值税的地方留成部分总额在 10 万元以上（含 10 万元）的，享受舟山港综合保税区优惠政策。对入驻舟山港综合保税区的航空地面服务类企业，根据企业实缴资本金规模，给予 5 万~20 万元的开办费补贴。

12.3.2.5　航空产业重大研发项目专项支持政策

鼓励重大航空研发项目入驻，经认定为国家级技术研发中心的，给予 200 万元资金奖励；经认定为省级重点实验室、企业技术中心、研发中心的，给予 50 万元资金奖励。

支持航空科研技术成果转化和产业化，对重大项目择优给予贷款利息补助，补助总额累计不高于 500 万元。

按照企业年度实际地方财政贡献，五年内给予一定额度的财政奖励：经认定年营业收入超过 500 万元的，其缴纳的增值税、所得税地方留成部分，前三年给予全额奖励，后两年减半奖励。

12.3.2.6 航空产业融资租赁业扶持政策

建议准予航空产业园飞机租赁企业以绝对控股方式设立单机项目公司，准予属于同一母公司的单机项目公司实行住所集中登记，且与母公司住所相同，准予飞机租赁企业设立飞机专业子公司，飞机专业子公司可持续经营多个飞机项目。

对注册在舟山港综合保税区的各类融资租赁公司，自开业年度起，前两年按其缴纳的增值税对地方财力贡献的 100% 标准给予补助，后三年按 50% 标准给予补助；自获利年度起，前两年按其缴纳企业所得税地方财力贡献的 100% 标准给予补助，后三年按 50% 标准给予补助。

航空产业融资租赁公司租用舟山港综合保税区管委会提供的办公用房，每年按房屋租金的 100% 给予补贴，连续补贴三年，租房补贴面积不超过 1000 平方米（SPV 公司补贴面积不超过 300 平方米），超过标准部分企业自行承担。如各类融资租赁公司在舟山新购建自用办公用房，按每平方米 1000 元的标准给予一次性补助，单户最高补助不超过 100 万元（其缴纳的契税、城镇土地使用税和房产税给予全额补助）。享受奖励的融资租赁机构应在相关协议中明确承诺办公用房投入使用后 5 年内不改变房屋用途、转让或转租，如因特殊原因必须改变房屋用途、转让或转租，需向管委会报备，已发放的补助应予返还。

建议尽快落实关于购机环节免征购销合同印花税和一般贸易项下进口飞机税收优惠政策。建议可通过提供企业运营资金、即征即退、补贴、单独优惠税率的方式，设法降低注册在航空产业园内的融资租赁公司税负。建议项目公司开展业务前可每季度进行一次纳税申报，境外融资租赁业务出口免税按项目报批，同时保障飞机租赁企业发票需求。

积极争取延长飞机融资租赁产业增值税省级留成增量部分返还的政策期间；争取经营性租赁业务收取外币租金试点，允许租赁企业在开展经营性飞机租赁业务时，可以直接以外币形式收取租金，有效规避汇率风险，降低企业财务成本和管理成本，提高公司运营效率；争取省人民银行（省外汇管理局）支持飞机租赁企业在符合外债管理规定下开展跨境融资，提高租赁企业投融资便利化水平；支持符合条件的飞机租赁 SPV 公司以个案形式申报共享其母公司外债额度。

表 12-10　国内航空产业园区总部企业引进政策

政策	天津	西安	成都
开办补贴	根据新引进总部企业的实收资本，给予一次性运营扶持补助。其中，实收资本20亿元（含）以上的，补助金额不超过5000万元；实收资本20亿元以下、10亿元（含）以上的，补助金额不超过4000万元；实收资本10亿元以下、5亿元（含）以上的，补助金额不超过3000万元；实收资本5亿元以下、1亿元（含）以上的，补助金额不超过2000万元。补助资金分3年支付，第一年支付40%，第二年、第三年分别支付30%	在航天基地新注册设立且经认定的跨国公司总部企业，按照注册完成后实收资本的1%进行补贴。补助资金自认定后下一年度起分5年执行。单户累计补助金额最高不超过1000万元。由区外迁入且经认定的跨国公司总部企业和国内大企业总部、跨国公司总部企业，一次性奖励200万元；由区外迁入且经认定的成长型总部企业，一次性奖励100万元	新引进企业总部，在本市实缴注册资本在10亿元及以上或经认定为亚太大区及以上区域的企业总部，奖励3000万元；注册资本5亿~10亿元（含5亿元）或经认定为大中华区总部的企业总部，奖励2000万元；注册资本1亿~5亿元（含1亿元）或经认定为产业带动和综合部的企业总部，奖励1000万元。对全市产业服务业发展领导小组个案审定可给予特别奖励，奖励金额最高不超过500万元。以上开办奖励资金为企业总部自认定为企业总部年度起，分3年按40%、30%、30%的比例兑现。对一次性增资达到规定档次的企业总部，可按相应标准补足差额奖励
办公用房补贴	对新引进总部企业在滨海新区购买的自用办公用房按1000元/平方米的标准给予用房公用房资金补助，最高1000万元的资金补助；租赁的自用办公用房，五年内给予50%的租金补助，每年最高不超过200万元；对有特殊需求的重点总部企业，提供用地并按企业实际需求购买	总部企业在航天基地租赁自用办公用房的，按照实际租赁面积和配套用房（不包括附属设施和配套用房），自认定之日起连续两年予以房租补贴，每平方米每月给予补贴标准最高不超过50元，最高补贴面积不超过1000平方米。总部企业在航天基地购买	办公用房补贴。对经认定的企业总部购置和租赁办公用房（不含配套用房和附属设施），在认定后三年内按每平方米每月8元人民币给予补贴，每个企业享受补贴的面积最高不超过2000平方米。享受补贴的用房不得对外租售或改变用途

续表 12-10

政策	天津	西安	成都
	需求代为定制办公、生产用房	自用办公用房的，按其在航天基地缴纳的房产税50%连续三年予以补贴。总部企业在航天基地东长安街总部经济区购买办公用房的，可按1000元/平方米予以购房补贴，最高补贴额100万元	
效益贡献奖（上缴财政返还）	对新引进总部企业，按照年度对滨海新区经济发展的实际贡献，五年内给予一定额度的资金奖励。经认定年纳税额超过1000万元的企业，视企业对地方财政的贡献，前两年给予全额补助，后三年减半补助	对于跨国公司总部企业和国内大企业总部企业，自认定年份起，连续五年，按照年度纳税总额成航天基地财力贡献的60%予以奖励；对于成长型总部企业，自认定年份起，连续五年，按照年度纳税总额成航天基地财力贡献的50%予以奖励	规模经济奖。引进企业总部和本土总部企业纳人本市统计核算的产值规模（营业收入）超过10亿元、20亿元等台阶的，可按本市现有各产业大企业大集团相关扶持政策的有关规定给予奖励效益贡献奖。企业总部年缴税,总额成都市留成部分较以前最高年度增量部分，按50%给予企业奖励。总部企业按增量10%的金额（税前）奖励企业主要负责人和管理团队

表12-11　国内航空产业园融资租赁业扶持政策

政策	天津	西安	上海
开办补贴	对经国家有关部门批准、在本市新设立的金融租赁公司和融资租赁公司法人机构，给予一次性资金补助。其中，注册资本10亿元（含本数，人民币，下同）以上的，补助2000万元；注册资本10亿元以下、5亿元以上的，补助1500万元；注册资本5亿元以下、1亿元以上的，补助1000万元。补助资金分三年支付，第一年支付40%，第二年、第三年分别支付30%	对新注册（或迁入）的融资租赁机构，给予落户奖励，落户奖励资金按企业实收资本的5%且最高不超过100万元的标准，按照5：3：2的比例分三年兑现	对新引进的融资租赁企业，给予一次性落户补贴，对融资租赁企业增资，给予一定补贴
办公用房补贴	在本市新设立的金融租赁公司和融资租赁公司法人机构，在本市规划的金融区内新购建的自用办公用房，按每平方米1000元给予一次性补助，最高补助金额不超过1000万元。租赁的自用办公用房	对融资租赁机构在航天天地内购买、租用办公用房给予用房补贴：(1) 融资租赁机构购置自用办公用房的，购房补贴按每平方米900元最高不超过50万元的标准一次性补贴，购房补贴按照5：3：2的比例分三年兑现 (2) 融资租赁机构租赁自用办公用房的，给予三年	对在浦东新区购买自用办公用房的，给予购房补贴

续表12-11

政策	天津	西安	上海
	三年内每年按房屋租金的30%给予补贴，连续补贴三年。若实际租价高于房屋租金市场指导价的，则按市场指导价计算租房补贴	租房补贴，租房补贴按每平方米每月不超过20元且每年最高不超过10万元的标准兑现。享受补贴期间的办公用房不得对外转卖、转租或分租	
效益贡献奖	对经国家有关部门批准，在本市新设立的金融租赁公司和融资租赁公司法人机构，自开业年度起，前两年按其缴纳税企业所得税地方分享部分的100%标准给予补助，后三年按其缴纳营业税的50%标准给予补助；自获利年度起，前两年按其缴纳企业所得税地方分享部分的100%标准给予补助，后三年按其缴纳企业所得税地方分享部分的50%标准给予补助	融资租赁机构对航天基地内从人区企业开展融资租赁业务的，给予区内展业专项奖励。年度新增净放款额达到1亿元的，奖励金额不超过2‰；年度新增净放款额达到3亿元的，奖励金额不超过5‰；年度新增净放款达到5亿元的，奖励金额不超过1%。融资租赁机构其年缴纳的增值税（营业税）、企业所得税地方分享部分合计达到200万元的，给予三年财源贡献奖励，奖励金额第一年不超过其对航天基地的财力贡献额的90%，第三年不超过其对航天基地的财力贡献额的80%。对创新开发设计出业界公认的新业务模式的融资租赁机构给予新业务创新奖励，单个机构最高不超过20万元	对新引进融资租赁企业，按其对新区的贡献程度，给予一定补贴。对增资一定规模的融资租赁企业，按其对新区的新增贡献程度，适当加大补贴。鼓励融资租赁企业为新区内企业提供融资租赁服务，特别鼓励其开展船舶、飞机租赁等航运租赁业务，按其业务量给予一定补贴

表 12-12　国内航空产业园重大制造项目扶持政策

政策	天津	西安	成都
办公用房补贴	办公用房租金补贴 对年纳税达 300 万元（含）至 500 万元的企业，对企业租赁的区内办公用房给予五年 50%租金补贴； 对年纳税达 500 万元（含）至 1000 万元的企业，对企业租赁的区内办公用房给予五年 50%租金补贴； 对年纳税达 1000 万元（含）以上的企业，对企业租赁的区内办公用房给予五年 50%租金补贴； 租金补贴标准最高不超过 20 元/（平方米·天），补贴方式为先交后补	—	—
运营补贴	—	世界五百强及国内龙头维修类企业开展补贴区域空白维修业务的（如发动机、起落架维修等），给予其生产必须的设备、工具、原材料进口补贴和生产经营补贴	—

续表 12-12

政策	天津	西安	成都
效益贡献奖	对于年纳税达到 300 万元（含）以上的企业，参照以下注册类企业规范性对照表给予扶持，扶持税种包括企业所得税、增值税 注册类企业规范性政策对照表 详见下表	按照企业年度对空港新城经济发展的实际贡献，五年内给予一定额度的资金奖励：经认定年收入超过 500 万元的，视作对地方财政的贡献，前两年给予全额补助，后三年减半补助。第三条企业取得中国民航局颁发的维修许可证后，给予 10 万元奖励，取得 FAA 或 EASA 颁发的维修许可证后，给予 20 万元奖励	航空航天产业企业对企业、科研机构承担的国家大型飞机专项、科研机构承担的国家航空发动机专项的；给予一次性奖励。对列入成都市航空产业首个 每个项目给予 500 万元一次性奖励； 每个项目给予 400 万元一次性奖励。对列入航空产业首个 （套）目录，研制航空领域重要产品，以及提供加工服务的，按照首个年度销售金额的 2% 标准 给予奖励，单个型号产品（服务）奖励金额最高不超过 500 万元。每个项目给予 1000 万元一次性补助。对企业、科研机构承担的国家大型飞机专项、承担国家燃气轮机专项的，每个项目给予 500 万元一次性补助。对列入成都市航空产业首个（套）目录、研制航空与燃机产品，以及提供加工服务的，按照首个 年度销售金额的 5% 给予奖励，单个型号产品 年度销售金额 5% 给予奖励，单个型号产品（服务）合同金额最高不超过 1000 万元。对研制无人机，公务机 奖励金额最高不超过 1000 万元。对研制无人机、直升机、公务机 等整机产品并实现首次销售的，按照销售合同金额的 10% 给予奖励， 单个型号产品奖励金额最高不超过 1000 万元

年纳税额	扶持比例（地方留成部分）	补贴年限（年）
300 万（含）至 500 万	50%	5
500 万（含）至 800 万	30%	5
800 万（含）至 1000 万	25%	5
1000 万（含）至 3000 万	20%	5
3000 万（含）至 5000 万	15%	5
5000 万（含）以上	10%	5

表 12-13　国内航空产业园人才扶持政策

政策		天　津	西　安	成　都
"高精尖"人才引进扶持		实施顶尖人才引进计划。经评审认定的海内外高层次人才"团队+项目",给予最高 1 亿元项目经费资助。对引进的诺贝尔奖获得者、国家两院院士、发达国家院士和在世界一流大学、科研机构、世界 500 强企业担任过相当于终身教授、首席技术官等职务的著名专家,给予最高 1200 万元工作经费和生活补贴。 实施领军人才引进计划。对经新区推荐认定的人选国家、天津市、新区人才工程（计划）的引进人才,给予最高 300 万元经费资助。对已入选国家、省部级人才工程（计划）领军人才项目或担任创新平台学术技术带头人、重大科研项目主要负责人的引进人才,给予 20 万元至 60 万元的经费资助。 对纳入新区杰出科技人才培养计划的,在两年培养期内给予每人 40 万元科研经费支持和每月 3000 元生活补贴；设立新区青年英才培育专项资金,由新区和用人单位联合培养具有创新能力和发展潜力的 40 岁以下青年人才,给予每人 20 万元的工作经费和生活补贴	凡入选国家"千人计划"和国家"百千万人才工程国家级人选计划"的人才,全职在企业工作或创业者通过评审,给予 100 万元奖励,其中在高新区企业工作的人才,其中 70 万元用于人才事业发展配套资助,30 万元用于人才安家费补助和生活补贴。凡入选各省级人才计划,全职在高新区企业工作或创业者,通过评审,给予 50 万元奖励,其中 30 万元用于人才事业发展配套资助,20 万元年安家费和生活补贴	对市域实体经济和新经济领域年收入 50 万元以上的人才,按其贡献给予不超过其年度个人收入 5% 的奖励。对全市重点产业、战略性新兴产业企业新引进的急需紧缺专业技术人才,三年内给予每人最高每月 3000 元的安家补贴
高级技能人才		制定在职劳动者提升职业技能等级资助办法,对取得技师、高级技师职业资格的人才,分别给予每人 2000 元、3000 元奖励。 对由保税区推荐的获得国家、省部级技能人才奖项的高技能人才,给予最高 20 万元的奖励	—	建立人才技能等级、专业技术职称提升奖励制度,给予每人最高 6000 元补贴

续表12-13

政策	天　津	西　安	成　都
住房、入学	大力吸引储备人才。对企业新引进落户新区的全日制大学本科以上学历的人员和归国留学人员，连续三年发放租房和生活补贴，其中，大学本科生每人每年1.2万元，硕士研究生每人每年2.43万元，博士研究生每人每年3.6万元	住房。引进人才单独来西安工作的，用人单位要为其租用80平方米左右的住房或提供相应的租房补贴；引进人才及其配偶子女一同来西安工作的，用人单位要为其租用120平方米左右的住房或提供相应的租房补贴。薪酬。引进人才的薪酬采取协议薪酬制，报酬和待遇应与其能力、贡献挂钩，并随其贡献大小调整，薪酬水平由用人单位参照引进人才回国前的收入水平协商确定，同时一并考虑和解决应为其支付的住房（租房）补贴、子女教育补贴、配偶生活补贴等。配偶安置。引进人才的配偶一同来西安并愿意就业的，由有关牵头单位及用人单位协调，予以妥善安排。子女入学。引进人才的子女可选择市内公办中小学校或国际学校就读，由市教育局协调，优先办理其入、转学手续。引进人才子女参加各类招生入学考试的，依照招生考试管理政策，在同等条件下优先录取	对毕业五年内在蓉创业的大学生，给予最高50万元，最长三年贷款期限和全额贴息支持
个税奖励	—	市财政将给予引进人才的一次性资助，视同政府奖金，免征个人所得税。五年内，工资收入中的住房补贴、伙食补贴、探亲费、子女教育费费等，按照国家税收有关法律规定，予以税前扣除。进境少量科研、教学用品免征进口税收	年工作收入为50万~100万元，凭借个税完税凭证，可获得政府60%的个税奖励；年薪超过100万元（包括100万元），实行全额个税奖励

附　　录

附录1　舟山普陀山机场成长史

1988年3月，经国务院、中央军委批准，舟山市政府决定在朱家尖岛曙光农场新建地方民航机场，并命名为"舟山朱家尖机场"。

1995年1月，机场开工建设。

1997年3月底，全部竣工，总投资约3.8亿元。

1997年7月28日，机场举行首航典礼。

1997年8月8日，正式通航，首批开通了舟山至上海、厦门两条航线。

1998年4月，"舟山朱家尖机场"正式更名为"舟山普陀山机场"。

1998年7月，机场飞行区等级从3C升为4C。

1999年12月，机场飞行区等级从4C升为4D。

2004年，起降飞机5762架次、旅客吞吐量380538人次、货邮吞吐量1279.7吨，旅客吞吐量在全国147家机场中名列第51位。

2012年11月，中国民用航空局华东管理局批复《舟山普陀山机场总体规划》。根据规划，舟山普陀山机场近远期飞行区指标为4D，适合波音767、空客300等大型飞机起降。

2014年12月2日，普陀山机场年客流突破50万人次，迈入民航中型机场行列。

2017年12月25日，普陀山机场年旅客吞吐量突破100万人次。

附录 2　浙江省航空产业 "十三五" 发展规划

　　航空产业技术、人才、资本集聚化程度高，带动效应明显，是经济社会发展、科学技术创新的重要推动力量。加快发展航空产业，对我省集聚高端资源要素，增强产业核心竞争力，促进经济转型具有重要意义。为使我省航空产业健康快速发展，走在全国前列，特制定本规划。本规划航空产业包括航空制造业和航空服务业（不含公共运输机场运营服务）。

一、产业基础与发展环境

（一）产业基础

　　当前，我省各级政府大力扶持航空产业发展，民营企业热情高涨，初步谋划形成以机场网络布局为基础、整机制造为突破口、临空经济示范区和航空特色小镇创建为抓手的产业格局，加快发展航空产业的氛围日益浓厚、条件日趋成熟。

　　航空制造业蓄势待发。目前，全省从事航空制造相关企业近 30 家，形成一定规模的达 18 家，涉及特种飞行器、航空零部件、航空材料、航空内饰等领域，产值约 20 亿元。航空制造项目加快谋划，我省已与波音公司、中国商飞、中航工业集团、中国航天科工集团、中国航天科技集团等签订了战略合作协议，成功引进波音 737 飞机完工和交付中心、台州无人机等重大项目。万丰航空、精功集团分别完成钻石飞机工业公司、美国第一飞机公司的股权收购，加快进入航空制造领域。

　　航空服务业快速发展。2015 年，我省运输机场民航旅客、货邮吞吐量和起降架次分别达到 4521 万人次、59 万吨和 38 万架次，三项指标综合排名居全国第五。航空快递物流、通航运营服务逐渐成为我省航空服务业亮点，航空旅游、航空体育、航空会展、航空培训等新业态加快培育。全省已注册和在筹航空公司 10 余家，拥有联邦、顺丰、圆通等航空货运公司，长龙航空、宁波东海通航、东华航空等本土航空公司，万丰、精功等公务机运营公司。

　　航空产业平台加快谋划。杭州、宁波正在依托杭州萧山国际机场和宁波栎社国际机场积极创建国家级临空经济示范区。杭州大江东产业集聚区、宁波杭州湾集聚区等区域正在加快集聚航空制造项目，推进航空航天特色产业园建设。各地围绕通航机场和航空产业项目布局，正在推进一批航空特色小镇建设，建德航空小镇和平湖九龙山航空运动小镇已列为省级特色小镇创建名单。目前，在建和规划建设的航空特色小镇和航空产业园近 20 个。

航空改革试点积极推进。我省是全国通用航空综合试点和低空空域管理改革试点省，正在积极争取和大力推进各类航空领域改革试点，宁波、绍兴入选国家首批通用航空产业综合示范区，新昌县天姥山旅游区、千岛湖旅游区列入国家通用航空旅游示范工程创建，宁波奉化阳光海湾航空飞行营地、建德市寿昌镇航空飞行营地列入国家航空飞行营地示范工程创建。

专栏 1：我省航空产业相关规划出台情况

> **省级**：《浙江省通用机场发展规划》；
>
> **杭州**：《杭州空港经济圈发展总体规划》、《杭州临空经济示范区总体方案》；
>
> **温州**：《温州市通用航空产业发展规划（2014~2030 年）》、《温州市通用航空产业发展三年行动计划（2014~2016 年）》、《温州市航空应急救援综合体系规划（修编）》；
>
> **湖州**：《湖州市通用航空产业发展规划》；
>
> **绍兴**：《绍兴市通用航空产业发展总体方案》；
>
> **台州**：《台州通用航空产业集聚示范区建设规划》、《浙江省国际无人机小镇规划》；
>
> **舟山**：《舟山航空产业园概念规划》、《舟山航空产业园控制性详细规划》。

（二）制约不足

一是航空产业规模总体偏小，缺少带动作用强的航空产业基地和企业，产业辐射带动能力亟待提升；二是缺乏主机集成企业，核心部件制造、维修保障、航空运营、研发设计等上下游环节较缺乏，产业链体系尚待构建；三是支撑航空产业发展的研发设计、管理培训、运营服务等高层次人才缺乏，难以满足产业快速发展的需要；四是我省航空产业发展仍然缺乏省级层面统筹规划和政策扶持。

(三) 发展环境

"十二五"以来，国家加快支持航空产业发展，利好政策密集出台，先后发布了《民用航空工业中长期发展规划（2013~2020 年）》、《国务院关于促进民航业发展的若干意见》（国发〔2012〕24 号）、《关于促进通用航空业发展的指导意见》（国办发〔2016〕38 号）等规划和政策文件，航空产业发展前景十分广阔。当前，全国各省、市航空产业发展持续升温，上海、天津已布局大型飞机制造，江苏、山东等地抢先建设通用航空项目。我省航空产业发展机遇主要体现在以下方面：

一是全球航空制造龙头企业加快布局。波音、空客等国际航空企业加速生产基地的全球布局，中国商飞等企业加快推进国产大飞机项目实施，我省有条件优先承接国际航空产业转移和上海航空产业发展的外溢。

二是我国航空管理政策正在调整。我国正在积极推广低空空域管理改革试点，推进简化通用航空飞行任务审批，加快简化进口航空器购置审批（备案）手续，鼓励通用航空企业创业和多元化发展。

三是军民融合已上升为国家战略。目前，军工央企、科研院所加快向具有经济和市场活力的区域布局，我省民营企业参军合作、承接军用技术转化的意愿日益强烈，民用航空航天装备已列为"十三五"期间我省军民融合产业发展的重点方向。

四是长三角区域消费市场逐渐成熟。长三角区域经济基础较好，人民生活水平逐年提高，省内无人机应用、航空旅游与体育运动的需求逐年提升，航空俱乐部相继成立，航空产业市场培育的条件加快成熟。

二、总体要求

(一) 发展思路

坚持以"创新、协调、绿色、开放、共享"五大发展理念为引领，坚持世界眼光、国际标准，结合需求实际和改革试点，发挥本土优势，以构建航空全产业链为出发点，以市场培育为着力点，重点实施"12105"战略，大力推进航空整机制造、航空关联制造、航空服务业融合发展，加快临空经济示范区、航空产业园、航空特色小镇建设，努力把我省打造成全国领先的航空制造高地，争创全国通用航空业发展示范省，使我省航空产业发展走在全国前列。

专栏 2：浙江省航空产业发展"12105"战略

"1"是打造一个以大飞机为核心的舟山航空产业园。依托波音 737 飞机完工和交付中心项目在舟山落户，谋划、引进、落地一批航空产业高端制造项目，通过整合资源，夯实基础，力争将舟山打造成全国领先的航空高端研发制造基地。

"2"是争创杭州、宁波两个国家级临空经济示范区。依托杭州萧山国际机场、宁波栎社国际机场两大运输机场，通过产业集聚、功能提升、设施共建等，创建成为国家级临空经济示范区。

"10"是培育 10 个左右航空特色小镇。围绕航空先进制造、航空运营服务、通航旅游休闲、飞行运动体验等领域，促进产业、文化、旅游融合发展，重点建设 10 个左右航空特色小镇。

"5"是实施 500 亿元航空投资项目。航空制造和航空服务并举，重点聚焦航空产业关键环节，加大国际国内合作，强化招商引资，推进落实和超前谋划一批航空重大项目，力争实现 500 亿元项目投资。

（二）发展原则

坚持统筹发展，主动谋划。积极融入全国航空产业总体布局，结合浙江航空产业基础与条件，统筹考虑全省空域资源、综合交通等因素，突出优势和特色，积极谋划一批具有战略性、引领性和示范性的航空产业重大项目。

坚持重点突破，全面推进。加强航空产业规划，以积极培育市场、做强航空制造、健全产业体系、加强人才建设为重点，全面推进航空整机与零部件、航空制造与运营、服务协调发展。

坚持政府引导，企业主体。发挥政府统筹谋划、协调、引导和政策支持作用，为航空产业健康持续发展营造良好政策环境。充分发挥民营企业的主体作用，鼓励企业根据市场需求不断创新，促进航空产业市场持续壮大。

坚持军民融合，开放发展。积极开展多种形式的国际国内合作，深度推进军民融合，促进"军转民"和"民参军"，引导多种形式资本到浙江发展航空产业，鼓励浙江企业开展航空产业跨国并购，推动航空产业跨越发展。

（三）发展目标

到 2020 年，初步形成航空制造与航空服务相联动的产业格局，形成年交付大飞机 100 架，年产通用飞机 500 架、大中型无人机 1000 架以上的能力，实现航空制造业产值达到 1000 亿元，通航运营服务业营业收入突破 100 亿元，建设 10 个左右航空特色小镇，培育形成 2~3 家具有核心竞争力的龙头企业。

到 2025 年，全省实现航空制造业产值 3000 亿元，通航运营服务业营业收入突破 500 亿元，打造成全国领先的航空制造高地、全国通用航空业发展示范省。

三、产业布局

围绕临空经济示范区、产业集聚区（开发区）、特色小镇等重点区域，以舟山航空产业园为核心，以杭州、宁波、温州、绍兴为重点，以十大航空特色小镇为平台，打造航空运营网络，构建"一核四区十镇一网"的航空产业总体布局。

——一核，舟山航空产业园。依托波音 737 飞机完工和交付中心项目，争取中国商飞国产大飞机试飞中心和公务机项目落户，开展飞机集成、总装、完工、交付、试飞等，实现整体制造系列化发展，重点开展大型干线飞机、固定翼通用飞机、直升机、水上飞机、客改货等，集聚一批为波音配套的航空装备及零部件制造企业，力争将舟山打造成全国领先的航空高端研发制造基地。加快建设浙江（舟山）自由贸易试验区和舟山综合保税区空港分区，积极推进航空金融、零配件保税物流等航空服务业发展。

——四区，杭州、宁波、温州、绍兴航空产业集聚区。杭州以杭州临空经济示范区、大江东产业集聚区为载体，宁波以栎社国际机场、宁波杭州湾产业集聚区、宁波梅山国际物流产业集聚区等为载体，温州以温州龙湾国际机场、温州空港新区等为载体，绍兴以新昌万丰机场、诸暨通用航空产业基地等为载体，主攻通用飞机整机、航空零部件、航空电子、航空新材料等先进制造业，加快发展通航运营和旅游、航空物流、航空商务等航空服务业。

——十镇，十个左右航空特色小镇。抓住全省创建特色小镇机遇，依托通用机场与军民融合重大项目建设，围绕航空先进制造、航空运营服务、通航旅游休闲、飞行运动体验等领域，重点建设建德航空小镇、平湖九龙山航空运动小镇、萧山空港小镇、德清通航智造小镇、安吉通航小镇、台州无人机航空小镇、新昌万丰航空小镇、横店航空小镇、宁海滨海航空小镇、绍兴滨海航空小镇等十个左右航空特色小镇。

专栏 3：我省重点建设的航空特色小镇

建德航空小镇。规划面积 3.57 平方公里，依托建德千岛湖通用机场，以航空服务、航空制造和航空休闲旅游三大区块作为主要功能平台，完善通航培训、飞行体验、空中观光旅游服务、航空飞行服务、航空停保服务、通航飞行器及无人机的研发和组装、温泉养生等功能，积极推进机场扩建及配套项目、航空主题乐园、航空培训中心等项目建设。计划投资 52.8 亿元。

平湖九龙山航空运动小镇。规划面积 3.6 平方公里，依托海航集团和平湖九龙山通用机场，突出运动养生特色，发展直升机、模型机、无人机等特色项目，开展空中旅游、航拍等航空体验运动服务，推进九龙山航空运动基地等项目建设。计划投资 57.8 亿元。

萧山空港小镇。规划面积 3.2 平方公里，依托杭州空港新城管委会和杭州萧山国际机场，重点发展航空总部、空港物流和跨境电子商务等，推进圆通货运航空总部、精功公务机杭州基地、万丰奥特公务机基地、京东全球购、顺丰海淘等项目建设，计划投资 58 亿元。

德清通航智造小镇。规划面积 3.5 平方公里，依托德清通用机场（拟建），重点发展航空科技研发、制造组装、销售机管、飞行运营、休闲旅游等，推进格莱斯艾尔（Glasair）飞机中国生产基地、中航通飞浙江分院及航电设计生产基地等项目建设。计划投资 61.1 亿元。

安吉通航小镇。规划面积 3 平方公里，依托天子湖通用机场（拟建），重点发展机场飞行、航空工业制造、飞机展售、青少年航空科普中心，推进俄罗斯直升机和航空医疗基地项目、山河智能通航制造以及翔赛、寰翼、睿之佳等多个项目。计划投资 100 亿元。

台州无人机航空小镇。规划面积 3.9 平方公里，以"高端制造+技术研发"为核心，发展国际航展、航空主题公园、航空教育科普的特色文化旅游目的地，推进台州无人机生产基地等项目建设。计划投资 64 亿元。

新昌万丰航空小镇。规划面积 3.1 平方公里，依托万丰航空和万丰通用机场（拟建），重点发展轻型通用飞机制造、通航飞行服务、教育培训等，实施通用飞机制造项目、航空核心零部件智能制造、万丰航空研究院等项目。计划投资 100 亿元。

横店航空小镇。规划面积 3 平方公里，依托横店集团、浙江东华通用航空有限公司和东阳横店通用机场（已建），重点发展航空旅游与短途运输、通航制造、航材销售与维修、航空培训等，创建横店通用航空产业综合示范区，推进横店机场升级、空中游览、航空飞行营地等项目。计划投资 75 亿元。

宁海滨海航空小镇。规划面积 3.54 平方公里，依托宁海通用机场（拟建），以通航飞行运营服务和航空主题旅游为双核驱动，以休闲运动、科普博览、应急救援为特色，推动通用航空机场区块、通用航空机场运营保障区块、民航科普教育基地等项目建设。计划投资 58 亿元。

绍兴滨海航空小镇。规划面积 1.73 平方公里，依托通用机场（拟建），与中国民航大学合作办校，建设通航运营基地和通航 FBO 基地、华东地区通航油料储运中心、滨海新城商务总部区，完善机场通信、导航、供油、照明等配套设施。计划投资 50 亿元。

同时，支持余杭、淳安、余姚、象山、文成、泰顺、永嘉、嘉善、海宁、武义等地结合项目引进和自身条件，建设各类航空特色小镇。

—— 一网，航空运营与服务网络。依托全省民用机场扩建和各类通用机场新建、迁建等，推动全省航空运输及通航运营网络化发展，为航空出行、农业生产、旅游资源开发、航空教育培训、海上交通及救助、医疗卫生、岛际交通、公安巡逻、应急救援等提供服务支撑。

四、重点领域

突出招大引强，挖掘本土优势，着力构建航空整机与零部件制造相协调，公共运输航空与通用航空发展相互补，航空设计、研发、制造、服务等于一体，具有较强竞争力的航空产业体系。

（一）重点突破航空整机制造

以大型干线飞机制造为核心，加快发展通用飞机和先进无人飞行器，整合资源、集中力量，开发系列化产品，尽快形成规模化、产业化能力，满足国内日益增长的航空市场需求。

大型飞机。以波音集团、空中客车、中国商飞及国外大型干线飞机制造企业为主要招商对象，重点发展大型干线、支线飞机总装、喷漆、测装、试飞交付等领域。推进波音 737 飞机完工和交付中心项目布局，推进 737 飞机机上娱乐系统、座椅等内饰安装，形成大飞机产业化能力。

通用飞机。依托万丰航空、幸福航空、浙江瀚星等企业，以活塞、涡轮发动机飞机为重点，加快发展 2 座轻型运动飞机、4~8 座载人飞机、小型公务机、水陆两栖飞机、新能源飞机、民用直升机等制造，积极开展公务机转包生产和国际合作。重点推进万丰航空通用飞机制造、精功集团通用飞机、格莱斯艾尔（Glasair）飞机中国生产基地、山河科技 SA160 五座飞机制造等项目建设。

无人机。通过军民融合，加快引进、培育无人机研发制造企业，积极开展系统设计、制造、测试、取证、集成开发等关键技术攻关，重点研制大中型无人机、智能无人机和高端航模等系列产品。支持无人机试飞基地建设，提供试验鉴定、飞行器测试、航空体育竞技、无人机应用服务等专业化服务。加快实施台州无人机生产基地、杭州牧星科技无人机等项目。

专栏 4：当前我省航空制造企业及机型一览

波音公司：波音 737 大型飞机；

万丰航空工业有限公司：AL-100 轻型运动通用飞机；钻石系列飞机（DA20、DA40、DA42、DA62 等型号飞机）；

精功集团：日食 550 双引擎、K-350 新型单发涡轮螺旋桨飞机、GA8 单发 8 座飞机；

山河智能装备股份有限公司：SA160 五座飞机；

四川海特高新技术股份有限公司：通航飞行器 K226T；

> 浙江瀚星通用航空有限公司：美国格莱斯艾尔（Glasair）两款固定翼飞机；
>
> 杭州牧星科技："沙锥"系列亚音速靶机，"蚊子"无人直升机，多旋翼无人机系列。

（二）强化发展航空关联制造

依托浙江装备制造、基础材料、地理信息产业优势，加快航空关键零部件、航空新材料、航空关联电子等特色优势领域提升发展，夯实我省航空产业发展基础。

航空零部件。依托西子航空、日发集团、精功集团、天扬机械等优势企业，推动国产大飞机 C919、ARJ 国产支线飞机高效数控零部件研发制造；积极发展冷凝空分设备、负压温差聚变防腐设备、航空发动机压气机、直升机停机坪等装备；配套发展中央翼盒、内饰件、轮胎、航空线缆等部件；积极培育中小型航空发动机。重点推进西子航空飞机零部件、宁波星箭航天配套国产飞机发动机软管研发、日发集团航空零部件及航空专用设备建设、万丰航空核心零部件智能制造等项目。

航空新材料。依托精功集团、久立特材、宁波威特、巨化集团等优势企业，结合我省航空整机制造需求，重点发展高性能碳纤维、玻璃纤维、先进树脂基复合材料、高性能陶瓷基复合材料、功能涂层材料、无机铝硅酸盐航空透明件材料等高性能复合材料，钛合金、铝锂合金、镁锂合金、镁铝合金等合金材料，以及氟特种功能材料、航空用发泡材料。重点推动浙江百合航太复合材料、西子航空复合材料、宁波博威合金新型复合强化弹性铜合金精密带材、雅港（嘉兴）复合材料有限公司航空复合材料等项目建设。

航空电子。依托我省信息经济和地理信息产业基础，积极发展涉空电子信息产品，突破高集成度机载通信导航监视技术、通用航空飞行状态数据采集与处理技术、航空遥感技术等，大力发展地空和机间通信产品、4G 导航设备、遥控遥测系统、影音娱乐、电子器件、微型传感器、惯性器件等航空电子产品。鼓励发展综合指挥调度、大范围防雷系统等机场电子设备系统。

（三）做大做强航空服务

围绕全省机场大布局、大发展机遇，加快发展航空商务、教育培训、航空维修、通航旅游与运营、航空运输物流等，推动航空服务业大发展。

航空教育。进一步做强浙江大学航空航天学院、浙江省交通职业技术学院，深化与中国民航大学、北京航空航天大学、南京航空航天大学、中国民航管理干部学院等专业院校合作，鼓励其在我省设立分校。引进航空专业培训机构、飞行培训教练、专业人才，开展商照培训业务，特种科目飞行培训、飞行员改装培训等。推进北航杭州分校区、西子航空工业学院、台州航天专业教育学院、温州通航飞行学院、诸暨飞行学院、万丰航空学院、精功航空学院、横店航空体育运动培训学校、丽水通用航空职业技术培训基地等建设。

航空旅游与运营服务。支持通用航空公司、俱乐部、协会等企业和团体发展。建设平湖九龙山、富阳永安山、淳安千岛湖、东阳横店影视城、新昌天姥山旅游区、奉化阳光海湾等航空旅游或运动基地，支持宁波奉化阳光海湾飞行营地、建德市寿昌镇航空飞行营地等国家航空飞行营地示范工程创建，扶持建设20个以上省级航空飞行营地。支持建德、安吉、新昌、东阳横店等地定期举办航空博览会、航空会展、航模大赛、无人机大赛等。支持精功、万丰、东华航空等公司开展低空旅游、公务和短途运输，推动通用航空在特殊领域应用，支持温州建设浙南航空应急救援基地。

航空商务与物流服务。加强与基地航空公司的合作，大力引进首航、厦航、东航等国内外航空公司总部或地区总部、运营中心、研发中心、数据中心、培训中心等，同步发展航空金融、临空商业等业态。鼓励杭州萧山机场积极发展跨境电商物流，促进宁波保税物流园区与宁波栎社机场联动发展，推动温州、舟山、嘉兴、义乌等地航空物流园区建设。

航空维修。围绕舟山波音等一批重大航空制造项目、临空经济示范区建设以及全省通航网点运营需求，加强在飞机客改货、客舱装配、维护维修等方面的合作。加快引进具有 CAAC、FAA、EASA 维修许可的航空维修企业，建成具有飞机大修、中修检修、特殊修理等能力的维修保障、发动机维修和客户快速支援的服务能力。重点推进精功公务机维修、台州无人机维修等项目落地，打造华东地区重要的公务机维修基地。

五、重大工程

围绕航空产业发展重点领域，着力推进企业孵化工程、重大项目工程、创新驱动工程、市场培育工程四大工程。

（一）企业孵化工程

强化省市合力，招引航空产业龙头企业，培育细分领域小巨人企业，加快集聚和孵化服务型中小企业。

引进航空产业龙头企业。制定航空产业龙头企业招引和扶持计划，积极对接引进波音、空客、庞巴迪等国际航空产业链主导企业，深化与中国商飞、中航工业、航天科工、航天科技等军工央企及其下属公司幸福控股、航天科技十一院等的合作，招引具有影响力的外商或者中外合资飞机整机、关键零部件生产企业入驻，争取在"十三五"末形成2~3家在产业链构建、产品辐射、技术示范方面具有核心引领和集聚效应的龙头企业。

培育一批小巨人企业。鼓励万丰集团、日发集团、精功集团、横店集团等有条件的省内传统领域龙头企业，以及西子航空、天扬机械、宁波星箭、天润航空、华荣航空等航空制造领军企业，发挥企业综合竞争优势，通过产业链延伸、跨界融合、合资并购、科技创新等多种方式，打造一批航空产业细分领域的小巨人企业。

集聚和孵化一批中小企业。鼓励社会资本参与航空产业链构建，依托航空产业园、特色小镇等平台，集聚和孵化一批通航公司、航空俱乐部、航空教育培训机构、航空销售维修、航空专业服务中介等运营服务主体，着力构建高水平专业化的航空产业配套协作体系。

（二）重大项目工程

加快推进落实和超前谋划一批航空产业重大项目，"十三五"期间，全省规划推进约50个左右航空产业重大项目，累计投资达500亿元。

推进落实一批重大项目。加快推进一批干线飞机、通用轻型飞机、无人机等整机制造和航空材料、航空零部件制造项目建设，重点推进舟山波音737飞机完工和交付中心、台州无人机生产基地、新昌万丰航空通用飞机制造、精功集团通用飞机、安吉山河SA160五座飞机制造、华荣航空无人机、金东区无人机、中航工业野马轻型飞机制造项目等整机制造项目，及西子航空、日发集团、精功集团等航空材料和零部件项目。加快推进舟山航空产业园、捷德直升机产业园、中加（衢州）通用航空产业园、嘉善通用航空港产业园、苍南龙港通航产业园等产业园（基地）项目建设。

谋划招引一批重大项目。建立省、市、县三级联动的航空产业项目招引、储备、跟踪和服务机制。开展面向全球的招商引资工作，积极寻求波音、空客、CFM 国际发动机等跨国公司的战略合作，吸引国际知名航空企业在我省设立总装基地、制造基地、运营总部、区域总部和事业总部等，吸引相关配套零部件制造企业落户浙江。加强与中国商飞、中航科工、中航工业、中电信息、中航发动机等军工集团、央企的战略合作，争取国家在布局航空重大基础设施、研究院所、关键技术产业化等领域重大项目时对我省予以倾斜。

（三）创新驱动工程

充分利用省内科技创新资源，强化与国内外优质科技资源的对接合作，着力构建以企业为主体的产业协同创新平台，加强航空产业领域创新人才的引进和培养，推进关键技术攻关和成果转化。

构建航空产业协同创新平台。全力支持浙大航空航天学院建设，紧密结合国家重大工程建设需求，力争在无人飞行器制造设计、燃气涡轮机械设计、数字化柔性装配技术等领域实现突破。支持浙大航空研究院和无人机研究中心、万丰航空研究院、德清中航通飞研究院浙江分院、建德市工业技术学校无人机院士工作站、建德国家通航数据中心、航空数据信息服务基地建设。加快建立优势互补、互利互惠的浙江省航空产业技术创新战略联盟、产业化平台，积极参与国内外先进技术和产品的开发。鼓励浙江大学、优势企业等积极参与无人机等行业标准制定。

强化航空领域创新人才招引和培育。加强浙江大学、温州大学、浙江省交通职业技术学院等高校航空领域学科建设，与中国航空学会、中国航空研究院等共建航空教育专业，全方位、多层次培养航空专业技术人才和管理人才。积极推进北航杭州分校区、西子航空工业学院、台州航天专业教育学院、温州通航飞行学院、诸暨飞行学院、万丰航空学院、精功航空学院、横店航空体育运动培训学校等院校建设。加大力度引进国内外航空领域中青年高级人才，以及制造、飞行、空管等高端和急需人才，着力解决医疗、子女教育等配套条件。

推进关键技术攻关和成果转化。积极开展政产学研用协同创新，形成技术攻关和成果转化共同体，围绕重点制造领域的关键环节和技术瓶颈，梳理一批关键核心技术项目加以重点攻关。加强航空领域基础学科研究，争取在航空基础科学技术领域取得一批原始创新成果。推进数字化研制生产方式，大力开发航空领域产品数字定义、数字仿真、模块化制造、数据管理等技术。加强前沿技术探索，围绕下一代飞机和新概念飞行器，开展先期技术探索。

（四）市场培育工程

加快培育通用航空消费市场，推进通用航空与旅游、体育的深度融合，强化政策、金融、宣传推广等方面支持，完善航空产业市场生态体系。

培育通用航空消费市场。将通用航空作为我省新的消费增长点，支持通用航空俱乐部、爱好者协会等社会团体发展，推进通用航空领域的体验式消费，释放市场潜力。加快通用航空与旅游、体育和短途运输的深度融合，支持省内有条件地区推广通用航空旅游示范工程、航空飞行营地等建设。积极争取国家级航空体育赛事落户浙江，支持开展国际无人飞行器创新大奖赛（安吉）、航空会展、航拍航摄赛事等活动。围绕全省"空中一小时交通圈"构建，加快发展通用航空飞行器购置、租赁、检修、加油、管理、飞行培训、飞行体验等服务。积极推广航空科普进校园、进企业等宣传活动，充分利用各类媒体、专项活动等平台，营造通用航空发展氛围。

完善市场发展生态体系。加大省内航空资源整合利用力度，深化军地对接、军民融合，积极开辟低空航线、制作区域低空目视航图，加快航空产业生态体系构建和市场运行效率提升。鼓励省内航空企业、科研机构、高等院校、行业协会等建立行业性、专业性科技信息网络和网上技术市场。加强通航运输、航空旅游、航空运动等消费服务对生产制造的带动作用，推进航空产业服务与制造的联动发展。

六、保障措施

（一）建立联席会议制度

建立浙江省航空产业发展联席会议制度，省发展改革委、省经信委、省教育厅、省科技厅、省财政厅、省人力社保厅、省国土资源厅、省交通运输厅、省体育局、省旅游局、省交通集团、浙江机场集团、民航浙江空管分局、民航浙江安全监管局等部门及浙江省通用航空产业协会（联盟）参加，负责全省航空产业发展规划与统筹工作、扶持政策制定出台、重大项目招商等，推进航空产业相关领域示范试点等工作。充分发挥浙江省通用航空产业协会

（联盟）作用，推进全省通用航空装备制造、信息产业、培训服务、能源、体育旅游等低空经济的资源整合、产业整合和集约创新。

（二）加强规划引导实施

充分发挥航空产业规划对全省航空产业发展的引领作用，鼓励各地市在充分衔接省级规划的基础上，根据实际情况编制区域航空产业相关规划、实施方案、工作计划，完善规划体系。抓好规划落实工作，推进规划目标任务分解，强化对规划实施情况的跟踪分析和督促检查。充分发挥各类智库、行业协会等在航空产业发展中的服务作用。

（三）加大资金支持力度

争取国家、省级相关产业投资基金支持，做大做强省级交通投融资平台下属租赁业务，吸引社会资本共同组建浙江省航空产业发展基金，重点支持航空产业重大项目推进、关键技术研发、公共服务平台建设、专业人才培养等。对列入省级特色小镇创建名单的航空特色小镇，给予新增财政收入上缴省财政部分前 3 年全额返还、后 2 年返还一半给当地财政。加大中央预算内投资、国家民航发展基金等资金争取力度。积极推广政府和社会资本合作（PPP）模式，推进航空产业项目的建设和运营。

（四）完善政策扶持保障

研究制定加快浙江省航空产业发展的政策措施，制定《加快通用航空业发展的实施意见》。加大政策支持力度，对航空产业按战略性新兴产业的相关政策给予支持，航空项目优先列入省重点项目和重大产业项目名单。加大航空产业项目的用地需求保障，对列入省重大产业项目库的航空产业重大项目按规定给予保障，对列入省级特色小镇创建名单的航空特色小镇，省里按实际使用指标的 50%给予配套奖励。

（五）提升政府服务效能

从省级层面加强与国家民航局等航空产业主管部门、军工央企的协调、合作。推进通用航空综合试点省、低空空域管理改革试点建设，简化通用航空飞行任务申请和审批程序，提高报告空域、监视空域范围。加强对型号合格证（TC）、生产许可证（PC）、单机适航证（AC）等航空证照、航空项目审批流程的宣传和指导。设立航空产业行政审批"绿色通道"，规范简化项目审批程序。强化航空产业统计数据采集和分析，争取将省内更多民用航空企业纳入统计序列。

参 考 文 献

（一）著作

[1] 本书编委会. 产业地产视域下的中国通用航空产业园规划研究 ［M］. 北京：中国建筑工业出版社，2017.

[2] 陈阳，等. 青岛航空产业中长期发展研究 ［M］. 北京：航空工业出版社，2016.

[3] 郝爱民，薛贺香. 航空经济区产业发展研究 ［M］. 北京：社会科学文献出版社，2017.

[4] 金真，王小丽，王永刚. 河南省航空物流产业发展研究报告 ［M］. 北京：经济管理出版社，2015.

[5] 李艳华，魏然. 航空产业：根植、集群、升级 ［M］. 北京：中国民航出版社，2014.

[6] 卢福财. 产业经济学 ［M］. 上海：复旦大学出版社，2013.

[7] 吕人力，于一. 中国通用航空产业研究报告 （2012—2013） ［M］. 北京：中国民航出版社，2013.

[8] 毛蔚瀛. 通航产业与航空小镇 ［M］. 上海：上海人民出版社，2017.

[9] 中国城市临空经济研究中心. 经济新常态下的中国通用航空产业发展研究 ［M］. 北京：中国民航出版社，2015.

[10] 史东辉. 通用航空制造业的全球市场结构与竞争 ［M］. 北京：经济管理出版社，2013.

[11] 史永胜. 通用航空运营与管理 ［M］. 北京：航空工业出版社，2007.

[12] 孙鹏飞，王江锋. 通用航空产业发展研究与政策解读 ［M］. 厦门：鹭江出版社，2015.

[13] 孙兆刚，高霞，许然. 航空产业与社会发展 ［M］. 北京：经济科学出版社，2015.

[14] 王章留，等. 航空经济理论与实践 ［M］. 北京：经济科学出版社，2013.

[15] 肖刚，王科，敬忠良. 上海民用航空产业发展研究 ［M］. 上海：上海交通大学出版社，2013.

[16] 杨穆，王玉琦. 珠海经济社会发展研究报告 2010 蓝皮书 ［M］. 珠海：珠海出版社，2010.

[17] 姚林如. 航空产业经济学 ［M］. 武汉：武汉理工大学出版社，2011.

[18] 朱耀明. 产业经济研究 ［M］. 上海：中国纺织大学出版社，2000.

[19] 宗苏宁. 中国通用航空产业发展现实与思考 ［M］. 北京：航空工业出版社，2014.

（二）学术论文

[1] 包丽. 大型民用飞机制造业供应链发展研究 [D]. 北京：对外经济贸易大学，2015.

[2] 曹允春，席艳荣. 临空经济发展的国际经验及对我国的借鉴 [J]. 商场现代化，2009.

[3] 曹允春. 临空产业的集聚模式研究 [J]. 区域经济评论，2013（3）.

[4] 曹允春. 临空经济发展的关键要素、模式及演进机制分析 [J]. 城市观察，2013（2）.

[5] 曾刚，等. 基于产业链的天津通用航空发展战略研究 [J]. 环渤海经济瞭望，2016（8）.

[6] 曾璐. 国际产业转移对产业升级影响研究 [D]. 南京：河海大学，2007.

[7] 陈钧. 空港经济圈临空产业集聚效应与差异化发展路径选择——兼论郑州空港外向融合度的提升 [J]. 郑州航空工业管理学院学报，2016，34（5）.

[8] 陈绍旺. 世界航空制造业的竞争与集聚 [D]. 天津：南开大学，2009.

[9] 陈王进，徐烨放. 顺势而为发展浙江航空工业 [J]. 浙江经济，2013（19）.

[10] 邓寿鹏. 高技术产业发展的政策考察：巴西航空产业成长的实例分析 [J]. 中国软科学，1991（1）.

[11] 丁勇，苟大舜. 基于产业链视角下临空经济和航空经济的比较 [J]. 郑州航空工业管理学院学报，2013（6）.

[12] 丁忠. 创新驱动背景下通用航空产业加速发展对策研究 [J]. 创新科技，2018，18（8）：49~52.

[13] 丁忠. 我国通用航空现状及发展策略分析 [J]. 创新科技，2018，18（7）：28~30.

[14] 董维忠. 促进我国民用航空产业发展的有关政策建议 [J]. 港口建设，2011（5）.

[15] 高启明. 创新驱动我国通用航空制造业转型升级的实现路径 [J]. 经济纵横，2017（2）：73~78.

[16] 高岩. 空港型自由贸易区金融业发展的国际经验与启示 [J]. 郑州轻工业学院学报（社会科学版），2017，18（6）.

[17] 顾自刚，胡佳. 关于舟山布局航空全产业链发展的思考 [J]. 江南论坛，2018（6）.

[18] 韩霞. 大飞机产业发展的财政政策支持 [J]. 财经科学，2010（4）.

[19] 韩霞. 借鉴美国税收经验促进我国大飞机产业发展 [J]. 国际税收，2010（4）.

[20] 黄强，祝志明. 美国航空产业发展战略分析及给我们的启示 [J]. 航空制造技术，2008（1）.

[21] 蒋亮. 中国民航产业需求调查与供给优化研究 [D]. 广州：华南师范大学，2007.

[22] 兰宏，聂鸣. 全球化背景的大飞机产业发展路径：自主创新与价值链重构 [J]. 改革，2012（12）.

[23] 李健. 航空产业园产学研协同创新利益分配机制研究 [D]. 南京：南京航空航天大学，2015.

[24] 李军. 浅谈空港综合保税区的功能规划和设计 [J]. 空运商务，2015（1）.

[25] 李文丽，赵长辉. 通用航空制造业及其发展 [J]. 企业技术开发月刊，2016（18）：56~59.

[26] 李一曼，郭建东，周强. 温州空港经济区产业演进与空间功能构建 [J]. 温州职业技术学院学报，2017，17（3）.

[27] 刘健通. 产业转移对产业集群升级影响的理论与实证分析 [D]. 广州：暨南大学，2010.

[28] 刘莉雪. 我国临空产业布局安全形成机理与评价研究 [D]. 北京：北京交通大学，2017.

[29] 刘鸣秋. 济南机场临空经济发展研究 [D]. 济南：山东大学，2015.

[30] 孟培. 日本临空经济发展的经验与借鉴 [J]. 商业文化，2011（6）.

[31] 民航总局运输司. 日本及澳大利亚航空运输管理考察报告 [R]. 中国民用航空，2004（47）.

[32] 聂晶晶，王勇. 美国对本国航空公司的扶持与管制政策及其启示 [J]. 改革与战略，2012（9）.

[33] 彭勃，雷家骕. 基于产业创新系统理论的我国大飞机产业发展分析 [J]. 中国软科学，2011（8）.

[34] 任新惠. 澳大利亚支线航空补贴政策以及对我国的启示 [J]. 空运商务，2010（6）.

[35] 史亚洲. "十三五"时期中国民用航空产业发展困境与对策 [J]. 长安大学学报（社会科学版），2017（3）.

[36] 宋昊. 非枢纽机场竞争力评价体系应用研究 [D]. 上海：东华大学，2016.

[37] 汪芸. 我国航空客运市场需求分析及营销策略研究 [D]. 南京：南京航空航天大学，2012.

[38] 王璇，史同建. 我国产业园区的类型、特点及管理模式分析 [J]. 商，2012（18）.

[39] 王源. 通用航空产业园产业发展与空间布局研究 [D]. 南昌：南昌航空大学，2018.

[40] 王章留. 航空经济理论与实践 [D]. 重庆：重庆交通大学，2014.

[41] 王忠林. 温州空港新区产业布局及优化过程中政府管理研究 [D]. 成都：四川师范大学，2017.

[42] 吴燮坤. 广州空港跨境电商物流发展的影响因素及策略研究 [J]. 物流工程与管理，2018，40（7）.

[43] 夏春利. 飞机产业发展的法律和政策支持——以巴西经验为参考 [J]. 北京航空航天大学学报（社会科学版），2010，23（6）.

[44] 谢昊杰. 空港保税物流发展及其融资可行模式的研究 [D]. 长春：吉林大学，2016.

[45] 许自豪，曾光，吴颖. 借鉴阎良和滨海航空城经验，加快南昌航空工业城建设 [J]. 城市，2017（10）.

[46] 严海宁，谢奉军. 航空产业与地方经济协同发展研究——以珠海航空城和高新区为例 [J]. 南昌航空大学学报（社会科学版），2013，15（2）.

[47] 严剑峰. 美国支持民用航空工业发展的政策及启示 [J]. 航空制造技术，2011（13）.

[48] 杨利. 俄罗斯航空产业的转型 [J]. 航空产业文化，2014（7）.

[49] 杨薇. 国外民机产业政策及对我国的启示 [J]. 航空产业文化，2013（11）.

[50] 杨晓龙. 从国外航空工业补贴政策谈中国产业补贴策略 [J]. 哈尔滨工业大学学报（社会科学版），2004，6（6）.

[51] 杨友孝. 临空经济发展阶段划分与政府职能探讨 [J]. 国际贸易探索，2008（10）.

[52] 于一. 中国通用航空业发展展望 [J]. 国际航空，2017（2）：35~37.

[53] 张蕾，周瑞琴. 长三角主要空港经济区产业结构演变与优化 [J]. 地域研究与开发，2016，35（5）.

[54] 张蕾，陈雯，宋正娜，等. 机场运营与区域经济增长关联性——以南京禄口国际机场为例 [J]. 地理科学进展，2010，29（12）.

[55] 张培文，孙宏，汪瑜. 民用客机市场需求分析方法研究 [J]. 铁道运输与经济，2015，37（1）.

[56] 赵巍. 向美国民航业学些什么 [J]. 大飞机，2017（8）.

[57] 赵文. 基于旅客选择行为的铁路客运站布局优化研究 [D]. 成都：西南交通大学，2011.

[58] 郑燕伟. 产业转移理论初探 [J]. 中共浙江省委党校学报，2000（3）.

[59] 宗苏宁. 中国通用航空产业发展现实与思考 [J]. 航空产业发展，2014（8）.

[60] 诸逢佳. 波音供应链战略的演变历程 [J]. 国际航空，2015（6）.

（三）其他资料

[1] 2001~2017 年民航行业发展统计公报，中国民用航空局.

[2] 2018 年全国通用航空政策汇总及解读，前瞻产业研究院.

[3] 夏述. 通用航空全产业链投资价值分析 [N]. 中国企业报，2018-10-23.

[4] 朱一平. 通用航空业：一个新增长极的转型空间 [N]. 上海证券报，2018-9-20.

[5] 空客网站 [EB/OL]. http：//www.airbus.com/，2018-12-30.

[6] 波音网站 [EB/OL]. http：//www.boeing.com/，2018-12-30.

[7] 舟山市航空产业园发展规划.

[8] 浙江省民用航空产业发展"十三五"规划.

[9] 浙江省航空产业发展"十三五"规划.